Anders · Betriebswirtschaftslehre *humoris causa*

Betriebswirtschaftslehre

humoris causa

Herausgegeben von

Peter E. Anders

2., erstaunlich erweiterte Auflage

GABLER

Die Deutsche Bibliothek – CIP-Einheitsaufnahme

Betriebswirtschaftslehre *humoris causa/*
Peter E. Anders (Hrsg.) – 2., erstaunlich
erweiterte Auflage – Wiesbaden: Gabler 1992.
ISBN 978-3-322-92037-9   ISBN 978-3-322-92036-2 (eBook)
DOI 10.1007/978-3-322-92036-2
NE: Anders, Peter E. [Hrsg.]

1. Auflage 1991
2. Auflage 1992

Der Gabler Verlag ist ein Unternehmen der Verlagsgruppe Bertelsmann International.

© Betriebswirtschaftlicher Verlag Dr. Th. Gabler GmbH, Wiesbaden 1992
Softcover reprint of the hardcover 2nd edition 1992
Lektorat: Dr. Reinhold Roski

Das Werk einschließlich aller seiner Teile ist urheberrechtlich geschützt. Jede Verwertung außerhalb der engen Grenzen des Urheberrechtsgesetzes ist ohne Zustimmung des Verlags unzulässig und strafbar. Das gilt insbesondere für Vervielfältigungen, Übersetzungen, Mikroverfilmungen und die Einspeicherung und Verarbeitung in elektronischen Systemen.

Höchste inhaltliche und technische Qualität ist unser Ziel. Bei der Produktion und Verbreitung unserer Bücher wollen wir die Umwelt schonen: Dieses Buch ist auf säurefreiem und chlorarm gebleichtem Papier gedruckt. Die Einschweißfolie besteht aus Polyäthylen und damit aus organischen Grundstoffen, die weder bei der Herstellung noch bei der Verbrennung Schadstoffe freisetzen.

Die Wiedergabe von Gebrauchsnamen, Handelsnamen, Warenbezeichnungen usw. in diesem Werk berechtigt auch ohne besondere Kennzeichnung nicht zu der Annahme, daß solche Namen im Sinne der Warenzeichen- und Markenschutz-Gesetzgebung als frei zu berachten wären und daher von jedermann benutzt werden dürften.

Satz: Satzstudio RESchulz

ISBN 978-3-322-92037-9

Vorsatz für die 1. Auflage

Bei aller Bescheidenheit: Dieses Buch war längst fällig. Es schließt mehrere Lücken innerhalb der Betriebswirtschaftslehre – zwischen Betriebswirtschaft und Lehre (traditioneller Aspekt), Betrieb und Wirtschaftslehre (praktischer Aspekt), Betriebslehre und Wirtschaft (institutioneller Aspekt), Lehre und Wirtschaftsbetrieb (pädagogischer Aspekt), Lehrbetrieb und Wirtschaft (unakademischer Aspekt) sowie zwischen Lehrwirtschaft und Betrieb (unmöglicher Aspekt).

Im Mittelpunkt der Betriebswirtschaftslehre steht die Wirtschaft, humanistisch ausgedrückt, die Ökonomie, vom Griechischen oikonomia, was im übrigen auch Haus- und Sklavenwirtschaft bedeutet. Letztere ist weitgehend abgeschafft. An erste dachte Johann Wolfgang von Goethe, wenn er in Hermann und Dorothea sagt: Aller Anfang ist schwer, am schwersten der Anfang der Wirtschaft.

Das gilt auch für die Lehre von der Wirtschaft, die Ökonomik. Max Planck wollte sie studieren und schrieb sich für Nationalökonomik ein. Nach einem Semester wechselte er über zur Physik, weil die Ökonomik für ihn zuviele Unbekannte hatte.

Die unbekannteste der Unbekannten bildet die humoristische Komponente, der humor oeconomicus. Mit ihrer bzw. seiner Hilfe gelangt man zur Betriebswirtschaftslehre humoris causa, die wegen ihrer generellen Gültigkeit und allgemeinen Akzeptanz das missing link einer Wahren Allgemeinen Betriebswirtschaftslehre (WABWL) darstellt.

Der humor oeconomicus durchdringt die Bereiche der Betriebswirtschaftslehre und verbindet sie. Um ihm nachzuspüren, bedient man sich zweckmäßigerweise der funktionalen Einteilung, die sich für Theorie und Praxis der Betriebswirtschaft gleichermaßen eignet. Dementsprechend ist dieses Buch gegliedert in Methodologie, Führung, Organisation, Forschung, Absatz, Finanzierung, Rechnung, Prüfung, Beratung und Besteuerung.

Den Erforschern des humoristischen Bindeglieds sei der Dank gewiß. Die Kollegen mögen es nachsehen, wenn sie sich zwischen Sprüchen von Klassikern finden, die man nicht zu den Betriebswirten zu zählen pflegt. Doch auch von ihnen kann man manche Einsicht lernen.
Die Verantwortung für den Inhalt im Sinne der Presse übernimmt gern der Herausgeber. Verantwortlich für das Buch selbst ist der Verlag.
Ein Buch unterscheidet sich bekanntlich von einer Broschüre (deutsch: paper) dadurch, daß es steht. Zu bedauern der Leser, bei dem es nur steht.

Peter E. Anders

Vorsatz für die 2. Auflage

Diese 2. Auflage wurde notwendig, weil der Humor in der Betriebswirtschaftslehre trotz der Bemühungen der Autoren und Leser der 1. Auflage dieses Werkes noch immer ein knappes Gut ist.

Der Grund liegt darin, daß viele Hochschullehrer für Betriebswirtschaft „wegen der fortwährenden Überlast ein höchst humorloses Dasein fristen" (Originalton eines geneigten Lesers aus Nürnberg). Wenn man dann obendrein an die Ausstattung mancher Lehrstühle „mit einer Viertelsekretärin, einem halben Assistenten und einem elf Quadratmeter großen Arbeitsraum" (ein anderer gebeutelter Leser) denkt, wird vollends verständlich, daß der Humor oft nur halbherzig sein kann. Mit einer Erhöhung der Ausbringungsmenge ist deshalb auf absehbare Zeit kaum zu rechnen.

Deshalb unternimmt diese Auflage den Versuch einer intensitätsmäßigen Anpassung. Sie geschieht durch betriebswirtschaftliche Hochschullehrer, Mittelbauer, Assistenten, Führungskräfte sowie andere herausragende Personen mit und ohne Namen, tot oder lebendig.

Peter E. Anders

Wegweiser

Vorsatz 5

    I. Methodologie 9
   II. Führung 55
  III. Organisation 97
  IV. Forschung 119
    V. Absatz 147
  VI. Finanzierung 171
 VII. Rechnung 185
VIII. Prüfung 221
  IX. Beratung 255
    X. Besteuerung 267

Nachsatz 281

Nachschub 283

Quellen 285

I. Methodologie

Möglichkeit und Notwendigkeit gegenseitiger Befruchtung von Ökonomie und Theologie

Von
Hansjörg Lehner, Georg Meran und Joachim Möller

Die Kommunikation zwischen den beiden wissenschaftlichen Disziplinen Ökonomik und Theologie (genauer: Theologik) bestand bis in allerjüngster Zeit in einem äußerst einseitigen Befruchtungsverhältnis. Die innige Verbundenheit vieler Ökonomen mit den Prinzipien der christlichen Dogmatik und der Zahlenmystik verstellte ihnen den Blick für das breite Feld der Möglichkeiten, das sich – umgekehrt – dem ökonomischen Paradigma in der Theologie eröffnet.

Erst durch die moderne systematische Analyse von Befruchtungsmöglichkeiten zwischen wissenschaftlichen Disziplinen, wie sie J. Swashbuckler[1] in seiner Fertilitätsanalyse in überzeugender Weise entwickelt hat, ist das schlummernde Potential der Interdisziplinarität erfaßt worden. Der komplexe Zusammenhang sei in einem Schaubild für drei Wissenschaften verdeutlicht.[2]

---

1 So konnte gezeigt werden, daß bei n Disziplinen n (n–1) bidisziplinäre Befruchtungsmöglichkeiten bestehen, s. dazu: Jerome Swashbuckler: What does ‚n' really mean? in: Geogory Swashbuckler (ed.): Annual report of the Mendelsche Verein für wissenschaftliche Befruchtungskombinatorik, Zell am See 1974.
Erwähnenswert ist auch die Erweiterung der Fragestellung für den Fall geographisch bedinger intrawissenschaftlicher Kooperation etwa bei k Forschungsstätten; s. dazu: J. Swashbuckler: [(nxk) (nxk–1)]: A new Formula for the non-exaustable Possibilities of scientific Progress, in: Rural Journal of Applied Fertilizing, vormals Begattungsblätter, Vol. LXXXIX (1976), S. 1 ff.
2 Ein graphischer Lösungsversuch findet sich im tabellarischen Anhang, Schaubild 1. Eine Verallgemeinerung der Lösungstechnik bietet: M. Timmermann (ed.): Management in der öffentlichen Verwaltung, München 1977. Vorgelochte Loseblattausgabe, Grifflasche A, S. 18–22.

Die Forschung kennt bisher n(n–1) = 3 · 2 = 6 Möglichkeiten bidisziplinärer Zusammenarbeit. Ein erster Versuch zur empirischen Messung interdisziplinärer Intensität gelang Ch. B. Blankmann, indem er wechselseitiges Zitieren auszählte und in einer Befruchtungsmatrix (Input-Output-Tabelle) ordnete. Dadurch konnten Befruchtungsverhältnisse bzw. sogenannte Kollegialitätskoeffizienten ermittelt werden.

Das Gebot der Interdisziplinarität ergibt sich aus der Kraft der ökonomischen Theorie. Das Konzept des „homunculus oeconomicus" als zentrales Paradigma der Universalanthropologie findet immer mehr Verbreitung in den Sozialwissenschaften. Der homunculus ist nicht nur ein heuristisches Konzept – diese Charakterisierung erfolgte aus wissenschaftsstrategischen Überlegungen – sondern kann mit Fug und Recht als real existierend[3] angesehen werden.

Warum also, müssen wir uns fragen, ist dieses Modell, das seinen Siegeszug in epigonaler Breite in den Gesellschaftswissenschaften angetreten hat, nicht schon früher auf transzendentale Optimierungsprobleme angewandt worden?

Diese Frage gewinnt an Bedeutung, wenn der Leser bedenkt, daß die rasante Entwicklung der mathematisch-ökonomischen Theologie durch den Faktor Zufall beschleunigt wurde. Hier erkennt man das wissenschaftskonstitutive Moment von Sprachfehlern (innovativer Zungenschlag), Versprechern und Druckfehlern.[4]

---

3 So gelang es Fréderic Béquel durch Benutzung von Formalin die erste Gewinnmaximierung bei vollständiger Konkurrenz durchzuführen. Die reduktionistische Qualität des Modells konnte für die Dauer des Prozesses konserviert werden. Frühere Versuche sind an der sofortigen Verunreinigung der Randbedingungen gescheitert (sogen. ceteris paribus dissoziation).

4 Herbert Gimpel: Sündenpfuhl oder Sündenpool: Von einem sprachlichen Mißverständnis zu einem neuen Paradigma? Lapsus Linguae. Archiv für Sprachhygiene, Fasc. 3, Vol. 27, S. 734–785.

Im folgenden wird ein geraffter Überblick der Hauptgebiete der mathematisch-ökonomischen Theologie gegeben. Gleichzeitig dient dieser Survey als Literaturüberblick.

Das hervorstechende Beispiel der Fruchtbarkeit einer erfolgreichen Anwendung dieser jungen Disziplin stellt der Beweis der eschatologischen Instabilität[5] von reinen Ketzergesellschaften dar. Die herkömmliche Dogmatik vermochte den genauen Ablauf der Apokalypse nicht adäquat zu begreifen. Die wissenschaftsgeschichtliche Bedeutung veranlaßte die Verfasser, dieser makrotheologischen Problematik ein eigenes Kapitel zu widmen. Andererseits bargen die neuen Ergebnisse die Gefahr einer ordnungspolitischen Fehlinterpretation, wie sie durch die institutionalistische Schule erfolgte. Sie schloß aus dem prästabilisierten Untergang der reinen Ketzergemeinschaft auf die Entbehrlichkeit von inquisitorischen Interventionen.[6]

Hätte nicht umgekehrt auf mikrotheologischer Ebene (homo peccatiensis als Aktionseinheit) so manche Inkonsistenz in der traditionellen Fegefeuer-Beratung (grill consulting) vermieden werden können, wenn schon früher die formalisierten Optimierungskalküle zur Verfügung gestanden hätten? Wegen der vergeltungspraktischen Relevanz dieser Frage, wird diesem Überblick ein weiteres Kapitel mit der Ableitung der Lösung eben dieser Fragestellung angeschlossen.

Dieser Aufsatz weist auf den interessanten Tatbestand, daß in Buß- und Taufkreisen schon lange beide Worte, wenn auch unreflektiert, Verwendung fanden. Wie so oft, ging von der täglichen Sakramentalpraxis der entscheidende Impuls für die Bildung einer Wissenschaft als berufliche Kodifizierung von Alltagswissen aus.
Für eine besonders klare linguistische Charakterisierung: G. Stankiewicz: Der Versprecher als Sekundärparadigma, Bonn 1971 (Reihe Turibulum), S. 47 „Die Sprache ist die Menge aller zuordnungsfähigen Zeichen, die zueinander in einem eindeutigen oder aber einem zweideutigen Verhältnis stehen."
5 Eine genaue Erklärung dieses Begriffs erfolgt weiter unten.
6 Als prominentester Vertreter dieser Richtung gilt wohl: Hans Moritz Sauertopf: Kleine Papstgeschichte, Freiburg i. B. u. Ue. 1949 ff., dort insbesondere Bd. IX, S. 135 und Bd. XII, S. 1024 ff.

Die ökonomisch-mathematische Analyse kann auch dazu beitragen, gewisse Verzerrungen in der „kritischen" Kirchengeschichtsschreibung zurechtzurücken. Mag auch die Wahl der inquisitorischen Mittel für manchen noch umstritten sein (Bekehrungsoptimalität?), so hat sich dank der bahnbrechenden Arbeiten von Moe Herzog immer mehr die Ansicht durchgesetzt, daß es sich bei der Inquisition im Grunde um nichts anderes als eine Frühform des Ansatzes der „revealed preferences" (genauer: revealed eternal preferences) gehandelt hat. Dieser Approach und seine praktische Ausprägung unterliegen jedoch den gleichen Einschränkungen wie jener in der ökonomischen Theorie. Bertie Guggenheim hat in seiner ultrakritischen Studie[7] in diesem Zusammenhang geradezu von einem „inquisitorischen Zirkel" gesprochen.

Viele Autoren neigen heute dazu, die Sündenlehre für zu bedeutungsvoll anzusehen, als daß sie der hermeneutischen Mehrdeutigkeit von Beichtvätern zu überlassen wäre. Was fehlt, ist ein wohldefinierter Sündenbegriff, eine Operationalisierung, wie sie die Peccametrie seit einigen Jahren sucht. Diese intendierte Entsubjektivierung des Beichtvorgangs, letztlich also die Automatisierung der Buße (built-in-punishment), löste eine scharfe Kontroverse zwischen den Betroffenen diesseits und jenseits des Beichtstuhlfensters aus.[8]

---

[7] Bertie Guggenheim: Zirkuläre Verifikationstechniken, Mannheim 1972. Insbesondere die saloppe Bemerkung auf S. 43: „Wie man in den Keller ruft, so schallt es zurück".

[8] Insbesondere die Gilde ostschweizerischer Beichtväter stemmte sich mit äußerster Kraft gegen ihre Dysfunktionalisierung. Siehe dazu etwa:
Emil Ablasser und Anselm Fölterli OSB: Grundzüge der ambulanten Buße, Disentis 1973 und auch den beschwörenden Aufruf: In letzter Stunde, in: Der junge Beichtvater, 12/1977.
Eher vermittelnd dagegen: Gernod Loser SJ: Die entscheidungsorientierte Beichte, Speyer 1978.

Die Sündenevaluierung ist jedoch durch die bahnbrechende Arbeit des Autorenteams Heil and Sack[9] derart fortgeschritten, daß jene Diskussion stark an Bedeutung verloren hat. Die praktische Relevanz der neuen Methodologie schlug sich alsbald auf die institutionelle Ausgestaltung des Sündenmanagements[10] nieder. Mittels faktorenanalytischer Methoden konnten Heil and Sack erstmals eine orthogonale Kreuzrotation im hypothetischen Sündengitter durchführen. Es ließen sich zehn eigenständige Sündenfaktoren signifikant identifizieren. Damit war der erste exakte Nachweis erbracht, daß die Sündenmatrix im Alten Testament vollen Rang hat.

---

9 Heil and Sack: A social-theological field study of the differentiation of peccatorial items, Peccametrica Vol. 2 (1978), p. 37 ff.
10 Man denke nur an die verschiedenen Sündenbarometer, die im Auftrag des Bundesministeriums für Gesundheit entwickelt worden sind.

Theoretischer Jahrestag des Verbandes der Hochschullehrer für Betriebswirtschaft e. V.

Von
Rolf Kellers

Theorie nach Theorie!
Hauptsache, daß neu ist sie,
daß sie dem regen Geist entspringt
und der Praxis etwas bringt.

Praktiker im „Muß"-Prozeß
stehen dauernd unter Streß,
haben kaum die Zeit zu lesen,
was ‚neue Theorie' gewesen.

So schwebt hoch oben dann auch hier,
wie die Weltraumsonde MIR
über unsrer Mutter Erde,
auf daß sie angewendet werde,

theoretisch wohldurchdacht
professoral auch neu gemacht
ein neues Theoriegebilde
für die ganze Wirtschaftsgilde.

Dazwischen liegt, durchdringbar kaum,
ein von allem leerer Raum,
den nun auch zu überbrücken,
will und wird wohl schwerlich glücken.

So wirkt und werkt man praxisnah
stets nur mit dem, was auch geschah,
während schon die Wissenschaft
zum Wirken neue Wege schafft.

Diese müßte man erst sehen;
und – was wichtig – auch verstehen;
und auf Machbarkeit „verdrehen";
und dann schließlich auch noch gehen.

Selbst, wenn alles dies erreicht,
wenn Theorie der Praxis gleicht,
dann mischt im allerletzten Schritt
noch der Markt entscheidend mit:
Und es zeiget sich auch hie:
Grau ist alle Theorie.
Die Praxis tut zum guten Schluß
nur das, was sie strategisch muß.
Der Betriebswirt macht den Rahmen.
Aber zur Entscheidung kamen
noch Verkäufer, Ingenieure,
damit man auf die Mehrheit höre.
Ist man auch theoretisch „aufgehellt",
zur Anwendung fehlt meist das Geld.
Man macht, was man zu brauchen glaubt,
so lang's die Konkurrenz erlaubt.

Als Professor kann ich es mir leisten,
das zu sagen, was ich denke.
Wir Professoren sind so etwas, was
früher die Hofnarren waren.

Clemens A. Andreae

Vertrauen

Von
Horst Albach

Dem homo oeconomicus
ist das Vertrauen unbekannt
Er kalkuliert mit dem Verstand,
und Daten gibt's im Überfluß!

Doch: Sind die Daten ungewiß,
erfüllt den homo tiefes Miß'
trau'n davor, daß er stets beschiss-
en wird. Das ist kein state of bliss!

Im Gegenteil: Der Markt versagt!
Die Selektion nennt man advers.
Ich halte das für schlicht pervers,
Wenn Mißtraun an dem homo nagt

Denn wahr ist, daß der Markt floriert,
wenn man nur gut extrapoliert
und schafft des Rufes Kapital
akquisitorsches Potential!

Ich nenn' es schlichter: das Vertrauen!
Die Theorie muß darauf bauen!
Du oeconomicus, erkenn's
Und werd' zum HOMO CONFIDENS!!

Die Präponderanz metaökonomischer Komponenten in der Verleger-Autoren-Relation

Von
Volker Schwarz

1. Interaktion zwischen Verleger und Autor als wissenschaftliches Erkenntnisobjekt

Neben den vielfältigen Bemühungen, für die Praxis verwertbare mikroökonomische Modelle einer optimalen Ausstattung des Marktes mit dem Wirtschaftsgut Buch zu entwickeln, wird heute in der wissenschaftlichen Auseinandersetzung verstärkt der metaökonomische Ansatz zur Diskussion gestellt.

Ich verweise hier auf die einschlägige Literatur von Schumpeter bis Hoppmann und den inzwischen in die Weltliteratur eingegangenen Innovationsstoß eines inzwischen verstorbenen wissenschaftlichen Autors, der das Verlegertum wie folgt definiert:
„Die Verleger trinken Champagner aus den Hirnschalen ihrer verhungerten Autoren."

1.1. Entscheidungsorientierter Ansatz

Unter einer verlegerischen Entscheidung versteht man in erster Linie das Fixieren eines trefflichen Entschuldigungsgrundes, der vom Autorenhorizont aus als Begründung für die Ablehnung eines Manuskripts oder eines Honoraranspruchs akzeptiert wird. Die in der Lehre übliche Definition einer Entscheidung als Auswahl unter verschiedenen Alternativen bei sicherer Zielvorgabe und Unsicherheit bezüglich der Entscheidungsfolgen wird im Verlagswesen in ihr Gegenteil verkehrt: Es besteht eine absolute Sicherheit hinsichtlich der Prognose der späteren Nichtabsetzbarkeit des Werkes und eine totale Unsicherheit bei der Festlegung der Auflagenhöhe und des Druckkostenzuschusses. Kein Wunder, wenn der dem Allgemeinwohl verpflichtete Verleger zu betriebswirtschaftlichen „Notlügen" Zuflucht nimmt. Ziel ist es danach nicht, möglichst viel Gewinn mit dem Umsatz des Produktes zu erwirtschaften, vielmehr geht es beim metaökonomischen Ansatz darum, die Vielfalt geistiger Auseinandersetzung in unserer pluralistischen Gesellschaft zu erhalten.

1.2. Systemtheoretischer Ansatz

Versuche, die Systemtheorie in der vor allem von Talcott Parsons entwickelten strukturell-funktionalen Ausprägung als Erklärungsmodell der hier zur Diskussion stehenden Interaktion heranzuziehen, scheiterten in gleichem Maße wie die entscheidungstheoretischen Deskriptionen. Zwar stellen die Elemente Verleger und Autor ein sich selbst-steuerndes System dar: Die regelmäßige Wiederkehr der Manuskriptandienung und der Autorenausbeutung legen eine Systemstruktur fest, das System erhält sich aber nicht selbst: Der Versuch der Ausbeutung des wissenschaftlichen Autors verführt den Verleger zu einer dauernden Änderung seines Handlungssystems, so daß selbst Luhmann die Beschreibung eines Musters von Handlungsabläufen frustriert aufgab.

1.3. Verhaltenswissenschaftlicher Ansatz

Der Behaviorismus oder die im angelsächsischen Schrifttum als „editorial behavior approach" bezeichnete Theorie gibt die leistungsfähigsten Aussagen zu dem abzuhandelnden Thema: Fachübergreifend angelegt, psychologische und soziologische Elemente integrierend, die interpersonellen Vorgänge analysierend zeigt er Spannungsfelder im persönlichen Bereich auf, die kurz gekennzeichnet werden können durch Zitate wie das von Hebbel „Es ist leichter mit Christus über die Wogen zu wandeln, als mit einem Verleger durchs Leben." Dieser Erklärungsversuch, wie auch der nachfolgende Ansatz halten konsequenter wissenschaftlicher Durchdringung nicht stand.

1.4. Semantischer Ansatz

Die in dem Satz von Max Frisch „Der Unterschied zwischen einem Autor und einem Pferd besteht darin, daß das Pferd die Sprache der Pferdehändler nicht versteht" gipfelnde semantische Interpretation reicht nicht aus, das Essentielle der Interaktion zu erfassen. Zwar sind die internen und externen Koordinierungsverfügungen in ihrer sprachlichen und formalen Aussage dem Autor nicht verständlich, die verlegerischen Ausführungsverfügungen aber liegen in der Sphäre, die dem Kulturschaffenden zugänglich ist.

Präponderierend bei der Kennzeichnung des Zusammenwirkens von Autor und Verleger bleibt der Kulturakzent. Diesem „Anliegen" wird nur die Metaökonomik gerecht.

2. Prolegomena der Grundlegung einer buchhändlerischen Metaökonomik

2.1. Das Buch als Kulturgut

Das Buch ist keine Ware im Sinne merkantilistischen Kleinkrämertums. Es muß deshalb von den Ladentischen der Kaufhäuser und Supermärkte verschwinden und wieder in die angestammten Regale angestaubter Buchhandlungen zurückgestellt werden.

Das Buch kann nicht Gegenstand profaner Wirtschaftlichkeitsüberlegungen sein. Es verschließt sich in der Produktionsphase mikroökonomischen Analysen wie Deckungsbeitragsrechnung, Kostennutzenanalysen und entscheidungstheoretischen Methoden, wie linearer Programmierung, Netzplantechnik oder gar entsetzlich biologischer Erklärungsversuche, wie der Warteschlangentheorie. In der Warenaustauschphase versagt sich der Sortimenter der ökonomischen Betrachtungsweise, in dem er das Buch nicht verkauft, sondern „anbietet", ohne Rücksicht auf traditionelle Handelsfunktionen und deren Bewertung. Nach dem Motto „Kleinvieh macht auch Mist" oder „mühsam ernährt sich das Eichhörnchen" wird so mancher Umsatz in Millionenhöhe ohne erkennbaren Ertrag „verwirtschaftet".

2.2. Die Autorenfunktion

Sämtliche funktionalen Theorien, sogar die strukturellfunktionalen, versagen bei der Darstellung der Tätigkeit der Autorenmerkmale. Der wissenschaftliche Autor, ein ohne Leistungsanreize arbeitender Intellektueller, der seiner masochistischen Neigung nachgibt, sich dem Urteil eines ihm fachlich unterlegenen Pseudoökonomen (Verleger) zu unterwerfen, entzieht sich jeder Klassifizierung. Allein die Metaökonomik gibt hier Analysemethoden vor, die dem Wesen des Autors als „inseminator scientiae" entsprechen.

2.3. Die Verlegerfunktion

Im System der Kulturträger nimmt der Verleger die beherrschende Stellung ein. Die Aussage von Döblin „Der Verleger schielt mit einem Auge nach dem Schriftsteller, mit dem anderen nach dem Publikum. Aber das dritte Auge, das Auge der Weisheit, blickt unbeirrt ins Portemonnaie" überschätzt die Fähigkeiten des wissenschaftlichen Verlegers, eher fördert er die Wissenschaft uneigennützig, rücksichtslos gegenüber sich und seinem Gewinnstreben. Sein autoritärer Führungsstil wird durch das wissenschaftliche Charisma relativiert. Die Spitze seines Relevanzbaums wird durch Zielprioritäten wie Förderung der Wissenschaft, Unterstützung des wissenschaftlichen Nachwuchses, Beitrag zum wissenschaftlichen Informationsprozeß und öffentliche Anerkennung wissenschaftlicher Innovation, gebildet.

2.4. Die Sortimenterfunktion

Auch die Buchhändler müssen unter einer Verkennung ihres wahren Charakters leiden. Der Satz von Balzac „Sie gehen mit einem Buch um, wie ein Kolonialwarenkrämer mit Backpflaumen" kann schon deswegen heute nicht unwidersprochen hingenommen werden, weil jeder Tante-Emma-Laden mehr Ertrag erwirtschaftet als eine Buchhandlung in einer Citylage der 1. Kategorie. Als Kulturmittler sind sie dem Auftrag „Buch" verpflichtet. Institution, nicht Funktion ist ihre Devise. So bleibt nur übrig, mit Goethe auszusprechen: „Die Buchhändler sind alle des Teufels, für sie muß es eine eigene Hölle geben." Dieser klerikal – generalpräventive Sühnegedanke entzieht sich allerdings jedem wissenschaftlichen Denkmodell, so daß der geneigte Leser wieder zur Metaökonomik greifen muß, um diese Interdependenz ökonomischer Insuffizienz systemadäquat zu analysieren.

Die Wissenschaft fängt eigentlich erst
da an interessant zu werden, wo sie aufhört.

Justus von Liebig

Wirtschaftslehre

Von
Wolfgang Zöller

Obwohl auf der Inselgruppe der „Äußeren Hebriden" nur wenige Menschen wohnen und praktisch jeder jeden kennt, erinnerte sich kein Bewohner an Ökodroch, den Absender eines Päckchens, das an den ebenfalls unbekannten Polidroch adressiert war. Für Mr. Stevens, den zuständigen Angestellten der britischen Post, wurde die Angelegenheit auch nicht dadurch einfacher, daß sowohl die Absender- als auch die Adressateninsel als unbewohnt gelten.

Niemand konnte klären, wie das Päckchen in den Postsack gelangte, den die HMS North Minch von ihrer Inselrundfahrt mitbrachte, und niemand konnte über den Adressaten etwas sagen. Mr. Stevens fühlte sich, in typisch britischer Manier, von dieser seltenen Aufgabe herausgefordert und beabsichtigte unbeirrt, die Sendung korrekt zuzustellen. Jahrelange Nachforschungen blieben aber ohne Ergebnis.

Um in der Sache weiterzukommen, mußte das Päckchen geöffnet werden. Darin fand sich die im folgenden wiedergegebene Geschichte in gälischer Sprache. Da viele Bewohner der „Äußeren Hebriden" noch gälisch sprechen (Mr. Stevens spricht leider kein gälisch), glaubte er, es sei nun leicht, über den Inhalt den richtigen Empfänger zu ermitteln. Die Übersetzung gestaltete sich aber außerordentlich schwierig, da die Handschrift, offenbar einer älteren Person, schwer lesbar war und weiterhin Formulierungen und Begriffe verwendet wurden, die im heutigen Gälisch unüblich sind. Dennoch wurde die mitunter umständliche Ausdrucksweise beibehalten.

Mr. Stevens glaubt, durch die Verbreitung dieser Geschichte vielleicht doch noch den richtigen Adressaten zu erreichen.

Der Übersetzer

Erdroch: „Auf jedem Gebiet kann ich etwas lernen und dann z. B. sagen: Wenn die Sonne rotglühend untergeht, dann gibt es morgen schönes Wetter. Oder wenn ich im Wald bin und laufe den Berg hinunter, dann komme ich an ein Wasser. Diese Sätze mit ‚wenn' stimmen immer, wenn ich die dazugehörige Regel begriffen habe. Wenn ich aber einen Satz über etwas Ökonomisches bilde, dann weiß ich, daß Du mir das Gegenteil von dem erklärst, was ich behaupte."

Ökodroch: „Nein, so einfach ist das auch wieder nicht."

Erdroch: „Das sagst Du jedesmal. Ich könnte wetten, daß Du das Gegenteil beweisen wirst von dem, was ich behaupte."

Ökodroch: „Da wette ich glatt dagegen!"

Erdroch: „Jetzt ist das natürlich keine Kunst mehr, wo Du weißt, worauf es ankommt. Mir wäre es aber schon wichtig, wenn Du mir einmal klarmachen könntest, warum man keine bleibenden Lehrsätze bei Dir lernen kann."

Ökodroch: „Die Wirtschaft wird von Menschen gemacht, und die lernen immer neu dazu."

Erdroch: „Wieso kann man deswegen nichts über Ökonomie lernen?"

Ökodroch: „Ein Bernsteinhändler wird rasch sehen, daß er vor großen Festen einen besseren Preis erzielt als sonst. Er wird also einen höheren Gewinn erwirtschaften, wenn er vor Feiertagen anbietet. Wenn das aber alle Bernsteinhändler tun, dann wird das Angebot rasch so groß, daß der Preis vor einem Fest wieder niedriger sein kann und der Bernsteinhändler besser beraten ist, zu normalen Zeiten anzubieten, in denen sich die Konkurrenz zurückhält."

Erdroch: „Habe ich Dich richtig verstanden? Wenn Du mit Deiner Ökonomie etwas Neues ausgeknobelt hast, dann darfst Du es nicht weitersagen, weil es um so falscher wird, je mehr Leute es wissen."

Ökodroch: „So ungefähr!"

Erdroch: „Nur Dinge, die nur Du selbst weißt, sind wahr."

Ökodroch: „Ich weiß nicht, was andere noch wissen."
Erdroch: „Warum gibt es dann überhaupt so eine Wissenschaft – so wird es doch wohl bezeichnet – wenn man sowieso mit dem, was man lernt, nichts anfangen kann?"
Ökodroch: „So ist das auch wieder nicht. Immerhin lernst Du, was auf alle Fälle falsch ist, und das ist schon eine ganze Menge."
Erdroch: „Und Du glaubst, es ergibt einen Sinn, Dinge zu lernen, die falsch sind?"
Ökodroch: „Zumindest können die Ökonomen sagen, was nachweislich falsch ist. Hier haben sie ein umfangreiches, gesichertes Wissen. Und damit sind sie vielen anderen Wissenschaften um einiges voraus."
Erdroch: „Du glaubst also, über die Wahrheit kann niemand etwas sagen. Kein Philosoph, kein Sterndeuter, kein Mathematiker."
Ökodroch: „Ich würde es nicht so hart formulieren."
Erdroch: „Aber vielleicht so: Nachdem ohnehin niemand etwas absolut Richtiges sagen kann, ist es schon ein Gewinn, wenn man über einige Dinge exakt weiß, daß sie falsch sind."
Ökodroch: „Darin ist die Ökonomie allen anderen Wissenschaften überlegen."

„Abschreibungsgesellschaft"

Die Wissenschaft, sie ist und bleibt,
was einer ab von andern schreibt.

Eugen Roth

Blut ist ein ganz besondrer Saft

Eine wissenschaftliche Auseinandersetzung auf dem Gebiete der mathematischen Vampirologie

Von Alexander Mehlmann und Richard F. Hartl[1]

Arbeitskreis Mathematische Vampirologie
Technische Universität Wien

Kein anderer Mythos hat das Bewußtsein des Homo Sapiens in einem derartigen Ausmaße beschäftigt wie das Motiv des Wiedergängers. Untote beleben nicht nur die schönen Künste (H. C. Artmann: Dracula, Dracula, Lord Byron: The Giaor, J. W. v. Goethe: Die Braut von Korinth, E. T. A. Hoffmann: Die Serapionsbrüder, E. A. Poe: Berenice), sondern eroberten auch das Reich der bewegten Bilder (Murnau: Nosferatu, eine Symphonie des Grauens, R. Polanski: Tanz der Vampire). Vampire und Blutsauger bevölkern sogar Wissenschaften wie die Psychologie (Krafft-Ebing: Psychopathia Sexualis) und Anthropologie (Du Boulay: The Greek Vampire: A Study of Cyclic Symbolism in Marriage and Death). Allen diesen Ansätzen haftet jedoch, bedauerlicherweise, der Makel der Unexaktheit an.

Allein der Kunst mathematischer Intuition blieb es überlassen, das Problem des Vampirismus genau zu beschreiben und adäquat zu lösen. Der wesentliche Vorteil dieses Ansatzes liegt in der Vermeidung jeglichen Kontaktes zu den schädigenden Toten. Dies erspart vermutlich dem wagemutigen Wissenschaftler das tragische

---

[1] Bekanntlich haben Vampire keinerlei Macht über die an einem Samstag Geborenen. Alexander Mehlmann erfreut sich dieses Privilegs und wird deshalb aus prophylaktischen Gründen an erster Stelle genannt.

Schicksal unzähliger Vampirologen, die sich in das Objekt ihrer eigenen Studien verwandelten.

Die bahnbrechende Arbeit auf dem Gebiete der mathematischen Vampirologie (Hartl und Mehlmann, 1980, 1982) leitet die optimale Strategie des Blutsaugens für dynamische Vampire ab, die über unterschiedliche Nutzenfunktionen verfügen. Sie ist in der Folge, ihrem wesentlichen Gehalt nach, vereinfacht dargestellt.

Das transsylvanische Problem der erneuerbaren Ressourcen

Die isolierte transsylvanische Gemeinde Mamadracului läßt sich auf jeder Landkarte der Gegend um das Schloß Dracula mühelos lokalisieren. Während die erwartete menschliche Ressource h(t) Seelen zum Zeitpunkt t beträgt, treiben an diesem Ort durchschnittlich v(t) Vampire ihr Unwesen.

Bekanntlich wird jedermann, der von einem Vampir heimgesucht wurde – ein Vorgang, der stets mit einer unfreiwilligen Blutentnahme verbunden ist – ebenfalls zum Vampir. Diese ökologische Beziehung zwischen den beiden Spezies läßt sich somit folgendermaßen ausdrücken:

$$\dot v = -av + cv; \tag{1}$$

$$h = nh - cv, \tag{2}$$

dabei bezeichnet n die Wachstumsrate der menschlichen Bevölkerung, a hingegen die Ausfallsrate für Vampire durch unmittelbaren Kontakt mit Sonnenschein, Knoblauch, Devotionalien und Vampirjägern.

Der durchschnittliche Vampir saugt Blut mit der Rate c(t) zum Zeitpunkt t, wobei die Maßeinheit für den konsumierten Lebenssaft durch die mittlere Kapazität des menschlichen Körpers definiert ist. Die dem Vampiren hierbei erwachsende Befriedigung, läßt sich durch die Angabe einer Funktion U(c) erfassen, deren Grenznutzen strikt positiv ist.

Folgt man in der Einschätzung der vampirischen Nutzenpräferenz klassischen Kommentaren, so läßt sich eine einfache, mathematische Typologie der Vampire aufstellen. Je nachdem ob der Nutzen, den ein Vampir aus dem Konsum zweier menschlicher Wesen ableitet, geringer, gleich oder gar größer als der zweifache Wert ist, der aus dem Verbrauch einer einzigen menschlichen Blutkonserve erzielt werden kann, unterscheidet man:

(a) den asymptotisch sättigbaren Vampir
(b) den blutmaximierenden Vampir
(c) den unersättlichen Vampir.

Unersättliche und blutmaximierende Vampire seien nun in ihrem Blutrausch durch die Angabe eines maximalen Blutsaugewertes c_{max} nach oben beschränkt. Der asymptotisch sättigbare Untote bedarf keiner derartigen Einschränkung, da seine konkave Nutzenfunktion übertriebenes Saugen als suboptimal wertet.

Durch die Einführung einer Zeitpräferenzrate r ist man nunmehr in der Lage auch zukünftige Mahlzeiten in Rechnung zu stellen. Der Vampir als Entscheider wählt somit seine Blutsaugestrategie $c(\cdot)$ dergestalt, daß der Gegenwartswert seines Nutzenstromes

$$\int_0^\infty e^{-rt} U(c(t)) \, dt, \qquad (3)$$

unter den dynamischen Nebenbedingungen (1) und (2) maximiert wird. Negative Menschenbestände sind hierbei selbstverständlich zu vermeiden.

Bezeichnet man nunmehr mit $x = h/v$ das Verhältnis Menschen zu Vampiren, so lassen sich die dynamischen Nebenbedingungen folgendermaßen anschreiben:

$$\dot{x} = (n + a - c)x - c. \qquad (4)$$

Die vampirische Gesellschaft steht vor einem einschneidenden Dilemma. Einerseits erwachsen ihr laufend Nutzenwerte durch das Ausbeuten der menschlichen Population. Mit jedem Biß vermindert sich andererseits die menschliche Ressource; ja, es erhöht sich sogar die Anzahl der Vampire um den entsprechenden Anteil. Gegenwärtiger Genuß ist somit unausweichlich mit mageren Jahren in der Zukunft verbunden.

In seiner atemberaubenden Interpretation der Dracula-Legende hat Kramberg (Zu Stokers Dracula, in: Süddeutsche Zeitung, 29./30. April 1967) anfänglich in die richtige Richtung gedacht: Graf Dracula kam nach England, weil das volksarme Transsylvanien seinem Blutdurst nicht genügte.

Mit seiner folgenden Anmerkung zeigt er jedoch die Grenzen seiner Zunft auf: Was Dracula an der Schwelle des 20. Jahrhunderts vorschwebt, ist angewandte Kosmopolitik der Menschensaugerei. Von der Weltmacht England getragen, hofft der transsylvanische Vampir Biß um Biß die ganze Bevölkerung des Planeten in eine Internationale der Untoten zu verwandeln. Dies mag zwar treffender Feuilletonismus sein, die wesentlichen Mechanismen der vampirischen Entscheidungssituation sind hierbei (erschreckenderweise) vernachlässigt worden.

Kein Wunder! Bedarf es doch der – ursprünglich für die Raumfahrt entwickelten – Theorie der Optimalsteuerung, um die Hintergründe des Vampirdilemmas transparent zu machen. Zu diesem Behufe bewertet man den Grenznutzen der Vampirsozietät für eine zusätzlich verfügbare menschliche Blutkonserve mit dem sogenannten Schattenpreis p.

Sodann stellt der tollkühne mathematische Vampirologe die geheimnisvolle Hamiltonfunktion H auf:

$$H = U(c) + p\left[(n + a - c)x - c\right]. \qquad (5)$$

Durch Maximierung derselben erlangt man tiefere Einsichten in die notwendige Gestalt des optimalen Blutsaugeverhaltens. Der asymptotisch sättigbare Vampir paßt seine glatten Sauggewohnheiten dem jeweiligen Populationenverhältnis x an:

$$\dot{c} = \frac{U'}{U''} \left[r - \frac{n+a}{1+x} \right] \quad (6)$$

Unterschreitet die Zeitpräferenzrate r den Wert n + a, dann existieren endliche stationäre Werte x^∞ und c^∞, die das Systemverhalten – wie im nachfolgenden Diagramm beschrieben – bestimmen.

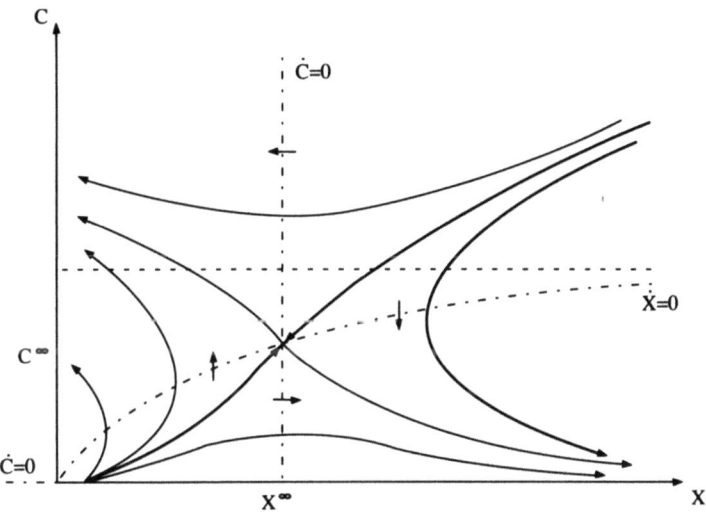

Ist der Anfangsbestand an Menschen im Verhältnis zur Untotenanzahl hoch (sprich größer als x^∞), so schöpfen die Vampire den Rahm bis zur stationären Schwelle ab. Andernfalls erlaubt ihr Konsumverhalten die Regeneration der Menschenbestände und das Erreichen des Schwellwertes.

Überschreitet hingegen r den Wert n + a, ist die Menschheit dem Untergang geweiht. Dieses fatale Szenarium wird im nachfolgenden Diagramm an die Wand gemalt.

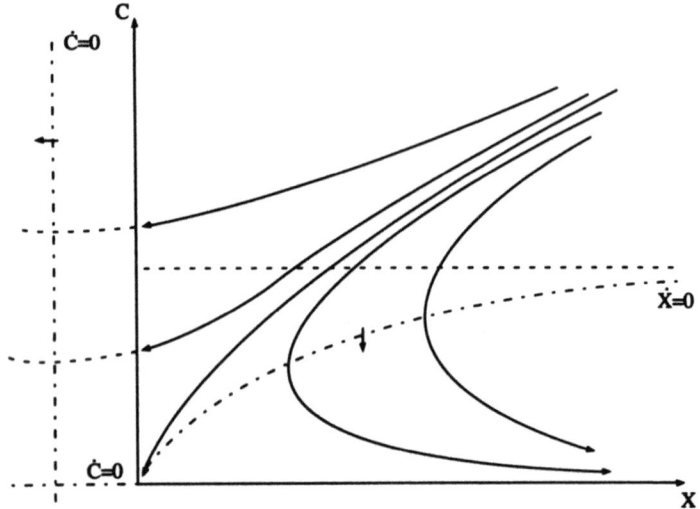

Der blutmaximierende und der unersättliche Vampir weisen für den Fall einer zu großen Zeitpräferenz das gleiche Verhalten wie der asymptotisch sättigbare auf.

Bei einer niedrigen Diskontrate wird der blutmaximierende Vampir versuchen die Schwelle x^∞ entweder durch Abstinenz oder durch Maximalkonsum, so schnell wie möglich zu erreichen, um sich sodann auf einen Verbrauch von c einzupendeln.

Die zuletzt beschriebene Situation bietet eine mögliche Erklärung für die seit einem halben Jahrhundert beobachtete Absenz vampiristischer Vorfälle in Transsylvanien. Mit Schrecken weisen wir auf den zukünftigen Zeitpunkt hin, in dem der Schwellwert x erreicht werden wird. Transsylvanien wird unserer prophetischen Worte noch gedenken!

Wie verhält sich nun der unersättliche Widergänger? Das Schicksal scheint es nicht gut mit ihm zu meinen, da er über keine optimale Strategie verfügt. Nichtsdestotrotz können wir ihm den suboptimalen Ratschlag erteilen, sich anfänglich wie ein blutmaximierender Vampir zu verhalten und ab dem Augenblick des Erreichens von x^∞ ständig und in rasender Eile zwischen $c = 0$ und $c = c_{max}$ hin und her zu wechseln.

Literatur

Boulay, Juliet du: The Greek Vampire: A Study of Cyclic Symbolism in Marriage and Death. Man: The Journal of the Royal Anthropological Institute of Great Britain and Ireland 17 (1982): 219-238.

Garden, Nqancy: Vampires. J. B. Lippincott Company, Philadelphia and New York 1973.

Hartl, Richard F., and Mehlmann, Alexander: The Transylvanian Problem of Renewable Resources. Res. Rep. Nr. 33, Technische Universität Wien 1980.

Hartl, Richard F., and Mehlmann, Alexander: The Transylvanian Problem of Renewable Resources. R. A. I. R. O. Recherche opérationelle 16, no. 4 (1982): 379–390.

Lawson, J. C.: Modern Greek Folkore and Ancient Greek Religion. Cambridge University Press, Cambridge 1910.

Rohr, Phillip: De Masticatione Mortuorum. Michael Vogt, Leipzig 1679.

Snower, Dennis J.: Macroeconomic Policy and the Optimal Destruction of Vampires. Journal of Political Economy 90 (1982): 647–655.

Seufzer eines Professors

Man hat einen zu guten
oder einen zu schlechten Ruf;
nur den Ruf hat man nicht, den man verdient.

frei nach Marie von Ebner-Eschenbach

Festrede zur Eröffnung des Instituts für Zitierbetriebswirtschaft (IZB) an der Universität zu Köln

Von
Gert Ableiter

Verehrte Frau Prof. Wirrlein, liebe Kollegen,
der Anlaß, der uns heute hier vereint, hat historische Dimension. Mit der Gründung des Instituts zur Zitierbetriebswirtschaft (IZB) an der Universität zu Köln wird eine Lücke geschlossen, die viele Wissenschaftler schon seit Jahren schmerzlich empfunden haben: Trotz ihrer eminenten Bedeutung für den Wissenschaftsbetrieb fehlte der Zitatologie eine Heimstätte. Dem allgemein blühenden Zitierbetrieb an den deutschen Hochschulen, in den Instituten und Gelehrtenstuben fehlte so letztlich die ordnende Hand.

De facto ist die Zitatologie ja so alt wie die Wissenschaft selbst. Schon Duns Scotus sprach 1279 von dem furor zitandi der deutschen Thomisten.[1] Ist es nicht ein erhebender Gedanke, daß die modernste banalwissenschaftliche Veröffentlichung des Jahres 1982 durch eine ununterbrochene Kette der Zitatenfolge mit den Scholasten des Mittelalters verbunden ist. Verzeihen Sie mir den vielleicht etwas gewagten Vergleich mit Schnitzlers Reigen, aber er drängt sich geradezu auf: Hier wie dort wird Kontinuität gewahrt!

Prof. Jürgen B. Deutsam ist in seinem richtungsweisenden Werk „Zitat als Wissenschaft" eine deutologische Fundierung der Zitatologie gelungen.[2] Er begreift Wissenschaft als Zitat der Wirklichkeit, und er weist damit dem Zitat in der Wissenschaft eine

---

1 Vgl. Messner, R.: Schauendes und begriffliches Erkennen nach Duns Scotus, 1942.
2 Deutsam, J. B.: Wissenschaft als Zitat, Frankfurt am Main/New York 1975, insbes. S. 993–1107.

moralisch-hermeneutische Zentralfunktion zu. Das Zitat wird ihm zum Eigentlichen, auf das sich Wissenschaft bezieht, er spricht von der „zitatzentrierten Wissenschaft".[3] In Abwandlung des bekannten Spruches „The medium is the message" postuliert er: „Das Zitat ist die Wissenschaft." Ohne Zitat keine Wissenschaft, während sich sehr wohl ein Zitat ohne Wissenschaft denken läßt![4]

Je mehr die Wissenschaft sich auf das Zitat stützen kann – seinerseits ja bereits Produkt wissenschaftlicher Arbeit und wissenschaftlichen Denkens, also letztlich wissenschaftliches Substrat –, um so besser ist gewährleistet, daß nicht die Zufälligkeiten, man möchte fast sagen: die Unreinheiten außerwissenschaftlicher Realität unsere Aussagen und Befunde verfälschen. Dies stellt natürlich insbesondere für die Gesellschafts- und Wirtschaftswissenschaften eine unleugbare Gefahr dar.[5]

Nur die zitatzentrierte Wissenschaft gewährleistet die geschlossene, die reine Wissenschaft, d. h. eine Wissenschaft, die ganz in sich selbst ruht – die nicht durch die Einflüsse von außen gestört wird und die auch ihrerseits nicht auf die Rezeption von außen angewiesen ist.

Die Zitierwirtschaft ist aber nicht nur die wissenschaftlichste, sie ist auch die wirtschaftlichste Form der Wissenschaft. Sie reduziert nicht nur den Rechercheaufwand bei der Erstellung wissenschaftlicher Texte – man denke allein an die Einsparung von Reisekosten –, sie vermindert auch den Leseaufwand beträchtlich. Dem geübten Zitatologen erschließt sich ein Text sozusagen auf einen Blick, nämlich den Blick auf die Namensliste der zitierten Autoren. Sie allein besagt ihm schon, was er von einem Text halten muß – und ob es lohnt, ihn seinerseits in seinen Zitierfundus aufzunehmen, letztlich ja das entscheidende Kriterium für den Wert eines wissenschaftlichen Beitrags.

---

3 Deutsam, J. B.: a. a. O., S. 433.
4 Deutsam, J. B.: a. a. O., S. 777 ff.
5 Dr. Günther Denkerle hat diesen Aspekt in seiner profunden Arbeit „Zitatbetriebliche Strategien und die Autonomie der Forschung", München 1974, dargelegt.

In diesem Sinne können wir es als Zeichen der Perfektionierung unseres Wissenschaftsbetriebs ansehen, daß das Zitat als Fundament wissenschaftlichen Arbeitens auch in dieser Zeit der Abkehr von überkommenen Werten seine Bedeutung erhalten, ja – wie wir aus Untersuchungen wissen – sogar gesteigert hat.[6]

Prof. Plapperer gebührt der Verdienst, als erster darauf hingewiesen zu haben, welche enormen Rückwirkungen die Zitierwirtschaft auf den Wissenschaftsbetrieb selbst hat.[7] Wohl eine der wichtigsten Auswirkungen des Zitierbetriebs ist, so wissen wir aus den gründlichen Untersuchungen von Prof. Plapperer, ist jene auf die Motivation der Wissenschaftler selbst.[8] „Wissenschaftler lesen, um zu zitieren, und Wissenschaftler schreiben, um zitiert zu werden."[9] Dieser Zusammenhang, so meint Prof. Plapperer, stelle einen mächtigen Motor für den Strom wissenschaftlicher Veröffentlichungen, dem wir uns Jahr für Jahr gegenübersehen, sozusagen den nervus rerum[10] des Wissenschaftsbetriebs, dar.[11]

„Die Wissenschaft nährt sich von der Wissenschaft, die Wissenschaft nährt die Wissenschaft – und das Federwerk in diesem Perpetuum Mobile ist das Zitat",[12] bringt Prof. Jürgen B. Deutsam diesen Zusammenhang auf den Begriff.

Welche Eigendynamik der Zitierbetrieb entwickeln kann, illustriert Prof. Plapperer am Zirkelzitat. Prof. A. zitiert Prof. B. als

---

6 Vgl. hierzu Stargast, Ralf: Zitat, Wissenschaft und Krise, Frankfurt am Main 1981. Mortimer Humbug und Jeremy Pompous: The Quoationmark, Oxford 1978.
7 Plapperer, R.: Das Zitat in der Wissenschaft, Köln 1975.
8 Plapperer, R.: a. a. O., S. 992 ff.
9 Plapperer, R.: a. a. O., S. 181.
10 Der in Platos „Republik" III und in Plutarchs „Cleomines" K 37 vorkommende Ausdruck „nervus rerum" für Geld wäre nach Diogenes Laertius auf den Philosophen Bion zurückzuführen. Der attische Redner Aeschines wirft in seiner Rede gegen Ktsiphon dem Demostetenes eine Anzahl neugebildeter Wörter und Redensarten vor, worunter auch die eben erwähnte ist (Attische Reden von Bekker, 1823, I, S. 423). Vgl. Büchmann, G.: Geflügelte Worte, 10. verbesserte und vermehrte Auflage, Berlin 1877, S. 167.
11 Plapperer, R.: a. a. O., S. 799 ff.
12 Deutsam, J. B.: a. a. O., S. 339.

Beleg für die Richtigkeit seiner These. Prof. B. seinerseits beruft sich auf Prof. A. als Bestätigung seiner Aussagen.[13] Nicht nur ein Beispiel akademischer Kollegialität, sondern eine subjektive Äußerung gewinnt die Qualität eines objektiven Befundes. Wissenschaftsbetrieb in Perfektion!

Im selben Wirkungszusammenhang ist das gebräuchliche Eigen- oder Selbstzitat zu sehen, wobei hier zusätzlich dem Leser die wissenschaftliche Bedeutung des Autors demonstriert wird.

Am reinsten findet sich die Autonomie, ja die Autarkie des Zitierbetriebs im Phantomzitat: Einem Autor wird eine Aussage zugeschrieben, die er zwar nicht gemacht hat, aber gemacht haben könnte oder auch sollte. Zweifelsohne spricht für das Phantomzitat einiges: Zunächst einmal spart es ganz einfach Zeit, wichtiger, essentieller aber: Der jeweilige Autor wird auf den Nenner gebracht, quasi zu sich selbst geführt.

An sich erfüllt das Phantomzitat den Sinn des Zitats am vollkommensten, da es ja maßgeschneidert werden kann, dem jeweiligen Zweck entsprechend. Trotzdem möchte ich bestimmte Vorbehalte gegenüber einem unkontrollierten Gebrauch des Phantomzitats hier geltend machen. In unqualifizierten, unakademischen Händen lädt es zum Mißbrauch ein. Ich denke etwa an jene Habilitationsschrift – ersparen Sie es mir, den Autor zu nennen – an der Universität zu Gießen, die einem Phantomautor gewidmet war! Es bedurfte langjähriger, mühseliger Recherchen, bis das Falsifikat aufgedeckt wurde. Bis dahin allerdings war der Phantomautor bereits in eine Reihe wissenschaftlicher Arbeiten eingegangen und führt seither ein kaum noch zu kontrollierendes Eigenleben.[14]

---

13 Plapperer, R.: a. a. O., S. 227 ff.
14 Welche faktische Bedeutung dem Zitat zukommen kann, hat mir mein Freund, Prof. M. Schulmann, aufgezeigt, der Arbeiten seiner Gattin so oft in seinen Werken zitierte, bis ihr ein Lehrauftrag an der Fachhochschule Bremen erteilt wurde. Vgl. hierzu Schulmann, M., Liebervater, H.: Autor und Karriere, Göttingen 1977, S. 17.

Erwähnenswert erscheint in diesem Zusammenhang auch ein scheinbares Randphänomen des Zitierbetriebs: die Danksagung.[15] Natürlich gilt auch hier, daß sie, wie das Zitat zuvörderst, Mittel akademischer Selbstdarstellung sein muß – und damit dem Leser die Orientierung erleichtern und letztlich Mühe ersparen soll. Als vorbildliches Beispiel wird in der Arbeit von Prof. Arm-Selig Prof. Kastlmüllers „Einige Anmerkungen zur Klassifizierung von Haushalten bei Befragungen in Gemeinden zwischen 10 000 und 20 000 Einwohnern im süddeutschen Raum" angeführt. Neben dem Dank an seine Gattin, deren Verständnis und Geduld das Gelingen der nervenaufreibenden und zeitverschlingenden Abfassung des Werkes ermöglichte, neben dem Dank an seine zwei Sekretärinnen und die vier Schreibkräfte, die an der Übertragung des Manuskripts beteiligt waren, gelingt es Prof. Kastlmüller nicht weniger als 39 Namen von Kollegen anzuführen, deren Hilfe in das Werk eingegangen ist. Er vergißt sogar nicht den Namen des Diplomanden zu erwähnen, dessen Diplomarbeit er als Basis seiner Arbeit benutzte. Kein Zweifel, das eher schmale Bändchen mit der eher spezifischen Themenstellung gewinnt nach solcher Einführung für den Leser erst das Gewicht, das ihm nach Einschätzung des Autors zugewiesen werden sollte. Die richtig angelegte Danksagung fördert also nicht nur kollegiale Beziehungen, sie verleiht vor allem Autor und Werk Gewicht.

Kann so die Zitatologie auf eine Reihe richtungsweisender Arbeiten zurückgreifen, die ihrem Anspruch auf einen gebührenden Part im Konzert der Disziplinen des Wissenschaftsbetriebs untermauern[16], so liegt uns seit kurzem auch eine erste wissenschaftliche

---

15 Arm-Selig, L.: Die Danksagung als Mittel wissenschaftlicher Selbstdarstellung, Frankfurt am Main 1976.
16 Vgl. auch Karl Valentin Banauser: Zitat und Volk, Leipzig 1938; Formalinski, E.: Einführung in die Zitierbetriebswirtschaftslehre, Köln 1977.

Auswertung einer sehr umfassenden und detaillierten empirizistischen Erhebung vor.[17]

Prof. Überall vom Institut für soziologische Forschungsangelegenheiten (SOFA), Göttingen, hat an einer Stichprobe der Universität zu Göttingen zwischen 1966 und 1971 eingereichten Diplomarbeiten den Zusammenhang zwischen Zitathäufigkeit und Prüfungserfolg untersucht.[18] Seine Auswertungen zeigen eine klare Korrelation zwischen Zitathäufigkeit pro Seite und Prüfungsnote. Endlich liegt uns nun ein empirisch signifikanter Nachweis nicht nur über die Objektivität unseres Prüfungswesens an unseren Hochschulen vor, sondern auch der Bedeutung des Zitierwesens.

Können angesichts der vitalen Bedeutung des Zitierbetriebs für den akademischen Wissenschaftsbetrieb kaum Zweifel über dessen Regelbedürftigkeit bestehen, so fehlt bislang eine adäquate Behandlung. Versuche zur Ordnung sind zahlreich – allerdings handelt es sich bislang um unkoordinierte und vereinzelte Ansätze.

Die Herausbildung von Zitierkartellen hat den Wissenschaftsbetrieb zwar übersichtlicher gemacht, klarer strukturiert und bis hinein in die Besetzung der Lehrstühle segensreich gewirkt, aber konnte natürlich noch nicht eine übergreifende Ordnung und Systematisierung des Zitierbetriebs erreichen.[19]

Die an manchen Universitäten geübte Praxis, Mindestvorgaben der pro Seite zu zitierenden Autoren bei wissenschaftlichen Arbeiten vorzugeben, scheint uns in die richtige Richtung zu weisen. Allerdings übertrieben erscheint uns doch das Beispiel von Prof.

---

17 Auch aus dem Ausland liegt uns inzwischen ein umfangreiches Schrifttum zur Zitatologie vor: vgl. vor allem Trite, R. K.: How to prove obvious, New York 1979; Humbug, M. und Pompous, J.: The Quotationmark, Oxford 1977; Obscurantesi, Enzo und Dilettantini, Allessandro: La Citatione nello resorgimento, Parma 1973; de la Platitude, Mazo: La citation universitaire, Lyon 1980.
18 Überall, M.: Zitierverhalten und Prüfungserfolg an niedersächsischen Hochschulen, Göttingen 1981.
19 Vgl. hierzu Schulmann, M.: Zitierkartelle und die Theorienbildung in der Industriesoziologie 1968–1975, Göttingen 1981.

Engstlich, die alle Passagen, die nicht durch Verweise oder Zitate belegt waren, mit Tipp-Ex übermalte, um dann den Resttext zu begutachten. Hier scheint uns doch ein etwas übertriebener Weg, den wissenschaftlichen Nachwuchs vor zuviel Originalität zu bewahren, vorzuliegen – um so mehr, als ja schon eindeutig zu erkennen ist, daß dieser bestrebt ist, seinerseits Wissenschaftlichkeit zu beweisen.[20]

Vernünftig dagegen erscheint uns die Regelung an manchen Lehrstühlen, die eine gewisse Mindestzahl von Zitaten des jeweiligen Doktorvaters vorgeben, denn dies fördert ja die wissenschaftliche Kontinuität und auch die Ausprägung von Schulen (scheitert in der Praxis allerdings bisweilen an dem Mangel an zitierfähigen Werken der Betreuer).[21]

Richtungsweisend schließlich erscheint uns die Zitierpraxis einiger Forschungsinstitute, wie etwa die Regelung des Instituts für Spezialwissenschaftliche Forschung (ISF), München, nur Arbeiten aus dem eigenen Institut zu zitieren.[22] Im Institut für Soziosophie (IFS), Frankfurt, hat man sich geeinigt, nur aus den Werken eines Autors zu zitieren, was der Übersichtlichkeit des Forschungsbetriebs in dieser Institution sehr zugute kommen soll.

Sind somit allenthalben Versuche zur Regelung des Zitierbetriebs zu erkennen, so fehlte bislang doch eine banalwissenschaftliche übergreifende Durchleuchtung als Voraussetzung einer Systematisierung und Kategorisierung. Dieser Aufgabe wollen wir uns am Institut für Zitierbetriebswirtschaft (IBZ) an der Universität zu Köln widmen, wie auch überhaupt einer konsequenteren Vertretung des zitatologischen Ansatzes im Wissenschaftsbetrieb.

Dies erscheint um so nötiger, als, wie wir alle wissen, eine Anerkennung des Gedankenguts der Zitatologie nicht mehr selbst-

---

20 Vgl. Engstlich, G.: Ansätze zur Systematisierung des Zitierbetriebs, München 1978.
21 Bosniggler, T.: Die ordnende Hand, Berlin 1980; Kiebig, H.: Die Regelung des Zitierbetriebs an der Gesamthochschule Siegen, Gießen 1979.
22 Denkerle, G.: Zitat, Strategie und Institut, München 1982.

verständlich ist. Ich denke hier etwa an die Einwände der Absurdologie, die den weiteren Ausbau des Zitierbetriebs für unsinnig hält, da wesentlicher Gegenstand der Banalwissenschaften sei, das Rad ständig neu zu erfinden.[23] Herr Wunderlich verkennt die eigentliche Dialektik der Banalwissenschaften, wie die Aufgabe des Zitats. So wie die Banalwissenschaften, indem sie das Offenkundige immer wieder neu entdecken und damit dem Wissenschaftsbetrieb offen-kundig machen, so ist das Zitat ja nicht die Wiege der sklavischen Übernahme von bereits Gedachtem, sondern vielmehr der wissenschaftlichen Selbstdarstellung, nicht Rezeption, sondern An-Eignung kennzeichnet wissenschaftlichen Zitatgebrauch!

Seit bedauerlicherweise die Legasthenie auch zum Problem der Wissenschaft geworden sei, so argumentiert Wunderlich weiter, verliere auch das Zitat seine Eignung als zentrales Medium wissenschaftlicher Aussagen.[24] Er schlägt eine optische Umsetzung wissenschaftlicher Aussagen nach dem Muster von Cartoons vor.[25]

Wie so häufig bei Beiträgen der Absurdologie scheint uns hier eine richtige Einsicht doch zu einer übertriebenen – ich möchte fast sagen unziemlichen – Konsequenz getrieben worden zu sein.[26]

Ich glaube nicht, daß wir auf die Sprache als Medium wissenschaftlicher Kommunikation ganz verzichten können!

---

23 Wunderlich, Otto: Karl Marx, Donald Duck und die Misere unseres Wissenschaftsbetriebs, München 1981.
24 Wunderlich, O.: Die akademische Legasthenie als Problem des Wissenschaftsbetriebs, München 1976.
25 Wunderlich, O.: Karl Marx, Donald Duck und die Misere der Wissenschaft, München 1981, S. 91.
26 Allerdings ist nicht zu verkennen, daß der Vorschlag Wunderlichs überraschende Berührungspunkte mit dem pseudologischen Ansatz hat, der im Institut für Folienkunde (IFK) an der Universität zu Köln entwickelt wurde. Ausgehend von dem Befund, daß in den letzten Jahren mündliche Präsentationen zunehmend um das Medium der Folie entwickelt wurden, geht man dort weiter und postuliert, daß Inhalt und Aussage von Präsentationen von deren Folienfähigkeit bestimmt sein sollten. Nur was folienfähig sei, habe Aussicht auf Rezeption. Vgl. Dement, C.: Der wissenschaftliche Vortrag als Folie, Köln 1979.

Ohne Zweifel konstituiert die Leseschwäche vieler Wissenschaftler eine Erschwerung des Zitierbetriebs in unseren akademischen Institutionen, um so mehr, als diese – wie wir aus neueren Untersuchungen wissen, mit höherem Status und steigendem Alter eher zuzunehmen scheint.[27] Von einer eigentlichen Gefährdung möchte ich jedoch nicht sprechen, zumindest hat die akademische Praxis erwiesen, daß ein zureichender Zitierbetrieb auch bei erheblicher Leseschwäche aufrechterhalten werden kann.[28]
Zugegeben, wir vermögen dieses Phänomen schwer zu erklären. Prof. Helge Kiebig verweist auf die Verfügbarkeit wissenschaftlicher Hilfskräfte.[29] Prof. Burghard Primus dagegen glaubt eher an eine im Laufe längerer Hochschultätigkeit sich herausbildende asmotische Fähigkeit – er sieht diese ihrerseits in Wechselbeziehung zur akademischen Legasthenie.[30]

Beiden Erklärungsansätzen kann eine gewisse Plausibilität nicht abgesprochen werden. Angesichts der prognostizierten weiteren Zunahme akademischer Legasthenie[31] scheint aber doch eine grundsätzlichere Auseinandersetzung mit diesem Problem angebracht. Mit der Einrichtung eines „akademischen Zitierdienstes", dessen Auf- und Ausbau sich unser Institut als erste Aufgabe gestellt hat, hoffen wir nicht nur zur Wirtschaftlichkeit und Wissenschaftlichkeit des Wissenschaftsbetriebs beizutragen, sondern auch das Problem akademischer Legasthenie sozusagen an der Wurzel zu lösen. Das Prinzip dieses Zitierdienstes ist ebenso einfach wie, wie uns scheint, überzeugend: Wir werden alle zitierfähigen Aussagen wissenschaftlicher Publikationen in einem Zentral-Computer speichern (Siemens 5433) und nach Autor sowie Sach-

---

27 Primus, B.: Vergleichende Analyse des Leseverhaltens von Professoren, München 1973.
28 Vgl. Primus, B.: a. a. O., S. 992 ff.
29 Kiebig, H.: Akademische Legasthenie und der Stellenkegel an westdeutschen Hochschulen, Gießen 1976.
30 Primus, B.: Akademische Legasthenie und Persönlichkeitsprofil, München 1978.
31 Wirrlein, M.: Legastheniprognose 1981, Frankfurt am Main 1981.

bezug kategorisieren. Der akademische Nutzer kann über Datensichtgerät oder durch schriftliche Anfrage nach Angabe der jeweils zu belegenden Aussage Zitate bzw. Verweise abrufen. Vorgesehen ist eine Klassifizierung der Zitate und Verweisstellen nach der Zugehörigkeit des Autors zu einem der bestehenden Zitierkartelle. Damit soll nicht nur der Gefahr vorgebeugt werden, daß falsche Autoren zitiert werden, wir erhoffen uns davon auch eine deutlichere Strukturierung unseres Wissenschaftsbetriebs.

Es bedarf wohl keiner Erläuterung, welche grundlegende, ja revolutionäre Weiterentwicklung des Wissenschaftsbetriebs durch einen solchen Zitierdienst erreicht werden kann – ein bedeutsamer Schritt weiter zur reinen, geschlossenen – fast möchte man sagen zur automatisierten Wissenschaft. Die Probleme der Plethora wissenschaftlicher Publikation, der akademischen Legasthenie, der Unübersichtlichkeit der Schulenbildung – der Computer wird sie für uns lösen.

Lassen Sie mich mit einem Zitat von Horaz schließen: „Quod habitum vivund, totidem studiorum milia." Wir haben dies zum Leitspruch unseres Instituts gemacht.

Frau Prof. Wirrlein, meine Herren, ich danke Ihnen für Ihre Aufmerksamkeit.

Nachdem ich die Höhen und Tiefen
des internationalen Managerlebens durchschritten habe,
drängt es mich, meine Erfahrungen wie Lackmuspapier
in die betriebswirtschaftliche Theorie zu tauchen.

aus der Bewerbung eines Praktikers
um einen Lehrstuhl für Betriebswirtschaftslehre

OR-Professoren im Ballon

Von
Robert E.D. Woolsey[1]

It seems that there were two professors who wanted to come to the conference, but since the National Science Foundation had died in the US they had no funds. And so one said: "Well, how are we gonna get there if we have no money?" And the other one said: "Well, I have a balloon, and if we wait until the wind is right I think we maybe can make it."

And so they waited until the wind was right and got in the balloon, and the balloon went up. They were floating on doing rather well heading in the right direction. At this point, suddenly the fog closed in, and they did not know where they were. They drifted for some hours and finally the fog opened up and they looked down. There was a man standing on the ground. So one of the fellows leaned over the balloon and said: "Where are we?" And the guy standing on the ground said: "You are in a balloon!"

At this point the fog closed in again and one guy turned to the other one and he said: "I know what that man does for living."

"So, what is it?"

"He is an Operations Researcher."

"How do you know?"

"Three reasons. First, his answer was back just like that."

"What is the second reason?"

"His answer was damned right. There is no way we can argue that we aren't in the bloody balloon."

"What is the third reason?"

"His answer didn't do us any bit of good."

---

[1] Diese Geschichte ist in den Proceedings der IFORS-Tagung '78 leider nicht enthalten. Sie wurde jedoch glücklicherweise von Heiner Müller-Merbach überliefert.

Gesetze der Wirtschaft

Von
N. N.

Abs' Gesetz

Kreditfähigkeit hat nichts mit Kreditwürdigkeit zu tun – und umgekehrt.

Mommsen-Regel

Sachliche Entscheidungen werden nur dann gefällt, wenn alle anderen Möglichkeiten erschöpft sind.

Buchners Gesetz

Hat sich ein Projekt verzögert und die verlorene Zeit soll durch den Einsatz weiterer Leute wettgemacht werden, dauert es noch länger.

Keinbaum-Axiom

Das teuerste Gutachten gilt immer als das qualifizierteste.

Kaloffs Gesetz

Die Dauer einer Besprechung wächst im Quadrat zur Anzahl der Anwesenden.

Trumans Gesetz

Wenn du nicht überzeugen kannst, dann verwirr wenigstens.

Edels Leitsatz

Solange du's nicht selbst erledigen mußt, ist nichts unmöglich.

Reaktionsgesetz auf gute Ideen

1. Das geht unmöglich. Verschwende damit deine Zeit nicht.
2. Das ginge vielleicht schon, ist aber sinnlos.
3. Ich hab's ja die ganze Zeit gesagt – die Idee ist gut.
4. Das haben wir doch wirklich ganz toll hingekriegt.

Oltmanns Leitsatz

Wenn ein Kollege über ein eigenes Mißgeschick grinst, weißt du, daß er weiß, wem er den ganzen Schlamassel anhängen wird.

Assistenten-Regel

Was du nicht erledigt hast, ist immer wichtiger als das, was du bereits erledigt hast.

Försters Überlebensregel

Schreibe lange Berichte. Egal, wie sinnlos sie sind; sie beweisen, daß du gearbeitet hast.

Computer-Gesetze

1. Kein Programm ohne Fehler.
2. Ist ein Programm brauchbar, muß es geändert werden.
3. Jedes Programm wird bis zur absoluten Unüberschaubarkeit vervollkommnet.

Das Peter-Prinzip

In der Hierarchie wird jeder früher oder später bis zu seiner Stufe der Unfähigkeit aufsteigen.

Peters Empfehlung

Schaffe auf jeden Fall den Eindruck, daß du bereits die endgültige Höhe deiner Inkompetenz erreicht hast.

Die Praxis von heute
ist die Theorie der Großväter.

Joseph Schumpeter

Literarischer Beitrag zur Warteschlangentheorie

Von
Ernst Jandl

Selten erfreuen sich Probleme, die man im OR-Lager gemeinhin als OR-Probleme bezeichnet, einer literarischen Behandlung. Eine Ausnahme bildet hier die Warteschlangentheorie.[1]

fünfter sein

tür auf
einer raus
einer rein
vierter sein

tür auf
einer raus
einer rein
dritter sein

tür auf
einer raus
einer rein
zweiter sein

tür auf
einer raus
einer rein
nächster sein

tür auf
einer raus
selber rein
tagherrdoktor

---

1 Gefunden von Heiner Müller-Merbach. – Der sachkundige Leser merkt natürlich sofort, daß es sich hier um einen Warteschlangenprozeß vom Typ G/G/1: (∞, FIFO) handelt, der Klassifikation von Kendall und Lee folgend.

Betriebswirtschaftlich alles wurst[1]

Lösungsversuche des Wurstproblems in der Philosophie

Von
Frank Achtenhagen

1. HERAKLIT

Aus dem Feuer kommt das Würstel und da hinein geht es wieder. Man kann nicht zweimal dasselbe Würstel essen.

(Fragment 140)

2. PLATON

Sokrates: Behaupten wir also, o Wurstenides, daß wir wissen, was ein Würstel ist?
Wurstenides: Freilich wollen wir das.
Sokrates: Laß uns aber nicht, o Bester, nach dem ganzen Würstel sogleich fragen, denn vielleicht wäre dieses Unterfangen zu schwierig, sondern von einem Teil desselben zuerst sehen, ob wir tüchtig sind, ihn zu verstehen; so wird uns wahrscheinlich die Untersuchung leichter sein.
Wurstenides: Wohl, o Sokrates, laß es uns machen, wie du willst.

---

1 Wenngleich der Beitrag weder auf Faktoreinsatz, Minimalkostenkombination, Wurstpreise, Absatzmärkte, Gossensche Gesetze usw. noch auf die exemplarische Bedeutung der Wurstproduktion für eine Betriebswirtschaftslehre des Handwerks eingeht, bildet er doch ein Muster für vergleichende Analysen, deren Anwendung auch im betriebswirtschaftlichen Schrifttum mancherlei Einblick und Überraschung zutage fördern könnte.

Sokrates: Welchen also sollen wir wählen von den Teilen des Würstels? Oder, nicht wahr, den gewiß, auf welchen die Kunst des Essens abzuzwecken scheint? Und das scheint doch den Leuten das Innere des Würstels und nicht die Haut?
Wurstenides: Allerdings, so scheint es ihnen.
Sokrates: Aber ist nicht das ganze des Würstels mehr als ein Teil desselben? Und wie anders sollen wir wissen, was ein Teil ist, wenn wir nicht zuvor was das Ganze ist erkannt haben. So werden wir also zuerst die Idee des Würstels aufsuchen!
Wurstenides: Ja, o Sokrates ... (Textlücke)

(Wurstenides 999 a)

3. KANT

Wenn ich gewisse Gegenstände, wie z. B. Würstel, Erscheinungen, Sinneswesen nenne, indem ich die Art, wie ich sie anschaue, von ihrer Beschaffenheit an sich selbst unterscheide, dann ergreift mich ein großes Staunen: das gebratene Würstel vor mir und der gewaltige Hunger in mir!

(Nachlaß)

4. HEGEL

Die absolute Indifferenz des Würstels ist die letzte Bestimmung seiner Objektivität, ehe es zum Wesen wird; es erreicht aber dieses nicht, weil es noch zur Sphäre des Objektiven gehört und in dieser Stufe der Entfaltung bereits dem Gegessenwerden anheimfällt. Dies ist sein Gegensatz, womit es sich zugleich in dem Widerspruche befindet, gegen dasselbe als nur das Ansichseiende bestimmt zu sein, nicht aber als ein Fürsichseiendes gedacht zu werden, denn seine Totalität ist es, in allen seinen Bestimmungen durch sein Gegessenwerden aufgehoben zu sein und so den Widerspruch seiner selbst und seines Bestimmtseins in die negative Totalität emporzuheben.

(Wissenschaft der Wurst)

5. SCHOPENHAUER

Gewissermaßen ist das Tollste im Leben, wenn jener Augenblick vorbei ist, in dem ein Würstel gegessen wurde. Was bleibt nun von so einem Augenblick? Die Erinnerung. Diese erfaßt aber nicht den Willen, sondern die Vorstellung. Ich meine: sie erfaßt nicht das genossene Würstel, sondern bloß was dabei Vorstellung war, also Nebenwerk. Denn das Wesen, das Reale des Würstels ist Wille. Man vergleiche was der dreiste Unsinnschmierer HEGEL dazu vorzubringen weiß und es wird einem gehen wie jemandem, der aus einem stickigen Keller in das Sonnenlicht tritt.

(Ärger und Parawurstomena)

6. NIETZSCHE

Ich lehre euch das Überwürstel. Das Würstel ist etwas, das überwunden werden soll. Was habt ihr getan, es zu überwinden? Wie eine verrottete Herde drängt ihr euch an den Würstelbuden. Alle Wesen bisher schufen etwas über das Würstel hinaus: und ihr wollt die Ebbe dieser großen Flut sein und lieber noch zum Würstelstand zurückkriechen, als das Würstel überwinden?

(Lieder und Wurstsprüche)

7. KIERKEGAARD

Je reflektierter man den Hunger nach einem Würstchen zu setzen wagt, desto leichter kann man ihn scheinbar dazu bekommen, in den Durst nach einem Glas Bier umzuschlagen. Aber kein „Mehr an Hunger" bringt diesen qualitativen Sprung hervor. Wenn daher der Hunger auch immer reflektierter wird, so behält doch der Durst, der mit einem Sprung hervorbricht, denselben Charakter schuldhafter Zurechnung wie der Durst ADAMs, und der Hunger nach einem Würstchen dieselbe Zweideutigkeit. Das ist die Erbsünde.

(Der Begriff Wurst, ein Versuch in der experimentierenden Psychologie von Wurstin Wurstantius)

8. *HEIDEGGER*

Der Hunger nach einem Würstchen charakterisiert die Weise, in der das Dasein alltäglich sein Nach, die Erschlossenheit des Nach-dem-Würstchen-Strebens offenbart. Dieses ist als existenziale Bestimmtheit am Dasein des Würstchen-Essenden nicht vorhanden, denn es macht dessen Sein mit aus. Im Hunger nach dem Würstchen und seinem seinsmäßigen Zusammenhang enthüllt sich eine Seinsart der Alltäglichkeit, die wir das Verfallen des Dadseins an das Nach-dem-Würstchen-Streben nennen. Die Verfallenheit an das Würstchen meint das Aufgehen im Miteinandersein durch den Zeug-Charakter des Würstelstandes, sofern dieser durch Gerede, Neugier und Zweideutigkeit bevölkert wird.

(Wurstwege)

9. *LUDWIG WITTGENSTEIN*

324. Und sich ein Würstchen vorstellen heißt, sich eine Lebensform vorstellen. – Welchen Sinn hat das also? Besteht der gleiche Sinn aller Würstchen nicht in ihrer gleichen *Verwendung*? – (Im Chinesischen heißt es: „Ist weg" statt „das Würstchen ist weg"; geht ihnen das Subjekt „Würstchen" im Sinn ab, oder denken sie sich das Würstchen dazu?)
325. Denken wir uns ein Bild, ein Würstchen beim Gegessenwerden darstellend. Dieses Bild kann nun dazu gebraucht werden, um jemandem mitzuteilen, wie er das Würstchen essen, wie er es halten soll; oder wie weit er es in den Mund schieben soll; oder wie weit er es nicht in den Mund schieben soll; oder etc. etc. Man könnte dieses Bild (chemisch gesprochen) ein Wurstradikal nennen. (Ähnlich aß wohl schon Frege seine Würstchen).

...

329. Wieviele Arten des Wurstessens gibt es aber? –
Es gibt *unzählige* solcher Arten: unzählige verschiedene Ar-

ten der Verwendung alles dessen, was wir „Würstchen" nennen. Neue Typen von Würstchen können entstehen und werden gegessen; wieder andere werden vergessen, veralten und verfaulen (Ein *ungefähres* Bild davon können uns die Wandlungen der Mathematik geben).
330. Denke daran, wieviel Verschiedenartiges „Würstchen" genannt wird.
331. Wo unsere Sprache uns ein Würstchen vermuten läßt, und kein Würstchen ist, möchten wir sagen, sei ein *Geist*.
332. Denn die philosophischen Probleme entstehen, wenn die Sprache *feiert*, d. h. ihre Würstchen ißt.
333. Die Bedeutung des Wortes „Würstchen" ist sein Gebrauch in der Sprache.
334. Ob es aber das Wort „Würstchen" ist, hängt von der Situation ab, in der es ausgesprochen oder geschrieben wird. Das Benennen ist nämlich eine Vorbereitung zum Essen. Man kann sagen: Mit dem Benennen der Würstchen ist noch *nichts* getan. Das war es auch, was Frege damit meinte: Ein Würstchen habe nur beim Essen Bedeutung.
335. „Namen" bezeichnen nur das, was *Element* der Wirklichkeit ist. Was sich nicht zerstören läßt; was in allem Wandel gleichbleibt. – Aber was ist das? – Wir aßen schon unsere Würstchen, zerstörten sie. – Und doch war es keine Wirklichkeit!
336. Ein Würstchen ist in Ordnung – wenn es, unter normalen Verhältnissen, seinen Zweck erfüllt.
337. *Wir* führen das Wort „Würstchen" von seiner metaphysischen wieder auf seine alltägliche Verwendung zurück. In dieser hat es seinen Sinn.
338. Ein *Würstchen* hielt uns gefangen. Und heran konnten wir nicht, denn es lag in unserer Seele, und es schwebte uns unerbittlich vor Augen.
339. *Ein* philosophisches Problem hat die Form: „Ich will ein Würstchen".
340. Die Philosophie darf den tatsächlichen Gebrauch des Würstchens in keiner Weise antasten; sie kann am Ende also nur

hungern. Denn sie kann sich auch keine Wurst kaufen. Sie läßt alles wie es ist.

341. Die Philosophie ist ein Kampf gegen die Verhexung unseres Verstandes durch die Würstchen.
342. Die bürgerliche Stellung der Würstchen, oder ihre Stellung in der bürgerlichen Welt: das ist das philosophische Problem.

(The Wurst and Worst books)

Fußnoten: Wissenschaftliche Basisanmerkungen ohne fundamentale Bedeutung; treten in der Regel in der Vielzahl auf; erfordern oder erwecken den Eindruck von Köpfchen, weshalb von Kopfnoten am Seitenfuß gesprochen werden sollte.

Fußnoten sind berechtigt, wenn erst durch sie der Text verständlich wird. Sie sollen zeigen, wieviel der Verfasser gelesen oder – falls er sich selbst zitiert – was er alles geschrieben hat. Sie dokumentieren Gründlichkeit oder gründliches Fehlverhalten.

Fußnoten wenden sich an Leser, die ihrer zum Verständnis des Textes bedürfen, also an Laien. Für den Fachmann sind Fußnoten – meist der gesamte Text – überflüssig.

Peter Eichhorn

II. Führung

Personalauswahl mit Test

Von
Ludwig Pack

Im oberen Management einer Firma ist eine wichtige Position zu besetzen. Um den besten Kandidaten zu finden, wendet die Firma psychologische Testverfahren an. Das läuft ungefähr folgendermaßen:
Der erste Kandidat ist der Ausbildung nach Mathematiker. Ihm wird kurz erklärt, warum die Firma psychologische Tests anwendet, dann wird ihm die Testfrage gestellt: „Wieviel ist zwei mal zwei?" Der Kandidat antwortet natürlich wie aus der Pistole geschossen: „4". Der Personalchef bedankt sich bei ihm und schließt mit dem Satz: „Sie hören von uns."

Der zweite Kandidat ist ein Diplom-Ingenieur. Der Ablauf ist derselbe wie zuvor beschrieben. Auf die Frage „Wieviel ist zwei mal zwei?" zückt er seinen Rechenschieber und antwortet „3,9 ungerade". Im übrigen siehe oben.

Der dritte Kandidat ist ein Diplom-Kaufmann: Seine Antwort auf die Testfrage lautet: „Im Einkauf würde ich sagen drei, im Verkauf würde ich sagen fünf." Ansonsten wie gehabt.

Und wer bekam die Position? – Der Schwiegersohn des Generaldirektors.

Nehmt die Menschen wie sie sind. Andere gibt's nicht.

Konrad Adenauer

Ich mache mit jeder Ernennung
99 Unzufriedene und einen Undankbaren.

Ludwig XIV., König von Frankreich

Autoritäre Führung

Von
Horst Albach

Ein guter Vorgesetzter wär,
Wer seine Mitarbeiter fair
und dabei doch autoritär
zu führen wüßt: ein aufgeklär-
ter Herrscher, kein Despot.

Ein guter Vorgesetzter führt
Ne Mannschaft, die er selbst gekürt
die seinen starken Willen spürt
und, selbstbewußt, die Hände rührt.
Ihr Motto: Tot eh' als devot!

Das Erteilen guter Ratschläge
ist jenen vorbehalten, die nicht mehr in der Lage sind,
schlechte Beispiele zu geben.

André Maurois

Was einer leistet, bestimmt der Vorgesetzte.

Manager-Volksmund

The Interdisciplinary Team

Von
Harvey Lynn, jr.[1]

The next step is to get some people working for you. Not just a few people. Get a lot of them. Remember that there is no fun and no glory in directing (distracting) only a few people.

First, designate an Assistant Project Leader. Great care should be used in selecting this person. Remember, he must run and supervise the project. He is your Chief of Staff. Give him complete freedom. Let him worry about the Project. You must meditate on the Big Picture.

Next, select your technical team. You may find it desirable to choose people with some knowledge of the problem.

You should include an economist. Someone has said that economics is only common sense made difficult. This ist true. For this reason, you must have at least one and preferably two economists on your team (if you have two, they can argue with each other). They are good at taking straightforward data and putting it into the language of systems analysis. They use such terms as optimization, suboptimization, allocation of resources, marginal utility, etc.

Then, you need a social scientist. Having a social scientist on your team will add a certain amount of prestige. He will be indispensable when it comes to writing the report. One good social scientist can contribute a hundred pages to your report without even knowing what the problem is.

Be sure to include mathematicians – even if you agree with Plato, who said, „I have never met a mathematician capable of reasoning." Any systems analysis worth its salt must have several appendixes full of equations, and this is where mathematicians

---

1 Gefunden von Heiner Müller-Merbach.

come in handy. If the mathematicians cannot put all the information into equations, they will recommend war gaming it, in which case you will have more and more people working for you.

Don't forget a physicist. Physics is a very proper and popular science. Physicists also know about equations. Some of them know equations the mathematicians don't know, so you are providing yourself with added protection. You will find a physicist indispensable when you have converences, for it is typical of their breed that they will debate vigorously on any subject.

To this essential cadre, you may add consultants on almost any subject – psychologists, engineers, and others. Just be sure that you get a will-rounded group. Add more people as the study progresses.

Bismarck hatte im 70er Krieg einen Soldaten,
der in der Schlacht besondere Tapferkeit gezeigt hatte,
mit dem Eisernen Kreuz 1. Klasse auszuzeichnen.
Er fragte den Soldaten, ob er es nicht vorziehe,
statt des Kreuzes 100 Taler zu bekommen.
Die Antwort des vor diese Alternative gestellten
– und offenbar kaufmännisch denkenden – Mannes:
„Wie hoch ist etwa der Substanzwert des Kreuzes?"
Bismarck: „Sagen wir, es hat einen Wert von 3 Talern."
Soldat: „Geht in Ordnung. Geben Sie mir das Kreuz
und 97 Taler."

erzählt von Wilhelm Hasenack

Vom Teen-ager zum Man-ager

Von
Hans Eberhard Scheffler

Die Entwicklung vom Teen-ager zum Man-ager ist der emanzipatorische Versuch des Mannes. Manager kann jeder werden; entweder durch eigenes Können oder durch die Dummheit der anderen. Die kurze Karriere vom Studium zum Frührentner wird bekanntlich durch das Peter-Prinzip geprägt, das heißt in der Hierarchie einer Unternehmung neigt jeder Beschäftigte dazu, bis zu seiner Stufe der Unfähigkeit aufzusteigen. Mit anderen Worten: vom Man-ager zum Vers-ager. Man nennt dies Management Development. Nachwuchskräfte, die wir so entsorgen wollen, bezeichnen wir als „vielversprechend".

Das Wort „Manager" wird nicht nur für Herren angewendet. Es führt aber zu Mißverständnissen, wenn man weibliche Führungskräfte mit „Miss Manager" bezeichnet. Der Begriff „Mis-Management" ist nicht dem weiblichen Geschlecht vorbehalten. Vielmehr gilt: Irren ist männlich.

Die Entwicklung vom Manager zum Top-Manager deutet sich dadurch an, daß er zunehmend in Ich-Form spricht und zu grundsätzlichen Monologen neigt. Hinzu kommt, daß seine menschlichen Grundbedürfnisse vom Geltungsbedürfnis dominiert werden.

Damit kommen wir zur Unterteilung der Unternehmensangehörigen in Fachleute, Manager und Top-Manager. Der Fachmann denkt nicht, er weiß. Der Manager denkt, aber weiß nichts. Der Top-Manager erspart sich das Denken und weiß nichts, er hat unternehmerisches Gespür. Top-Manager sind einsam, einsame Spitze.

Wenn die Zahl der Vorstandsmitglieder die Zahl der Kunden zu übersteigen droht, überwindet der Top-Manager seine Einsamkeit, indem er kongeniale Unternehmensberater einschaltet, deren Erfolgsrezept allgemein lautet: Knallhart in der Darstellung und banal in der Sache. Von ihnen wird verlangt: Distanz zur Realität, systematische Erfassung der Irrelevanz, geistige Durchdringung des Nichts, Interpretation des Banalen und Analyse des Unvorhersehbaren. Der Unternehmensberater ist also ein Mann, der 49 Liebespositionen kennt, aber kein einziges Mädchen.

Die Managertätigkeit selbst wird von Murphy's Gesetz beherrscht: „Wenn etwas schiefgehen kann, geht es auch schief." In der Management-Hierarchie heißt das: Je höher man die Leiter erklimmt, desto mehr Fehler kann man sich erlauben. Wenn man schließlich nur noch Fehler macht, nennt man das Führungsstil. Mit anderen Worten: Wo ein Top-Manager auftaucht, klappt nichts – aber er taucht nicht überall auf.

Art und Umfang der Entscheidungen werden wesentlich vom Temperament der Top-Manager bestimmt. Man unterscheidet folgende Manager-Typen:

Zunächst einmal der Hyper-Dynamiker. Er frönt der Decision by Overdrive und zeichnet sich durch provozierende Zielsetzungen für seine Untergebenen aus. Zugleich genießt er die bei seinen Kollegen ausgelösten Überraschungseffekte (Management by Fascination). Sachdienliche Hinweise auf Risiken vermögen ihn zur Raserei zu bringen. Das Unternehmen verkraftet seine Anstöße, wenn ein nicht unwesentlicher Teil durch ausgedehnte Dienstreisen und häufige Bewirtungen neutralisiert wird.

Das temperamentsmäßige Gegenstück ist der bürokratische Phlegmatiker. Dieser Manager-Typ, der in fanatischer Weise dem Vorsichtsprinzip huldigt, führt nach der Bonsai-Methode: Jede aufkeimende Initiative wird sofort beschnitten. Wenn es einen Weg gibt, wichtige Entscheidungen zu verzögern, er wird ihn mit Sicherheit finden.

Das Gegenstück ist der optimistische Managertyp, der auch dann, wenn er die Übersicht verloren hat, den Mut zur Entscheidung besitzt. Er nimmt die Dinge nicht so tragisch wie sie sind. Schließlich gilt: Eine Fehlentscheidung auf Anhieb spart immerhin Zeit.

Der hochintellektuelle Manager weiß zu jedem Problem eine schlaue Frage und schlägt scharfsinnige Lösungen vor, die nicht zum Problem passen. Bei Entscheidungen und insbesondere bei deren Umsetzung hält er sich wohlweislich zurück, um ungehindert neue kritische Fragen stellen zu können.

Sein Pendant ist der Praktiker, der stets große Stücke auf sich selbst hält und für den Konzeption und Konfusion identische Begriffe sind. Er weiß, daß die Alternative zur Sackgasse der Holzweg ist und folgt ihm entschlossen.

Neben dem gemeinen Manager gibt es noch den Konzernmanager. Mit latentem Informationsdefizit ist er der einzige Manager mit Überblick. Wenn er eine Stimme aus dem Konzern-Chaos hört: „Sei gelassen und froh – es könnte schlimmer kommen", dann ist er gelassen und froh – und, es kommt schlimmer!

Das Allerletzte ist der Euro-Manager. Er entstammt einem Elternhaus mit gemischten Nationalitäten, hat an einer Business-School studiert, ist mit einer Exotin verheiratet, trägt Flanellhosen von Saint Laurent und hält sich vornehmlich auf Airports auf. Er ist ein gesellschaftliches As mit erotischer Ausstrahlung.

Unentbehrlich ist der Top-Manager als Aufsichtsrat, weil er „auf Sicht rät", wie sich das Geschäft entwickelt.

Ein unwiderstehliches Spielzeug für den Top-Manager ist die Planung, die in ihrem Kern auf das Ersetzen des Zufalls durch Irrtum zurückgeführt werden kann. Heute kann man mit Hilfe der Computer schneller und genauer irren.

Die zweite Leidenschaft des Topmanagers ist die Rechnungslegung seiner Spitzenleistungen. Sie darf nicht einseitig gebildeten Finanzexperten überlassen werden, sondern erfordert eine professionelle Behandlung durch das Top-Management. Professionelles Bilanzmanagement vollzieht sich in folgenden Phasen: 1. Präjudiz des Jahresergebnisses durch den Vorstandsvorsitzenden; 2. Aufstellung des Abschlusses durch das Rechnungswesen; 3. Verwirrung des Vorstandes; 4. Suche nach bilanzpolitischen Korrekturmöglichkeiten; 5. Frustration des Rechnungswesens; 6. Begeisterung des Vorstandsvorsitzenden; 7. Resignation des Abschlußprüfers; 8. Auszeichnung des Vorstandes durch den Aufsichtsrat; 9. Beruhigung der Kreditgeber.

Obwohl Erfolg so ziemlich das Letzte ist, was einem Manager von Kollegen verziehen wird, spricht er ständig davon. Lassen Sie ihm dies selbst erarbeitete Vorurteil!

Management by Age

„Herr Neureich, studiert Ihr Sohn
immer noch Betriebswirtschaftslehre?"
„Ja", nickte Neureich stolz,
„ich habe nämlich beschlossen,
daß mein Sohn Generaldirektor werden soll,
und deshalb bleibt er möglichst lange
auf der Universität, weil doch Untergebene
zu einem älteren Chef größeres Vertrauen haben."

Arno Sölter

Die Bedürfnispyramide von Maslow

Ein empirischer Test

Von
Horst Steinmann

Der hohe Schwierigkeitsgrad der Motivationstheorie von Abraham Maslow[1] macht es im Hochschulunterricht in der Regel erforderlich, besondere didaktische Hilfsmittel einzusetzen, um die Lernmotivation zu stimulieren. Aufgrund langjähriger Hörsaalerfahrung kann hier der folgende empirische Beleg hilfreich sein; dabei können die Geschlechterrollen auch vertauscht werden, um Diskriminierung zu vermeiden:

Es treffen sich ein Dicker und ein Dünner. Der Dicke starrt besonders neidisch auf den Dünnen und fragt ihn: „Wie kommt es bloß, daß du so dünn bist?"

Der Dünne überlegt einen Augenblick und antwortet dann: „Das kann ich dir genau sagen. Wenn ich nach der täglichen Arbeit abends nach Hause komme, gucke ich erst mal in den Kühlschrank. Und dort ist meistens nichts Gescheites drin, und dann gehe ich ins Bett!"

Darauf stutzt der Dicke, überlegt eine Weile und dann geht ihm ein Licht auf: „Jetzt weiß ich auch, warum ich so dick geworden bin. Wenn ich abends nach der Arbeit nach Hause komme, dann schaue ich erst einmal ins Bett. Da ist meistens nichts Gescheites drin, und dann gehe ich an den Kühlschrank!"

---

[1] Die nicht nur in Manager-Kreisen populäre Motivationstheorie von Abraham Maslow erklärt menschliches Verhalten aus dem Bestreben, das jeweils dringendste unbefriedigte Bedürfnis zu befriedigen. Die Theorie unterscheidet bekanntlich fünf Bedürfnisklassen, die in der Rangfolge ihrer Dringlichkeit geordnet die berühmte „Bedürfnispyramide" ergeben: Am Fuße der Pyramide stehen die physiologischen Bedürfnisse, es folgen dann die Sicherheits- und darauf die sozialen Bedürfnisse. Sind diese befriedigt, wirken die Wertschätzungsbedürfnisse motivierend, bis schließlich mit den Selbstverwirklichungsbedürfnissen der Gipfel der Bedürfnispyramide erreicht ist.

Strategisches Weihnachtskartenmanagement

Von
Bernd Stauss

1. Problemstellung

Die Problemursache ist bereits seit einigen Jahren bekannt und dürfte auch nicht grundsätzlich zu beseitigen sein: Weihnachten. Es gibt inzwischen recht gute Prognoseverfahren, beispielsweise Weihnachtskalender und Zeitreihenanalysen, die mit Hilfe des exponentiellen Glättens den Heiligen Abend mit einer Fehlerquote von nur 3 - 4 Wochen voraussagen (Bell 1985, S. 59 ff.). Selbst wer sich den zweifelhaften Luxus erlaubt, keine quantitativen oder qualitativen Prognosen einzuholen, dürfte die schwachen Signale des weihnachtlichen Herannahens empfangen können. Immerhin stapeln sich frühwarnende Nikoläuser schon seit Ostern in den Regalen, und die mit Klingglocken klingelingelnden Englein dröhnen seit dem Sommerschlußverkauf in den Fußgängerzonen. Insofern dürfte man nicht immer wieder überrascht werden, und das Ausmaß des hier zu behandelnden Problems, das Weihnachtskartensyndrom, dürfte nicht jedes Jahr wieder so groß sein, wie es ist (Crib 1981, S. 25). Zwar stellt sich die kommunikationstheoretische und -praktische Frage, ob und wenn ja an wen welche Weihnachtskarten wann verschickt werden sollen, jedes Jahr wieder neu. Doch daß die Antworten auf diese Frage regelmäßig so unsystematisch und laienhaft ausfallen, erscheint pathologisch und nur erklärlich durch einen eklatanten Mangel an Kenntnis und Bereitschaft, das von der Betriebswirtschaftslehre zur Verfügung gestellte Instrumentarium der strategischen Planung einzusetzen. Wie sich zeigen läßt, ist ein erheblicher Nutzenzuwachs zu erreichen, wenn der Weihnachtskartenentscheidungs- und -realisierungsprozeß mit Hilfe von Planungsmethoden wie dem Weihnachts-

Entscheidungsbaum-Verfahren oder Love-Portfolios zielorientiert und ökonomisch vereinfacht wird.

2. Das Weihnachts-Entscheidungsbaumverfahren

Der Kern des auf die Verschickung von Weihnachtskarten bezogenen Entscheidungsproblems liegt darin, eine rationale Entscheidung über unterschiedlich aufwendige Kartenalternativen zu fällen. Der Erfolg der jeweiligen Handlungsalternative hängt natürlich ganz wesentlich von der Reaktion des Adressaten ab (seinerseitiges Schicken einer teuren oder billigen Antwortkarte oder Verweigerung einer Antwort). Der Entscheidungs-Weihnachtsbaum hilft nun dabei, in dieser von Unsicherheit geprägten Situation eine optimale Entscheidung zu treffen.

Ein vorweihnachtliches nutzenmaximierendes Individuum steht in der Regel vor folgenden Handlungsalternativen: Versendung einer

– aufklappbaren Exklusiv-Karte (EK) mit Platz für selbstformulierte Weihnachtswünsche und Umschlag; Kosten der Exklusiv-Karte (KEK) inkl. erhöhtes Porto: 3,– DM, oder einer
– einfachen Billig-Karte (BK) aus einer Serie, die im Zuge einer dubiosen Direktmarketing-Aktion unaufgefordert mit Bitte um eine freiwillige Spende von einer sozialen (?) Institution zugesandt wurde; angesichts der verweigerten Spende fallen nur Portokosten an, also betragen die Kosten der Billig-Karte (KB): 0,60 DM.

Die mit unterschiedlichen Kosten verbundenen Alternativen implizieren auch unterschiedliche Nutzenchancen, die aus empfangenen Weihnachtskarten resultieren. Die Nutzenbestandteile, die in dem Wert der ablösbaren gestempelten Marken und einer etwaigen Wiederverwendbarkeit der Karten nach Tipp-Exen der Unterschrift liegen, lassen sich genau in Geldeinheiten ausdrücken;

der Nutzen, der in der Freude über die Kartenschreibplagen des Absenders besteht, ist leicht über die individuelle Preisbereitschaft für das Freudegefühl quantifizierbar. Der Nutzen variiert je nachdem, ob und mit welchem Aufwand die eigene Karte verschickt wurde. Setzt man selbst eine EK ein, so ist der Nutzen einer empfangenen Exklusiv-Karte (EEK) mit DM 5,–, der einer empfangenen Billig-Karte (EBK) mit DM 2,– anzusetzen. Setzt man selbst eine BK ein, ist der Nutzen einer EEK DM 6,– und einer EBK DM 3,–. Jeder Nichtempfang einer Karte oder genauer: jeder Empfang einer Keine-Karte (EKK) schlägt demgegenüber als Disnutzen zu Buch. Kommt eine EKK als Nichtanwort auf eine eigene EK, ist von einem Disnutzen in Höhe von DM 3,– auszugehen, er ermäßigt sich auf DM 2,–, wenn die EKK als Nichtantwort auf eine BK erfolgt.

Wählt man selbst die EK im Wert von DM 3,–, ist mit einer Wahrscheinlichkeit von 0,5 damit zu rechnen, daß man eine EEK erhält. Die entsprechenden Werte für eine EBK bzw. EKK sind 0,3 und 0,2. Setzt man selbst die BK für DM 0,60 ein, ist mit einer Wahrscheinlichkeit von 0,3 mit einer EBK zu rechnen, die entsprechenden Wahrscheinlichkeiten für eine EEK und EKK sind 0,1 und 0,6.

Das Weihnachtsentscheidungsbäumchen zeigt die Nutzenerwartungswerte der Alternativen und damit die optimale Entscheidung (Abbildung 1).

Unter Berücksichtigung der eingesetzten Mittel ist in unserem Fall offensichtlich kein Nutzen des Weihnachtskartenschreibens festzustellen. Dennoch darf hieraus nicht vorschnell geschlossen werden, prinzipiell auf das Schreiben zu verzichten. Wählt man, was zu empfehlen ist, eine Edel-Entscheidungstanne und erfaßt man sowohl die Nicht-Schreib-Alternative sowie Schreib- und Nichtschreibfolgen über mehrere Perioden (Ruprecht 1979, S. 87 f.), kann sich ein anderes Ergebnis ergeben, weil nicht auszuschließen ist, daß auf die Wahl der Nicht-Schreib-Alternative in Periode 0 eine Exklusiv-Karten-Verschickung in Periode 1 erfolgen muß, um nachhaltige Frustrationen relevanter Beziehungs-

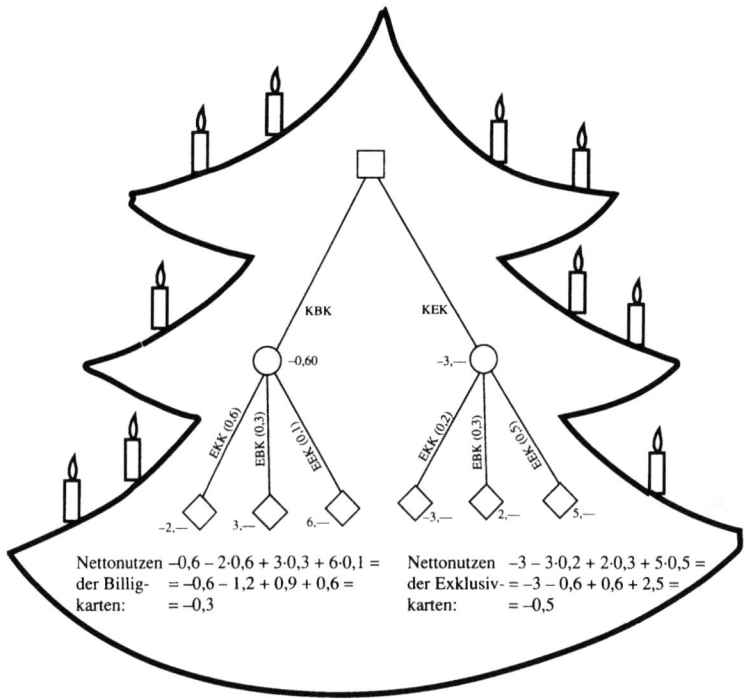

Abbildung 1: Weihnachtsentscheidungsbaum

partner zu kompensieren. Solche Frustrationen lassen sich grundsätzlich und vorbeugend nur durch entsprechende Kommunikation vermeiden. Die an und für sich bewundernswerte Absicht, das für Weihnachtskarten eingeplante Geld in Höhe von z. B. 8 x 0,60 DM in diesem Jahr für einen guten Zweck spenden zu wollen, erzielt ihre Wirkung nur dann, wenn sie, etwa über die im einschlägigen Handel beziehbaren „Warum-ich-nicht-schreibe-Karten" denjenigen mitgeteilt wird, denen man nicht zu schreiben beabsichtigt.

Das Weihnachtsbaum-Entscheidungsverfahren ist wegen seiner erleuchtenden Folgerungen sehr zu empfehlen. Allerdings reicht seine Anwendung für eine differenzierte Problemlösung in der

Regel nicht aus. Er berücksichtigt weder die Phase im Lebenszyklus, in dem sich die Beziehung zum Kartenadressaten befindet, noch den Karten-Erfahrungskurveneffekt. Nach der *Beziehungszyklustheorie,* die im Bereich des Investitionsgütermarketing weite Verbreitung gefunden hat (Dwyer, Schurr, Oh 1987, S. 13 f.), aber auch von Vertretern der divorce economics unterstützt wird (Angel 1989, S. 219 ff.), durchläuft jede Beziehung zu einem Partner verschieden intensive Phasen, und dementsprechend sind die beziehungsbezogenen Aktivitäten phasenspezifisch zu planen. Das gilt insbesondere auch für das Schreiben von Weihnachtskarten, die Investitionen im traditionellen Verständnis des Inkaufnehmens eines sicheren gegenwärtigen Nachteils in Erwartung eines unsicheren zukünftigen Vorteils darstellen.

Der *Karten-Erfahrungskurveneffekt* wurde gegen Ende der siebziger Jahre aufgrund empirischer Untersuchungen der BCG (Boston Christmas Group) festgestellt. Er bezeichnet das Phänomen, daß die Kosten pro Karte um eine relativ konstante Quote von ca. 20 %–30 % fallen, wenn sich im Zeitablauf die kumulierte Menge der geschriebenen Karten verdoppelt (Carol 1982, S. 84). Vom Wirksamwerden dieses Effektes kann man durchaus ausgehen, auch wenn Chris Miss in seiner jüngst vorgelegten Dissertation Zweifel anmeldet (Miss 1990). Sein von der Deutschen Forschungsgemeinschaft gefördertes Selbstexperiment ergab zwar, daß bei einer Verdopplung der kumulierten Weihnachtskarten von 150 000 auf 300 000 nur eine Kostensenkung von 18 % eintritt, doch kann dieses Ergebnis nicht als stichhaltig akzeptiert werden, da nicht alle Kostensenkungspotentiale, z. B. der Verzicht auf ärztliche Behandlung schreibbedingter Sehnenscheidenentzündungen, ausgeschöpft wurden.

Will man nun die Erkenntnisse über Beziehungslebenszyklus und Karten-Erfahrungskurveneffekt berücksichtigen, bietet es sich an, auf das bewährte Instrumentarium der Love-Portfolio-Analyse zurückzugreifen.

3. Love-Portfolios

Love-Portfolios sind aus dem Bereich des strategischen Freundschaftsmanagement seit langem bekannt (Present/Gift 1984, S. 27 f.). Aufgrund knapper zeitlicher, materieller und emotionaler Ressourcen ist ein Individuum nicht in der Lage, unbegrenzt Freundschaften einzugehen, und die Love-Portfolio-Analyse hilft ihm dabei, die vorhandenen Ressourcen planvoll in lohnende freundschaftliche Beziehungen zu investieren.

Das grundlegende Vorgehen der strategischen Love-Portfolio-Analyse besteht darin, die Chancen und Risiken von Freunden, Kollegen usw., kurz: von Strategischen Beziehungseinheiten (SBE) oder auch Strategic Relationship Units (SRU) abzuschätzen. Dies erfolgt in dem von der BCG vorgelegten klassischen Vier-Felder-Love-Portfolio anhand einer Matrix, deren Dimensionen aus dem Love-Wachstum und dem relativen Love-Anteil gebildet werden (wobei der relative Loveanteil als Relation des eigenen Love-Anteils im Verhältnis zum stärksten Konkurrenten, schlimmstenfalls in Relation zu den drei stärksten Konkurrenten, definiert wird). Den Ergebnissen der PIMS-Analyse (Postcard Impact of Mailing Strategies) des Santaclaus Planning Institute, Cambridge/Mass. zufolge kommt dem Love-Anteil eine zentrale Bedeutung bei der Erzielung von ROI-C (Return On Invested Cards) und Card-Flow zu (Caspar 1980, S. 40).

Die Strategischen Beziehungseinheiten werden nach ihrer Einordnung in die Matrix in der Literatur sehr plastisch mit stars, question marks, card cows und dogs bezeichnet (Abbildung 2).

Die *Stars* befinden sich in einer Situation hohen Love-Wachstums bei zugleich hohem relativen Love-Anteil. Hier gilt es, mit Hilfe einer Wachstumsstrategie den Love-Anteil zu halten bzw. leicht auszubauen. Dies erfordert das Verschicken von Weihnachtskarten, denen man auf den ersten Blick den hohen materiellen und/oder zeitlichen Einsatz ansieht, und eine auf das Erlebnisprofil der Zielperson punktgenau abgestimmten Auswahl der

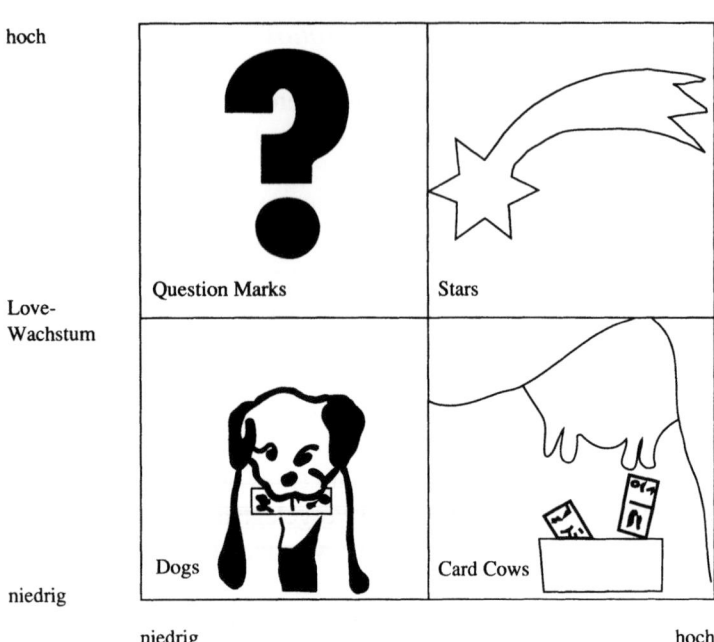

Abbildung 2: Love-Portfolio

Bild- und Duftmotive. Nimmt man die Selektion z. B. auf der Basis der vom BIRDA-Verlag herausgegebenen „Typologie der Weihnachtsemotionen" (BIRDA-Verlag 1989) vor, kann vermieden werden, daß die selbstgebatikten Karten vom Waldorfschul-Bazar an Damen des Typs „Lametta-Queen" verschickt werden.

Außerdem ist bei den selbstgewählten und eigenhändig geschriebenen Formulierungen der Weihnachtsgrüße Originalität zu beweisen und eine persönliche Note einzubringen, indem man der Beziehungseinheit für das nächste Jahr etwas wirklich Wichtiges wünscht, z. B. human resources oder corporate identities. Auch sollte die Karte so verschickt werden, daß sie in dem durch die Faschingszeit gezogenen Toleranzzeitraum um das Weihnachtsfest eintrifft.

Die *Question Marks* stellen Beziehungen in der Einführungs- bzw. frühen Wachstumsphase dar. Der Netto-Card-Flow ist in der Regel stark negativ. Prinzipiell ist es für die Vorsorge zukünftig ertragreicher Beziehungen sinnvoll, den Love-Anteil mit Hilfe von offensiven Kartenverschickungsstrategien zu steigern. Als besonders erfolgreich haben sich Investitionen in Yuppi-Cards mit Wertketten und Sponsoringen erwiesen, vor allem wenn es einem gelingt, die Beziehungsneulinge in ihrem Weihnachtsurlaub auf den Bahamas mit einem Weihnachts-Fax zu überraschen. Allerdings sollte man, gegebenenfalls unter Zuhilfenahme des detektivischen Dienstleistungsangebots, zunächst sorgfältig prüfen, ob die SBE die hohen Investitionen mit Aussicht auf zukünftige cardbacks rechtfertigt.

Card Cows sind die SBE's, mit denen man die späte Wachstums- und Reifephase durchlebt. In diese Kumpel muß aufgrund der gegenseitigen Bindung nur insoweit investiert werden, als dies zur Erhaltung des Love-Anteils notwendig ist. Deshalb reicht zu Weihnachten in der Regel eine Standardkarte mit vorgedrucktem „Frohes Fest". Bei sehr guten Freunden genügt vielleicht sogar eine „Ruf-doch-mal-an-Karte", die vom letzten Umzug übriggeblieben ist. Allerdings darf durch auf diese Weise provozierte Anrufe nicht der eingeplante card flow-Überschuß an wiederverwendbaren Weihnachtskarten gefährdet werden, der zum Aufbau von Nachwuchsbeziehungen und zur Zufriedenstellung der Stars und Sternchen benötigt wird.

Die *Dogs* sind Beziehungseinheiten, die sowohl ein niedriges Love-Wachstum als auch einen niedrigen relativen Love-Anteil aufweisen. Es ist zu befürchten, daß diesen armen Hunden keiner mehr einen Knochen gibt und sie daher anfangen, Weihnachtskarten zu fressen. Angesichts solcher späten Reife- und Degenerationsphasenerscheinungen sind Desinvestitionsstrategien angesagt, sofern dadurch nicht Beziehungen zu relevanten Herrchen gefährdet werden. Als geeignet im Sinne einer Beziehungseliminierung hat sich die Nicht-Schreib-Alternative erwiesen. Nachhaltiger wirksam aber ist die Versendung geschmackloser Scherz- oder

Urlaubskarten, möglichst in der „Porto-zahlt-Empfänger"-Variante, oder die Verweigerung der Annahme der von der SBE versandten Weihnachtskarte.

4. Ausblick

Mit Weihnachts-Entscheidungsbaumverfahren und Love-Portfolio-Analyse liegen zwei strategische Planungsinstrumente vor, die das Problem der Weihnachtskartenversendung strategisch konsequent und zielorientiert lösen. In weiteren empirischen und theoretischen Arbeiten wird zu klären sein, inwiefern diese Erkenntnisse auch auf das Versenden von Urlaubs-, Geburtstags- oder American Express Cards transferiert werden können.

Seit Erscheinen des Beitrages in der 1. Auflage dieses Buches ist eine beachtliche Zunahme des Verständnisses für Fragen des Weihnachtskartenmanagements zu verzeichnen. So wurde zur Jahreswende 1990 / 91 die Frage des Verschickens von Weihnachts-karten unter Embargobedingungen auf hohem Niveau diskutiert. Das belegt folgende Meldung in der Wirtschaftswoche, Nr. 7 vom 8. Februar 1991:

Wie wohltuend ist da doch der Rat eines Exportbeamten aus dem Wirtschaftsministerium: Bei ihm fragten verstörte Unternehmer zur Jahreswende an, ob sie trotz Embargo Weihnachtskarten an irakische Geschäftspartner verschicken dürften. Der Beamte empfiehlt die Mitteilung: „Wegen des Embargos können wir Ihnen leider keine Karte schicken."

Literatur

Angel, F. (1989): Wedding and Divorce Just-In-Time, in: Journal of Abnormal Economists, 36 (Nov.), S. 198–234.
Bell, J. (1985): The Forecasting of Advent Seasons: Yersterday, Today, or Tomorrow – Techniques and Applications, in: Long Range Planning, 18. Jg., No. 3, S. 34–65.

BIRDA-Verlag (1989): Typologie der Weihnachtsemotionen. Life-style unterm Weihnachtsbaum, Offenburg.

Carol, C. (1982): A Fundamental Approach to Card Strategy Development, in: Harvard Business Review, Vol. 60, No. 2, S. 76–93.

Caspar, C. R. (1980): PIMS: The Validity of Reported Postcard Reception Data, in: Academy of Management Review, Vol. 6, No. 2, S. 34–56.

Crib, Y. (1981): A Note on The Christmas Card Crisis: A Preliminary Model for the Explaining of the Disaster, In: Journal of Political Economy, Vol. 89, No. 4, S. 21–39.

Dwyer, F. R., Schurr, P. H., Oh, S. (1987): Developing Buyer-Seller-Relationsships, in: Journal of Marketing, 51 (April), S. 11–27.

Miss, C. (1990): Der Kartenerfahrungseffekt. Konzeptionelle Ansätze und empirische Überprüfung. Diss. Buxtehude.

Present, A., Gift, U. (1984): Strategic Love-Portfolio Management, in: McKinsey Quarterly, Spring, S. 25–52.

Ruprecht, K. (1979): Entscheidungsfichten oder -edeltannen. Eine methodologische Analyse, in: Zeitschrift für Betriebswirtschaft, 49. Jg., H. 3, S. 76–93.

Entstehung von OR/MS

Über die Entstehung von Operations Research (OR) und Management Science (MS) und deren Vorläufer ist viel geschrieben worden. Nach den jüngsten Erkenntnissen geht der Ursprung von OR/MS auf das Lateinische zurück:

A "legend" suggests that the term OR/MS was first created from the desparate chant of Romans when they were faced with unsolvable problems: "Oremus!" (Let us pray!)[1]

gefunden von Heiner Müller-Merbach

---

[1] James L. Riggs und Michael S. Inoue: Introduction to Operations Research and Management Science, New York 1975, S. 2.

Moderne Führungsstile

Von
N. N.

Der *konstruktive* Führungsstil:
Man sollte wirklich einmal etwas unternehmen.

Der *fluktuative* Führungsstil:
Das überlasse ich meinem ... Vertreter, Nachfolger ...

Der *deduktive* Führungsstil:
Was der kann, kann ich schon lange.

Der *konspirative* Führungsstil:
Pst ..., haben Sie schon gehört?

Der *bürokratische* Führungsstil:
Erst entscheiden, dann denken.

Der *sporadische* Führungsstil:
Reaktion bei den Mitarbeitern: Donnerwetter, der entscheidet ja doch noch was!

Der *subskriptive* Führungsstil:
Das hab' ich immer schon gesagt.

Der *exzentrische* Führungsstil:
Das ist ja viel zu einfach, das kann ja jeder verstehen.

Der *exemplarische* Führungsstil:
Das sollte man doch ...!

Der *informative* Führungsstil:
Ich hab' jetzt keine Zeit, meine nächste Besprechung beginnt in fünf Minuten.

Der *kooperative* Führungsstil:
Das kann ich alleine nicht entscheiden.

Der *kreative* Führungsstil:
Da sollen sich die anderen etwas einfallen lassen.

Der *lukrative* Führungsstil:
Da springt ja doch für uns nichts heraus.

Der *diffizile* Führungsstil:
Wenn es so einfach wäre, hätten es die anderen auch schon gemacht.

Ein Chef ist ein Mensch, der anderer bedarf.

Manager-Volksmund

Management by Robinson

Everybody is waiting for Friday.

Ludwig Pack

Managementregel à la Napoleon

Ich brauche nicht mehr Soldaten, sondern bessere Offiziere.

Strategiesurrogat

Von
Karl Weick[1]

Während militärischer Übungen in den Schweizer Alpen schickte ein Leutnant einer ungarischen Einheit, die in der Schweiz zu Gast war, bei eisiger Kälte einen Spähtrupp in die Berge. Kurz danach fing es heftig zu schneien an, und es schneite ununterbrochen zwei Tage lang. Der Spähtrupp kam nicht zurück. Der Leutnant machte sich bittere Vorwürfe und befürchtete, seine Leute in den Tod geschickt zu haben.

Am dritten Tag kam der Spähtrupp jedoch zur Überraschung aller wieder zurück. „Wo waren Sie bloß so lange? Und wie haben Sie wieder zurückgefunden?", fragte der Leutnant. „Nachdem wir uns im Schnee nicht mehr auskannten, kamen wir überein, daß wir uns verirrt hatten, und waren schon auf unser Ende gefaßt", antworteten die Soldaten. „Aber dann fand einer von uns in seiner Tasche eine Karte; das war für uns alle eine große Erleichterung und machte uns neuen Mut. Wir warteten das Ende des Schneesturms ab, und mit Hilfe der Karte fanden wir dann unseren Weg zurück, indem wir uns an Bergen und Tälern orientierten. Und so sind wir wieder hier."

Neugierig ließ sich der Leutnant die nützliche Karte zeigen und stellte zu seiner Überraschung fest, daß es sich um eine Karte der Pyrenäen handelte.

---

1 Gefunden von Hans-Peter Meyer und Reinhold Roski; gekürzt.

Vogel-Strauß-Strategien

Von
Horst Albach

Profits follow Strategy – in the distant future!

Von „*Unternehmensstrategien*" wird in diesen Zeiten viel gesprochen. Im Westen der Bundesrepublik werden nach wie vor Portfolio-Strategien gebastelt, im Osten werden Strategien für das Überleben entwickelt. Auch dort ist „Strategische Planung" zum *Zauberwort* in der Not geworden. Was herauskommt, sind meist „Strategische Allianzen": im Westen vorwiegend mit Japanern, im Osten vorwiegend mit westdeutschen Firmen. In westlichen Unternehmen erscheint dies als notwendig „unter den Bedingungen der Globalisierung der Märkte", im Osten ist dies zwingend „unter den Bedingungen der Marktwirtschaft".

Derartige Worthülsen haben weitgehend *Nebelwerferfunktion*: Die Formulierungen, die sich heute durchgängig in Vorstandsvorlagen oder Berichten an den Aufsichtsrat finden, sollen den Empfängern Nebel in die Hirne werfen. Verzieht sich der Nebel, erkennt man, daß die Autoren in den betriebswirtschaftlichen Stäben zweierlei bezwecken:
1. Sie wollen ihre Hausarbeiten nicht machen:
„Strategiediskussion ersetzt Hausarbeit"
2. Sie wollen sie jedenfalls nicht selbst machen:
„Strategische Allianz ersetzt eigene Anstrengung".

Structure follows Strategy

Wer Strategien entwickeln will, muß dies durch „*strategische Diskussionen*" gründlich vorbereiten. Das erfordert schon das

„*Partizipative Management*". Das dauert eine geraume Zeit. Dann zieht sich der Vorstand – meist in ein abgelegenes Seminarhotel in schöner Landschaft – zurück zur „*Strategy Formulation*". Da werden dann die Arbeitsgebiete des Unternehmens durch verschiedene Siebe geschüttelt, und heraus kommen „Kerngebiete", „Unternehmenssektoren", „Randgebiete" und „Rückzugsgebiete".

Bei Unternehmen, die der rasanten Entwicklung des Sprachgebrauchs nicht so schnell folgen können, mögen wohl auch noch die älteren Siebe verwendet werden. Dann kommen „Geschäftsbereiche", „Produktbereiche", vielleicht auch noch „Sparten" heraus, ausgeschildert gemäß den Käfigen des jeweiligen Haustierzoos (Hunde, Kühe, Milchkälber) oder des Exotenzoos (Kolibirs („auf der Stelle flattern"), Känguruhs („großer Sprung nach vorn ohne Cash = LMBO"), Mandarin-Ente („non-opportunistisches Joint Venture") oder Kobra („M&A-Strategie")) der Management-Consultants.

Kommt dann der Vorstand aus der „rituellen Entfernung" vom Unternehmen wieder zurück – erleuchtet von dem „Strategie-Workshop" (mit und ohne externen „Change Agent"), beginnt der Prozeß der „*Strategy Implementation*" im eigenen Hause. Das erfordert noch mehr Zeit, denn nun erinnert man sich auch des eingängigen Satzes von *Chandler,* wonach „*Structure follows Strategy*". Damit die Strategie auch in die Realität umgesetzt werden kann, muß zunächst umorganisiert werden.

Das führt natürlich zu erheblicher Unruhe in der Organisation, und alle Mitarbeiter sind für die nächsten Monate mit sich selbst und ihren neuen Zuständigkeiten beschäftigt. Mittlerweile geht es mit den Tagesgeschäften weiter bergab, wofür es natürlich auch eine einfache Erklärung gibt: Das Unternehmen ist eben „strategisch falsch positioniert", im laufenden Geschäft gibt es keine „Strategischen Wettbewerbsvorteile", was alles nur unterstreicht, wie wichtig es war, eine neue Strategie zu entwickeln. Deren Implementierung aber erfordert eben Zeit. Wie lange dies dauert, wird in den langfristigen Unternehmensplänen angegeben.

Zumindest in den nächsten drei Jahren kann der Eigentümer danach nicht mit einer Verzinsung seines Eigenkapitals rechnen. Die Aktionäre müssen geschult werden im Verständnis für den Ausfall der Dividende: „*Die Aktie ist eben ein Risikopapier*", wobei Risiko als „reines Risiko" mitgedacht werden muß: Das Risiko, daß die Dividende ausfällt, braucht vom Management nicht durch die Chance besonders hoher Ausschüttungen in guten Zeiten kompensiert zu werden! Das geschieht meist unter Hinweis auf die „langfristige Perspektive der Japaner", deren Erfolg gerade darauf beruht, daß sie langfristig denken – was gleichbedeutend ist mit kurzfristigem Verzicht auf Gewinne!

Da deutsche Aktionäre und Gesellschafter auch nicht nur dumm, faul und gefräßig (nach dem bekannten Ausspruch des Bankiers Fürstenberg), sondern auch gedächtnislos sind, braucht die strategisch denkende Unternehmensleitung („mit langfristiger Perspektive"!) auch nicht mit der Frage zu rechnen, wieso es dann kommt, daß japanische Unternehmen im Durchschnitt über viele Jahre mehr verdient haben als deutsche. Das *Vertrösten auf zukünftige Gewinne* (Synonym für die Erläuterung der Strategischen Unternehmensplanung auf der Hauptversammlung) findet immer begeisterte Zustimmung.

Profits don't follow Structure

Am Ende der Phase der strategischen Neupositionierung geht es dann – im umfassend erläuterten Zahlenwerk der Langfristplanung – wieder aufwärts. Ein Jahr später wiederholen sich dann diese „*Hockey Stick Forecasts*": Die Lage bleibt weiter schlecht, aber am Ende zeigt der Hockeyschläger nach oben.

Natürlich sind die Erklärungen dafür, daß die Prognose um ein Jahr in die Zukunft verschoben ist, austauschbar: „unter den sich rasch ändernden Bedingungen globaler Märkte" heißt es heute, der „Verfall der Dollar-Kurse" ist es morgen, der „Europäische Binnenmarkt" muß übermorgen als Erklärung herhalten, und die „Japanische Konkurrenz" ist für eine Erklärung immer gut, besonders wenn sie mit Augenzwinkern vorgetragen wird (man prügelt die Japaner und versteht, daß die deutschen Gewerkschaften gemeint sind). Nur eines ist nie der Grund: daß man die *eigenen Hausarbeiten über der strategischen Diskussion vernachlässigt* hat! Natürlich muß dem vorgebeugt werden, daß jemand einmal nach den „Hausarbeiten" fragen könnte. Das geschieht unter Verweis auf die Lehren des *Michael Porter,* dessen Lehren zu hinterfragen unschicklich wäre, nachdem man hat einfließen lassen, daß dieser Guru des International Management an der „berühmten Harvard-Universität" lehrt. Mit dem Hinweis, daß es geboten sei, eine „strategische Allianz" einzugehen, wird nachdrücklich und überzeugend dargelegt, daß bei den „Umweltturbulenzen", in denen sich das Unternehmen befindet, auch kein anderer Manager (der seine Hausaufgaben machen würde!) einen Ausweg darstellen würde. Die *Vorteilhaftigkeit strategischer Allianzen* wird in den entsprechenden Vorlagen nach der Formel berechnet:

$$(-1) + (-1) = 1.$$

Natürlich ist dies für manchen Höhere Mathematik. Wer naiv genug ist, seine Unkenntnis der Höheren Mathematik durch öffentliche Bitte um eine Erklärung unter Beweis zu stellen, der wird belehrt, daß diese Gleichung stimme, wenn man das *„Synergistische Potential"* einführe. Synergistische Potentiale haben in der modernen Unternehmensführung die gleiche Funktion wie Hockey-Schläger-Prognosen: Sie vertrösten die Eigentümer auf eine ferne Zukunft. Verzieht sich dann der Nebel der schönen Worte, stellt man ernüchtert fest, daß nach wie vor die Einfache Mathematik des Ehrbaren Kaufmanns gilt, der seine Hausarbeiten nach der Formal macht

$$(-1) + (-1) = -3$$

und Synergistische Potentiale für Gespielen des Erlkönigs hält und den alten Satz anhängt: Andere Zahlen oder andere Gesichter! Aber gibt es noch Gesichter, die bereit sind, ihre Hausaufgaben zu machen?

Profits follow Performance – today!

Die Hausarbeiten sind das operative Geschäft. Natürlich weiß jeder Betriebswirt, daß das operative Geschäft auf den Weltmärkten schwieriger geworden ist. Für Unternehmen in den neuen Bundesländern ist das operative Geschäft extrem schwierig geworden. Die Produkte sind auf den westlichen Märkten (oder, wie man nun wohl sagen muß: auf den NSW-Märkten) nicht absetzbar, die „SW-Märkte", vor allem die Märkte in der Sowjetunion, sind zusammengebrochen. Für die Unternehmen in den FNL kommt hinzu: Was wirtschaftlich verbunden war und auch in Zukunft verbunden bleiben sollte, wird durch eine verfehlte Privatisierungspolitik zerrissen. An dieser verfehlten Privatisierungspolitik hat die Treuhandanstalt nicht weniger Anteil als die ehemaligen Eigentümer. So müssen die Unternehmensleitungen nicht nur schwierige Hausarbeiten, sondern auch Hausarbeiten in vielen Fächern – zu vielen Fächern – machen. Aber es bleiben Hausarbeiten. *Ohne die Erledigung von Hausarbeiten werden die Schwierigkeiten nicht überwunden.*

Hausarbeiten werden von allen gemacht. Der Lehrer stellt nur das Thema. Lautet das Thema: „Verlustbeseitigung", dann haben alle dieses Thema als Hausarbeit unverzüglich anzupacken. Warten darauf, daß der Lehrer irgendwann einmal „Strategische Leitlinien zur Bearbeitung des Themas" herausgeben werde, kann als Entschuldigung für eigenes Nichtstun nicht akzeptiert werden.

Konkret: Wenn ein Unternehmen mit tausend Mitarbeitern einen Verlust von 7 Mio DM macht, obwohl andere Unternehmen in der Branche 3 Millionen verdienen (was, wie man leicht nachrechnet, nicht einmal viel ist, nämlich nur eine Umsatzrendite von 1,5 %!), dann heißt das nichts anderes, als daß jeder Mitarbeiter sich zunächst einmal fragen sollte: „Wie verringere ich die DM 10 000 Verlust, die auf mich entfallen?", bevor er anfängt, auf die Geldpolitik der Bundesbank oder auf den Dollar oder auf die Japaner zu schimpfen oder auf die Erleuchtung des Vorstands in einem Strategieseminar zu hoffen. Möglicherweise sind ja tatsächlich

zehn *Verbesserungsvorschläge je Mitarbeiter besser als eine „Strategische Allianz"!*
Freilich: Jeder einzelne muß dann aber auch genau die Kosten kennen, die er beeinflussen kann. Und so erstaunlich das nach so vielen Jahren betriebswirtschaftlicher Forschung und Lehre klingen mag: auch hier haben die Unternehmen ihre Hausarbeiten immer noch nicht ordentlich gemacht.

Es fehlt in vielen Unternehmen an einem *operativen Cost Controlling,* das seinen Namen verdient: es fehlt an einer permanenten Kostenberatung bis zum einzelnen Arbeitsplatz. Es fehlen:
- der Werkscontroller, der sich als Berater des Leiters der Produktion und zugleich als Frühwarnleuchte für den Vorstand versteht (und diesem auch direkt berichtet),
- der Controller, der durch den Betrieb geht und Verbesserungsvorschläge mit den Führungskräften vor Ort bespricht, und der ermuntert, solche zu machen,
- der Controller, der die Kostenentstehung versteht und auf die Konstruktion einwirkt, um die späteren Produktionskosten niedrig zu halten (Stichwort: Fertigungsgerechte Konstruktion und Entwicklung) und der sich nicht mit dem verbalen Nebel abfindet, der von manchem Fertigungsingenieur als „Anlaufkosten" und als „Komplexitätskosten" (natürlich unvermeidbar in einer komplexen Welt!) geworfen wird.

Und manche Controller, die das könnten, denen aber die Hausarbeiten zu mühsam sind, lassen sich auch nur allzu gern von der Literatur dazu verleiten, das „Strategische Controlling" für wichtiger zu halten als die Hausarbeiten!

Die alten Weisheiten, daß gute Leistungen in der Hausarbeit mit guten Noten belohnt werden, gelten nach wie vor auch in der Betriebswirtschaftslehre: *Wer seine Hausarbeiten im Unternehmen gut macht, wird durch Gewinne belohnt.* Die Untersuchungen über die gut geführten deutschen Unternehmen haben bewiesen, daß Unternehmen, die besessen sind von dem *Willen zur Perfektion,* die ein stockkonservatives Finanzmanagement haben und die das betriebliche Rechnungswesen als Instrument der Mitarbeiterführung bis zum letzten Arbeitsplatz hin verstehen, höhere Gewinne bei kleinerem Risiko machen als die schlecht geführten Unternehmen. „Profits follow good Performance!" gilt in allen Branchen – auch in solchen, denen der Konjunkturwind ins Gesicht bläst, gibt es gut verdienende Unternehmen.

Costs follow Errors

Natürlich ist nicht jede Hausarbeit ohne jeden Fehler. Davor schützt in der Wirtschaft auch nicht die Besessenheit von einem unbedingten Willen zur Perfektion. *Fehler sind nicht immer billig.* Sie verursachen Kosten, die nur zum Teil durch Gegenmaßnahmen verhindert oder reduziert werden können. So gilt für Unternehmen sicher der Satz: *Cost follow Errors.*

Aber nicht jeder im Unternehmern irrt sich permanent. Solange Fehler Zufallsereignisse sind, sind die daraus resultierenden Kosten auch beherrschbar. Aber auch hier wissen wir aus der Untersuchung der gut geführten Unternehmen, daß der *Zufall in der Wirtschaft nicht ganz blind* ist: die gut geführten Unternehmen machen im Durchschnitt weniger Fehler als die weniger gut geführten.

Das hat einen ganz einfachen Grund: Sie nehmen jeden einzelnen Fehler ernster als ihre schlechteren Konkurrenten. Sie zucken nicht die Achseln, sie vertrauen nicht darauf, daß der Fehler irgendwo – und sei es nach dem bekannten Satz „The real test for a new product is the market place!" vom Kunden – entdeckt wird und dann korrigiert werden kann. Sie führen jeden einzelnen Mitarbeiter so, daß er seine Hausarbeiten macht und es als persönliche Schande empfindet, ein fehlerhaftes Werkstück, eine fehlerhafte Arbeit an den Kollegen zur weiteren Verarbeitung weiterzugeben.

Cost Chopper or Job Hopper!

Die gut geführten Unternehmen sind nicht nachsichtig mit denen, die ihre Hausarbeiten nicht ordentlich machen. Wer Fehler macht, wer sich irrt, wird zur Verantwortung gezogen. Zu den Hausaufgaben des Managements gehört, daß die Mitarbeiter so geführt werden, daß sie keine Fehler machen. Macht einer Fehler, sind sie nicht nur ihm, sondern auch seinem Vorgesetzten zuzurechnen. Wer seine Hausarbeiten nicht erledigt hat, sollte sich nicht damit entschuldigen können, daß er wegen der „strategischen Diskussion" mit dem Vorstand oder wegen der „Strategieimplementation" mit den Mitarbeitern nicht dazu gekommen sei. Der vielzitierte Satz „Andere Zahlen oder andere Gesichter" gilt also nicht nur für den Ehrbaren Kaufmann, sondern auch für die „Kavaliere des Management", die vielfach geneigt sind, Verluste nicht einmal mehr als „Kavaliersdelikte des Management" anzusehen und in den wohlverdienten Golf- oder Segelurlaub fahren, ehe die Verluste beseitigt sind. Der Sprachgebrauch hat aber einen neuen modernen Schlauch für den alten guten Wein hervorgebracht: *„Cost Chopper or Job Hopper!"*

Entweder die Hausarbeiten werden gemacht und die Kosten werden gesenkt oder das Unternehmen schaltet eine „Outplacement-Agentur" ein, wie das Feuern von Führungskräften heute egoschonend genannt wird.

Bewertung von Fehlzeiten

Von
Hanno Kirsch

1. Problemstellung

Die klassische Betriebswirtschaftslehre beschäftigt sich ausführlich mit der Bewertung der Fehlzeiten des Elementarfaktors Arbeit, wobei die gesamte Literatur Fehlzeiten einhellig als Kostenfaktor verurteilt. Dagegen fehlt vollständig eine Beschäftigung der Behandlung von Fehlzeiten des dispositiven Faktors, um einem holistisch-totalen Theorieanspruch zu genügen. Im folgenden sei dieser bislang unbeachtete Aspekt mittels des „casuistic approach" untersucht.

2. Berechnung von Fehlzeiten anhand einer Fallstudie

Die Absentismus Holding hat die Stellung eines Marktführers im Aktienhandel am Börsenplatz Irgendwo inne. Um ihr Portefeuille zu erweitern, plant die Holding bereits seit längerem Aktien der Boom AG zu erwerben; bei einem momentanen Endkurs von 200 GE bietet sich aufgrund eines höheren inneren Wertes ein Ankauf am nächsten Morgen an. Der für die Absentismus Holding tätige Börsenmakler Geschäftig steht telefonisch in ständigem Kontakt zu den für den Ankauf dieser Aktie zuständigen Entscheidungsträgern. Da erst nach 60 Minuten – entgegen der Erwartungen aller anderen, sich am Verhalten von Herrn Geschäftig orientierenden Aktienhändler – die Absentismus nur 1000 Aktien zu einem inzwischen leicht gesunkenen Kurs von 190 GE erworben hat, fragen auch die anderen Anleger keine Aktien der Boom AG nach. Die Folge: weitere Kursrückgänge.

Herr Geschäftig, scheinbar unermüdlich telefonierend, wird immer erregter und löst bei den anderen Aktienhändlern Unruhe aus, so daß sich ein Kurs von 175 GE bildet. Um 10 Uhr kauft Herr Geschäftig, kurze Zeit seine Telefonate unterbrechend, 2000 Aktien der Boom AG zu diesem Kurs. Die Spannung löst sich bei den anderen Aktienhändlern keineswegs, da diese mit einem wesentlich größeren Engagement gerechnet hatten. Die sofortige Wiederaufnahme des Telefonierens, verbunden mit immer nervöser werdenden Gesten, verrät den übrigen Aktienhändlern, die diese Reaktionen wie üblich deuten, daß sich durch neue Informationen eine Fehlinvestition abzeichnet. Hierauf verkaufen sämtliche Aktienhändler ihren Bestand an Boom Aktien, was einen weiteren Kurssturz zur Folge hat. Um 11 Uhr schreit Geschäftig, seine Telefongesprächen nach nunmehr drei Stunden beendend, völlig erschöpft: „Kaufe 10000 Boom-Aktien zu 165 GE!" Durch dieses klare Nachfragesignal gewinnen die anderen Aktienhändler Zuversicht, so daß sich der Kurs innerhalb kurzer Zeit wieder auf seinem Vortagsniveau stabilisiert. Lange Zeit danach wurde über die zunächst starke Zurückhaltung beim Aktienkauf der Absentismus Holding noch gerätselt, obwohl es eine ganz einfache Erklärung gab.

Herr Magenschmerz, der bei der Absentismus Holding für den Ankauf der Boom-Aktie zuständige Abteilungsleiter, fühlt sich an besagtem Morgen infolge eines Leidens in der Magengegend unwohl, so daß er nach einem Arztbesuch erst eine Stunde später, um 9 Uhr, zum Dienst erscheint. Hier erreicht ihn das Telefongespräch von Herrn Geschäftig, der sich nach der Anzahl der zu diesem Kurs gewünschten Aktien erkundigt. Sein, durch interne Richtlinien geregeltes, maximales Auftragsvolumen von 1000 Aktien schöpft er vollständig aus. Sein Vorgesetzter, Direktor Frustmann, nimmt, da er bei seinem Psychiater weilt, um mit diesem über seine mangelnde Motivation zu diskutieren, einen ähnlichen Anruf erst um 10 Uhr bei seiner Ankunft in der Holding entgegen. Wegen des erneut gefallenen Kurses ordert er die für ihn erlaubte Höchststückzahl von 2000 Aktien. Um 11 Uhr endlich kehrt der gestreßte Herr Freizeit von seiner morgendlichen Golfpartie in das Unternehmen zurück. In seiner Funktion als Vorstand unterliegt er keinen internen Reglementierungen. Aufgrund des abermals gesunkenen Kurses erteilt er dem anrufenden Herrn Geschäftig telefonisch den Auftrag, weitere 10000 Aktien der Boom AG zu beschaffen.

Die Bewertung der Fehlzeiten erfolgt in einem simultanen Kosten-Nutzen-Ansatz nach der Goldenen Regel der Fehlzeitbewertung:

Goldene Regel der Fehlzeitbewertung

Wert der Fehlzeit = Abwesenheitsnutzen – Gehaltskosten

Die durch Abwesenheit realisierten Nutzen ergeben sich als Produkt aus Ersparnisbetrag je Aktie und Zahl der gekauften Aktien, wobei der Vortageskurs der Aktien in Höhe von 200 GE zugrunde zu legen ist. Eine Arbeitsstunde des Abteilungsleiters kostet die Absentismus Holding 40 GE, während auf den Direktor ein Stundenlohnsatz von 70 GE und auf das Vorstandsmitglied von 150 GE entfallen.

Die eine Stunde Abwesenheit des Abteilungsleiters repräsentiert einen Wert von 9960 GE [1000 · (200 GE – 190 GE) – 40 GE]. Durch die zweistündige Abwesenheit von Direktor Frustmann gewinnt die Holding 49860 GE [2000 · (200 GE – 175 GE) – 2 · 70 GE], während das dreistündige Golfspiel nach dem simultanen Kosten-Nutzen-Ansatz gar mit 349550 GE [10000 · (200 GE – 165 GE) – 3 · 150 GE] zu bewerten ist.

3. Ergebnis

(1) Die klassische Theorie ignoriert den Nutzen, der durch die Abwesenheit des Managements bedingt ist, vollständig.
(2) Mit zunehmender Hierarchiestufe und Dauer der Abwesenheit nimmt der Nutzen für das Unternehmen überproportional zu.

(3) Fehlzeiten stellen ein ökonomisch knappes Gut dar. Auf eine Bewertung der Fehlzeiten zu Opportunitätskosten darf keinesfalls länger verzichtet werden.

4. Implikationen für die Praxis

(1) Allgemein:
    a. Gestaltung eines zur Hierarchiepyramide invers verlaufenden Entlohnungssystems.
    b. Prämienzahlung für Fehlzeiten, die idealerweise mit dem Nutzen der Fehlzeiten eng korrelieren sollten. Auf eine direkte Proportionalität der Prämienleistung zur Dauer der Abwesenheit und zur hierarchischen Stellung ist unbedingt zu achten.

(2) Speziell:
    a. Abteilungsleiter Magenschmerz sollte täglich seinen Arzt aufsuchen und wöchentlich einen großen Gesundheits-Check vornehmen lassen.
    b. Die Motivationsprobleme von Herrn Frustmann sind ernst zu nehmen. Die Beschäftigung eines eigens zur Betreuung von Herrn Frustmann abgestellten Psychiaters wird sich lohnen. Sein Gehalt soll unmittelbar erfolgsabhängig gestaltet werden, d. h. es empfiehlt sich eine direkte Proportionalität zwischen dem Gehalt des Psychiaters und der Anzahl der Fehlstunden von Herrn Frustmann.
    c. Der 9-Loch-Golfplatz, auf dem Herr Freizeit momentan spielt, muß dringend auf 18 Loch erweitert werden. Eine steuerlich abzugsfähige Spende an den Golfclub zur Erweiterung des Golfplatzes dürfte unter betriebswirtschaftlichen Renditegesichtspunkten die lohnenswerteste Investition aller Zeiten bilden.

5. Abschließende Würdigung

Durch die wissenschaftliche Methode der Induktion wurden Fehlzeiten des Managements als wirtschaftlich knappes Gut eindeutig identifiziert, so daß fortan eine Behandlung der Abwesenheit ausschließlich unter den Kosten falsch ist.

> Gerettet ist das edle Geld,
> durch ew'ges Telefon'en,
> wer nie da ist und immer fehlt,
> den können wir belohnen.

/

Visitenkarte einer Firma

This is a non-profit organization.
We didn't plan it that way, but it is.

/

Der feine Unterschied

Durch die Betriebsschließung waren alle weg vom Fenster. Nur der Aufsichtsrat trat zurück.

Gerald Jatzek

Projektmanagement

Beispiele aus der Bibel

Von
Hans Karnovsky

Projektauftrag

Ich schreibe dir im Vertrauen auf deinen Gehorsam und weiß, daß du noch mehr tun wirst, als ich gesagt habe. (Phil. 21)

Kontrolle der Projektarbeit

Er sagte zu mir: Geh hinein, sieh dir die schlimmen Greueltaten an, die man dort begeht. (Ezechiel 8, 9)

Projektleitung

So richtest du dich selbst zugrunde und auch das Volk, das bei dir ist. Das ist zu schwer für dich; allein kannst du es nicht bewältigen. (2. Mose 18, 18)

Teammeeting

Dort schrien die einen dies, die anderen das; denn in der Versammlung herrschte ein großes Durcheinander, und die meisten wußten gar nicht, weshalb man überhaupt zusammengekommen war. (Apostelgeschichte 19, 32)

Istaufnahme/Sollkonzept

Schreib auf, was du gesehen hast: was ist und was danach geschehen wird. (Offenbarung 1, 19)

Projektinformation

Sie sollen vorbringen und uns kundtun, was sich ereignen wird. Was bedeutet das Vergangene? Teilt es uns mit, damit auch wir unseren Sinn darauf richten. Oder laßt uns das Zukünftige hören, damit wir das Ende erfahren. (Jesaja 41, 22)

Präsentation der Projektresultate

Darum zittert mein ganzer Leib, Krämpfe befallen mich wie die Wehen einer gebärenden Frau. Ich bin betäubt von dem, was ich höre, bestürzt von dem, was ich sehe. Mein Herz pocht wild, mich schüttelt ein Schauder. Das ersehnte Dunkel des Abends macht der Herr für mich zum Schrecken. (Jesaja 21, 3 und 4)

/

Folgen guter Führung sind
Beförderung oder Entlassung
– letztere getreu der Devise:
wegen guter Führung entlassen.

Peter Eichhorn

Sitzungen mit Erfolg führen

Von
Peter Eichhorn

– Einladungen ohne Tagesordnungen versenden; wo nicht zu umgehen, Tagesordnungspunkte allgemein halten
– unerläßliche Informationen als Tischvorlage verteilen
– Vorgespräche mit VIP's erwähnen
– die Abwesenheit von Widersachern nutzen
– strittige Punkte in Urlaubszeiten regeln
– bei selbständig getroffenen Entscheidungen auf Eilkompetenz verweisen
– erwünschte Beschlüsse vorformuliert vorhalten
– kleine Zugeständnisse vorsehen
– Zigarren verteilen, um einzunebeln
– Probeabstimmungen durchführen
– unerwünschte Beschlüsse mit Geschäftsordnungsdiskussionen aufschieben
– unerwünschte Beschlüsse mit Kostenargumenten unter Vorbehalt stellen
– das Ancienitätsprinzip heranziehen
– Abstimmungsgegner ans Telefon rufen lassen
– vor Demonstrationen und Sit ins warnen
– konfliktäre Situationen durch Feueralarme u. ä. unterbrechen lassen
– mit der Presse drohen
– den Rücktritt anbieten (Vorsicht: er könnte angenommen werden!)
– diskret andeuten, daß man den Schwarzen Gürtel in Karate errungen hat

Garten der Strategie

Von
Hermann Simon

Was Strategie sei, das fragen viele.
Umfaßt sie mehr als nur die Ziele?
Obwohl Sie weder Wissenschaft noch Kunst,
nutzt jeder gern dies Wortes Gunst.
Obschon gedacht vor langer Zeit,
blieb sie doch modern bis heut.
Denn jeder mimt gern den Strategen,
um Gegner schlau hereinzulegen.
Mit Portfolio und Matrizengag,
wischt man die Bedenken weg.
Tut, als würde man verstehen,
wohin der Zukunft Wege gehen.
Solches brachte vor uns schon,
Ansoff auf des Strategen Thron.
Diversifikation, so bei ihm hieß,
der sich're Weg ins Paradies.
Bei Porters strategie-generisch,
erwies sich mancher sehr gelehrig.
War's alter Wein in neuem Schlauch
oder Management nur aus dem Bauch?
Mintzberg, der stets Unkonventionelle,
hat klug Analogien zur Stelle.
Strategie sei, so meint der Weise,
Töpferei, die forme still und leise.
Gärtnerei, so denk' ich, trifft es besser,
will doch des Strategen Messer
nicht zerstören, sondern pflegen.
Strategie heißt säen und ständig hegen.

III. Organisation

Innovation eines Regierungs- und Verwaltungssystems

Von
Ulrich Becker und Gerhard Sadler[1]

Die Menschen beschäftigen sich seit eh und je mit der Frage, wie sie Regierungs-, Verwaltungs- und andere Organisationssysteme erhalten und erneuern können. Zu jeder Zeit waren organisatorische Probleme für die Gemeinschaft zu lösen; und je umfangreicher und schwieriger die Aufgaben waren, desto höher waren die Ansprüche an die organisatorische Konzeption. Erfahrungssätze und Weisheiten hierzu lassen sich durch Jahrhunderte und Jahrtausende hindurch zurückverfolgen.

Ein solches Beispiel für eine große organisatorische Aufgabe ist der Auszug des Volkes Israel aus Ägypten und seine Führung auf dem Wege in das gelobte Land. An einem Abschnitt aus dem 2. Buch Mose (18. Kapitel, Verse 13–24) läßt sich – kurz kommentiert in Form einer Gegenüberstellung mit „modernen" Managementbegriffen – aufzeigen, daß viele Prinzipien aus der heutigen Managementlehre schon damals in Ansätzen bekannt waren und genutzt wurden. Das geschah zwar weniger systematisiert, aber doch sehr zielstrebig.

---

1 Dieser Kommentar ist gelegentlich einer Diskussionsveranstaltung über Hierarchie und Delegation „am Rande" vorgetragen und auf Wunsch einiger Teilnehmer niedergeschrieben worden.

2. Buch Mose, 18. Kapitel

Phasen der „Organisationsanalyse"

Ist-Aufnahme

(13) Am anderen Morgen setzte sich Mose, um dem Volk Recht zu sprechen. ─────
Und das Volk stand um Mose herum vom Morgen bis zum Abend. ─────

(14) Als aber sein Schwiegervater alles sah, was er mit dem Volk tat, sprach er: Was tust du denn mit dem Volk? Warum mußt du ganz allein da sitzen, und alles Volk steht um dich her vom Morgen bis zum Abend? ─────

(15) Mose antwortete ihm: Das Volk kommt zu mir, um Gott zu befragen. (16) Denn wenn sie einen Streitfall haben, kommen sie zu mir, damit ich richte zwischen dem einen und dem anderen und tue ihnen kund die Satzungen Gottes und seine Weisungen. ─────

Kritik

(17) Sein Schwiegervater sprach zu ihm:
Es ist nicht gut, wie du das tust. ─────

(18) Du machst dich zu müde, dazu auch das Volk, das mit dir ist. ─────
Das Geschäft ist dir zu schwer; du kannst es allein nicht ausrichten. ─────

Entwicklung der Soll-Konzeption

(19) Aber gehorche meiner Stimme; ich will dir raten, ─────
und Gott wird mit dir sein. Vertritt du das Volk vor Gott und bringe ihre Anliegen vor Gott ─────

(20) und tu ihnen die Satzungen und Weisungen kund, ─────
daß du sie lehrest den Weg, auf dem sie wandeln ─────
und die Werke, die sie tun sollen. ─────

(21) Sieh dich aber unter dem ganzen Volk um ─────
nach redlichen Leuten, die Gott fürchten, wahrhaftig sind und dem ungerechten Gewinn feind. ─────
Die setze über sie als Oberste ─────
Über tausend, über hundert, über fünfzig und über zehn, ─────

(22) daß sie das Volk allezeit richten. ─────
Nur wenn es eine größere Sache ist, sollen sie diese vor dich bringen, alle geringeren Sachen aber sollen sie selber richten. ─────
So mach dir's leichter ─────
und laß sie mit dir tragen. ─────

(23) Wirst du das tun, so kannst du ausrichten, was dir Gott gebietet, ─────
und dies ganze Volk kann mit Frieden an seinen Ort kommen. ─────

Einführung

(24) Mose gehorchte dem Wort seines Schwiegervaters ─────
und tat alles, was er sagte. ─────

_____ Aktion: Regieren und Verwalten
_____ Patriarchalische Organisation

_____ Ist-Aufnahme und Schwachstellenanalyse (Interviewmethode)

_____ Management by control and direction, Gesetze und Verwaltungsanordnungen
_____ Wertanalyse: Betriebsblindheit
_____ Analyse der psychologischen Leistungsbereitschaft
_____ Arbeitsteilung, Trennung von Leitung und Ausführung
_____ Management by consultation (Einsatz von Unternehmensberatern)
_____ Repräsentationsfunktion, Zeichnungs- und Vertretungsbefugnis
_____ Management by decision rules
_____ Management by systems
_____ Management by objectives

_____ Chancengleichheit

_____ die Beamten – Eignungsmerkmale für die Personalauslese
_____ ranghierarchische Linienorganisation
_____ Span of control (Leitungsspanne)

_____ Management by delegation

_____ Managemant by exception
_____ Chefentlastung
_____ Management by participation (Mitverantwortung)

_____ Zielkonzeption, Demut der Regierenden, Erfolgskontrolle
_____ Modales Ziel: Erfüllung der Grundbedürfnisse der Menschen

_____ heute besser: „ließ sich überzeugen"
_____ Implementation

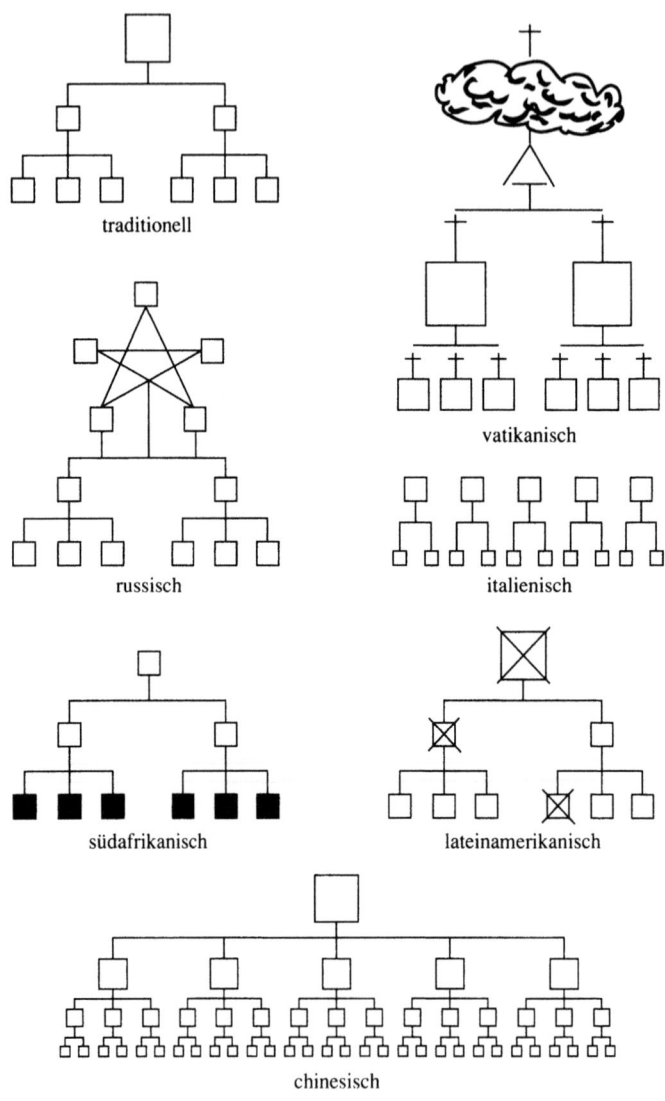

Abbildung: Formen der Aufbauorganisation

Betr.: Arbeitsorganisationsrichtlinien

über die Handhabung und Verwendung von Nadelbäumen kleineren und mittleren Wuchses, die in Diensträumen Verwendung als Dienstweihnachtsbäume finden (ArbOrgRichtl Dwbm, Fassung vom 01.12.85)

Von
S. Claus Noel

1. Dienstweihnachtsbäume

Dienstweihnachtsbäume – im folgenden kurz Dwbm genannt – sind Weihnachtsbäume natürlichen Ursprungs oder natürlichen Bäumen nachgebildete Weihnachtsbäume, die zur Weihnachtszeit in Diensträumen aufgestellt werden.

2. Aufstellen von Dwbm

Dwbm dürfen nur von sachkundigem Personal nach Anweisung des betreffenden Institutsleiters aufgestellt werden. Dieser hat darauf zu achten, daß

a) der Dwbm mit seinem unteren, der Spitze entgegengesetzten Ende in einen zur Aufnahme von Baumenden geeigneten Halter eingebracht und befestigt wird,
b) der Dwbm in der Haltevorrichtung derart verkeilt wird, daß er senkrecht steht. In schwierigen Fällen ist ein zweiter Mitarbeiter hinzuzuziehen, der das Senkrechtstellen überwacht und ggf. durch Zurufe wie „mehr links", „mehr rechts" usw. korrigiert,
c) im Umfallbereich des Dwbm keine zerbrechlichen oder durch umfallende Dbwm in ihrer Funktion zu beeinträchtigende Anlagen vorhanden sind.

3. Behandeln der Beleuchtung

Die Dwbm sind mit weihnachtlichem Behang nach Maßgabe des betreffenden Institutsleiters zu versehen. Dwbm-Beleuchtung, deren Leuchtwirkung auf dem Verbrennen eines Brennstoffes mit Flammenwirkung beruht (sog. Kerzen), dürfen nur Verwendung finden, wenn

a) die Mitarbeiter über die Gefahren von Feuersbrünsten hinreichend unterrichtet sind und
b) während der Brennzeit der Beleuchtungskörper ein in der Feuerbekämpfung unterwiesener Mitarbeiter mit Feuerlöscher bereitsteht.

4. Aufführen von Krippenspielen und Absingen von Weihnachtsliedern

In Instituten mit ausreichendem Personal können Krippenspiele unter Leitung eines erfahrenen Lehrstuhlinhabers zur Aufführung gelangen. Zur Besetzung sind folgende in der Stellenplanung vorzusehende Personen notwendig.

Maria:	möglichst weibliche Mitarbeiter oder ähnliche Personen
Josef:	älterer Angestellter mit Bart
Kind:	kleinwüchsiger Mitarbeiter oder Student
Esel und Schafe:	geeignete Mitarbeiter aus verschiedenen Laufbahnen
Heilige Drei Könige:	sehr religiöse Mitarbeiter

Die Rolle der Heiligen Drei Könige kann auch von ausländischen Mitarbeitern übernommen oder auf Wunsch den Vertrauensleuten oder dem Personalrat angeboten werden.

Bei der Besetzung der Rollen sind die Vertrauensleute, bei der Besetzung der Rolle Kind mit einem Studenten ist auch die Fachschaft zu beteiligen.

Evtl. vorhandene Weihnachtsgeschenke können bei dieser Gelegenheit durch den betreffenden Institutsleiter (in Gestalt eines Weihnachtsmannes) und eines Mitgliedes der Personalvertretung (in Gestalt von Knecht Ruprecht) an die Mitarbeiter verteilt werden. Über den Ablauf der Veranstaltung ist ein Protokoll zu führen und dem Großen Senat der Universität in dreifacher Ausfertigung zuzuleiten. Aus Gründen des Datenschutzes sind in diesem Protokoll die Namen der Personen, die die Rollen Esel und Schafe bzw. Heilige drei Könige übernommen haben, auf Wunsch unkenntlich zu machen.

Die Universitätsverwaltung hofft, mit diesen Richtlinien einen ordnungsgemäßen und geregelten Verlauf der Weihnachtsfeiern zu gewährleisten und wünscht auf diesem Wege ein fröhliches Weihnachtsfest und einen guten Rutsch ins neue Jahr.

vom Institut für Wirtschaftstheorie und Operations Research der Universität Karlsruhe überarbeitete Fassung der Fassung vom 01.12.80 der Staatlichen Untersuchungs- und Forschungsanstalt Augustenburg, Karlsruhe (Az. IX-43-11-W)

Ich hab' hier bloß ein Amt und keine Meinung.

Friedrich Schiller, Wallensteins Tod

Grundgesetze der Unternehmung

Von
N.N.

Nach jahrzehntelanger intensiver Suche ist es der Betriebswirtschaftslehre endlich gelungen, sieben Gesetze mit hohem Bestätigungsgrad zu entdecken, die grundsätzliche Beziehungen zwischen relevanten Variablen klären. Es steht zu erwarten, daß die nachfolgenden, nach ihrem Entdecker benannten Selchert[1]-Gesetze an Bedeutung bald den allgemeineren Murphy-Gesetzen über den Umgang des Menschen mit der Materie gleichkommen werden.

1. An die Stelle des Gewinnziels als unternehmerisches Oberziel treten um so mehr soziale und nicht-ökonomische Ziele, je schlechter es der Unternehmung geht und je weniger sie sich solche Ziele leisten kann. Der Erfolg ist in jedem Fall gesichert!
2. Die Neigung des Planers, in die ferne Zukunft zu schauen, ist um so größer, je weniger er das Nächstliegende überblickt. Daraus folgt als Substitutionsgesetz der Planung: Wenn Sie schon nicht zur Planung Ihrer nächsten Schritte (operative Planung) in der Lage sind, dann sinnieren Sie wenigstens über das Sein an sich (Zielplanung oder strategische Planung); irgendwie werden Sie schon hinkommen!
3. Die Bereitschaft, sich übewachen zu lassen (= Überwachungsakzeptanz), ist um so kleiner, je größer der eigene Entscheidungsspielraum und die Möglichkeit ist, Fehler zu machen; denn wenn man schon die ganze Verantwortung trägt, brauchen andere nicht zu wissen, wieviel das ist!

---

1 Prof. Dr. F. W. Selchert ist Ordinarius für Betriebswirtschaftslehre an der Justus-Liebig-Universität Gießen.

4. Die Bereitschaft des einzelnen, sich der Weiterbildung zu unterziehen, ist um so geringer, je weniger er über Sachkenntnisse verfügt und je mehr Sachkenntnisse erforderlich sind. Sie sinkt mit seinem Aufstieg in der Unternehmenshierarchie.
5. Das Interesse an der Arbeitsbewertung ist um so größer, je weniger es um die Bewertung der eigenen Arbeit geht. Das Interesse an der Bewertung der eigenen Arbeit ist um so geringer, je höher das Arbeitsentgelt ist!
6. Die Betriebstreue qualifizierter Führungskräfte ist um so größer, je besser es der Unternehmung geht, und um so geringer, je mehr die Unternehmung auf sie angewiesen ist, oder: Schließlich ist sich jeder selbst der Nächste!
7. Die Bereitschaft der Kreditinstitute, Unternehmen zu fördern, ist um so höher, je weniger die Unternehmen die Förderung brauchen, und um so geringer, je nötiger sie die Förderung haben! Sie ist um so höher, je schlechter es den Kreditinstituten geht, und um so geringer, je mehr sie zur Förderung in der Lage sind. Man nennt das Wettbewerb!

Was versteht man unter Arbeitstempo?

Geschwindigkeit, die mit zunehmender Verkürzung der Arbeitszeit abnimmt.

Michael Schiff

Was ist Maßarbeit?

Unmenschliche Forderung aus frühkapitalistischer Zeit.

Michael Schiff

In einer Organisation

Von
Alexander Mehlmann

In einer Organisation
Versuchte seit zwei Jahren schon
Ein Mann verzweifelt aufzurücken.

Er hatte schon vor lauter Bücken
Kein Stückchen Rückgrat aufzuweisen
Und weiters konnte er den leisen
Verdacht nicht gänzlich übergehn,
Dies alles dürfte nicht geschehn,
Ging es mit rechten Dingen zu.

Des Nachts da fand er keine Ruh
Und keinen Trost bei Mutter, Vater;
Die Gattin und sein Psychiater

Erzählten überdies herum,
Daß er ein Schlappschwanz sei und dumm.

Und überhaupt half gar nichts mehr;
Drum ging er schließlich zum OR-

Experten, der ihm ungerührt
Die Theorie vor Augen führt:
„Betrachten wir die Stufenleiter,
Führt sie nach oben immer weiter

Und bringt die Promotion als Segen
Stets gleichwahrscheinlich den Kollegen.
Zu jedem Zeitpunkt läßt sich zeigen,
Daß dich (im Durchschnitt) trifft der Reigen

Und glaubt man dem Erwartungswert,
Wie sich's für unsereins gehört,
Mußt Du somit mit besten Karten
Höchstens unendlich lange warten."

Der Posthilfsbote Säbelbein

Von
Heinrich Schaeffer

Der Posthilfsbote Säbelbein
lädt für Berlin Pakete ein.
Der Hilfspackmeister Livius
schaut treulich, wie er soll und muß,
ob auch der Hilfsbot' Säbelbein
lädt für Berlin Pakete ein.
Da naht sich auch Herr Stiefelbrand,
seines Zeichens Praktikant.
Der schauet starr und unverwandt:
Ob Hilfspackmeister Livius
nachsehe, wie er soll und muß. –
daß auch der Hilfsbot' Säbelbein
lädt für Berlin Pakete ein.

Es kommet, wie von ungefähr
Herr Schellen – Obersekretär.
Er kontrolliert: ob Stiefelbrand
auch schauet starr und unverwandt,
wie Hilfspackmeister Livius
nachschaue, wie er soll und muß,
daß auch der Hilfsbot' Säbelbein
lädt für Berlin Pakete ein.

Und siehe, aus des Tunnels Tor
tritt stolz des Amtes Direktor.
Sein Adlerblick erblitzt daher:
Ob Schellen – Obersekretär –
auch konrollier', daß Stiefelbrand
nachschaue, starr und unverwandt,

wie Hilfspackmeister Livius
sich übezeugt so, wie er muß,
daß Hilfspostbote Säbelbein
lädt für Berlin Pakete ein.

Die Glocke klingt, fort fährt der Zug!
Ach, leider war nicht Zeit genug,
daß der Hilfsbot' Säbelbein
lädt sämtliche Pakete ein –
es blieb, o böses Mißgeschick,
der Ladung Hälfte noch zurück.

Da schwindet durch des Tunnels Tor
dahin des Amtes Direktor.
Herr Schellen – Obersekretär –,
er eilet spornstreichs hinterher,
worauf der junge Stiefelbrand
im Wartesaale „eins" verschwand,
und Livius trinkt voll Verdruß
im „vierter" einen Schnaps zum Schluß.

Auf dem Bahnsteig steht allein
der Posthilfsbote Säbelbein
und spricht: „So geht es allemal,
weil Mangel ist am Personal!"

/

Was besagt Desorganisation?
Zustand nach der Reorganisation

Michael Schiff

Management by Reorganization

Von
N. N.

Zwei Hobbyjäger unterhalten sich auf der Pirsch über moderne Methoden der Unternehmungsführung. Laufende Reorganisationsmaßnahmen verleihen nach Ansicht des einen dem Betrieb die schöpferische Unruhe, verhindern eine institutionelle Erstarrung der Zuständigkeiten und sorgen für die notwendige Anpassung an die Dynamik der Umwelt.

Um den notwendigen Beweis für seine These aufzustellen, hebt er seine Schrotflinte und gibt einen Schuß auf einen vor ihnen stehenden, mit Spatzen voll besetzten Baum ab. Die Spatzen flattern entsetzt auf, einige wenige fallen von Schrotkugeln getroffen auf den Boden.

Bereits nach wenigen Minuten jedoch kehrt wieder Ruhe ein, und die Spatzen setzen sich wieder auf ihren Baum. Da fragt der andere: „Was hat sich nun aber durch deinen Schuß geändert?" „Aber bitte", sagt der eine, „jeder Spatz sitzt nun auf einem anderen Ast und einige sind dabei auch auf der Strecke geblieben."

Nachtrag

Ein Leser weist uns darauf hin, daß die Spatzen, die am Boden liegen, nicht getroffen wurden, sondern dies nur simulieren, um bei der nächsten Reorganisation als erste auf die freien, oberen Astplätze zu fliegen.

Homo buerocratius

Von
Siegbert Böckle

I. Definition: In den Wirtschafts- und Sozialwissenschaften übliche Bezeichnung für in der Verwaltung tätige Mitarbeiter. Der H. zeichnet sich durch ein überdurchschnittlich hohes Maß an Risikoaversion und Akribie aus.

II. Erscheinungsformen: Es existieren unterschiedliche Ausprägungen des H. Zu nennen sind u. a. der H. eremitus (hält sich bevorzugt in stillen Einzelzimmern auf), der H. socialis (ständig in der Behördenkantine anzutreffen), der H. papyromanus (befindet sich im Aktenrausch), der H. telecommunicatus (zwanghafte Telephonitis) und der H. absentis (dauernd in Besprechungen oder im Außendienst).

III. Organisation: Neben der offiziellen Hierarchie besteht eine Fülle informeller Beziehungen, z. B. in Form von Kantinenstammtischen, Radfahrergruppen oder Seilschaften.

*IV. Status: Der Status des H. kann allgemein als niedrig angese*hen werden. Andere Berufsgruppen sprechen dem H. jede wissenschaftliche bzw. berufsmäßige Qualifikation ab, da dessen Tätigkeit in deren Augen lediglich aus Papierbeschriftung und -ablage besteht. Diese Geringschätzung kommt durch Bezeichnungen wie „Büromaus", „Amtsschimmel" oder „Papierhengst" zum Ausdruck.

*V. Ausblick: Die Erforschung des H. befindet sich noch im An*fangsstadium, so daß mit weiteren bahnbrechenden Erkenntnissen zu rechnen ist.

Verwaltungswissenschaftliche Marginalien zur Zauberflöte[1]

Von
Elmar Poschen

I. Einführung

Die Zauberflöte, 1791 geschrieben von Emanuel Schikaneder und komponiert von Wolfgang Amadeus Mozart, wirft, obwohl zur Blütezeit der Policey- und Cameralwissenschaften entstanden, erhebliche verwaltungswissenschaftliche Probleme auf. Bisherige Betrachtungen beschränkten sich auf eine Würdigung des Werkes aus musikalischer und dramatischer Sicht,[2] eine Einschränkung, die unverständlich ist und von der Wissenschaft nicht weiter geduldet werden kann. Diese schon seit langem klaffende und schmerzlich empfundene Lücke zu schließen, gehört zu den vornehmsten Forschungsvorhaben, wobei diese Abhandlung auf einige der dringlichsten Fragestellungen eingehen wird, um den Beginn der Grundlagenforschung zu ermöglichen.

Es wird folgendermaßen vorgegangen:
eine Kurzfassung einzelner Teile des Inhaltes wird kursiv gedruckt
– im Anschluß daran folgt jeweils die verwaltungswissenschaftliche Würdigung im Normaldruck.

---

1 Vgl. Wolfgang Amadeus Mozart und Emanuel Schikaneder, Die Zauberflöte, Oper in zwey Aufzügen, Wien 1791, durchgehend (unter Umständen vergriffen).
2 Rühmliche Ausnahmen bilden Alexander Becker und Hellmut Kluge, Kulturpolitik und Ausgabenkontrolle, Frankfurt/Main 1961, sowie William J. Baumol und William G. Bowen, Performings Arts – The Economic Dilemma, New York 1966.

II. Verwaltungswissenschaftliche Würdigung einzelner Szenen und Personen unter besonderer Berücksichtigung des ersten Aktes

Vorgeschichte:
Der Herrscher des siebenfachen Sonnenkreises, Vater der Pamina, teilt vor seinem Tod sein Reich auf unter seine Gemahlin, die Königin der Nacht, und seinen Schüler, den Priester Sarastro. Die Herrschaft soll wiedervereinigt werden, sobald Pamina reif genug wäre, die Regierung zu übernehmen.

Die hoheitliche Gewalt wird offensichtlich auf zwei unabhängige Hoheitsträger verteilt; es ist vorgesehen, die vorläufig getrennte Verwaltung wieder zu vereinigen. Es ist nicht eindeutig, ob die Königin und Sarastro befristet Hauptverwaltungsbeamte sind, oder ob sie nur kommissarisch als Vertreter im Amt des noch nicht geschäftsfähigen Hauptverwaltungsbeamten tätig werden können. Die Erreichung der Geschäftsfähigkeit und somit Regierungsfähigkeit der Pamina kann amtlicherseits festgestellt werden, wenn eine gültige Heiratsurkunde, ausgestellt von einer hierzu berechtigten Behörde, vorgelegt wird.

Erster Akt:
Tamino, ein Prinz aus fernen Landen, wird auf der Jagd von einer Riesenschlange angefallen und in höchster Not von drei bewaffneten Damen der Königin der Nacht gerettet.

Die drei Damen sind offensichtlich Angehörige der weiblichen Policey; sie sind Vertreter der höchsten Behörde des Innern. Infolge des Fehlens von Ressortchefs ressortieren sie direkt bei der Königin der Nacht.

Nachdem die Damen Tamino verlassen haben, um der Königin Bericht zu erstatten, erscheint der Vogelfänger Papageno, der seine Jagdbeute regelmäßig im Palast abliefert und dafür Zuckerbrot und Wein erhält. Im Gespräch mit Tamino gibt er sich als Bezwinger der Schlagen und somit Taminos Lebensretter aus. Die zurückgekehrten Damen entlarven den Lügner; als Strafe erhält

er für seine Vögel anstatt Zuckerbrot einen Stein und anstatt des Weins Wasser, außerdem wird sein Mund mit einem Schloß versperrt.
Papagenos Rechtsnatur ist umstritten. Es gibt grundsätzlich drei Möglichkeiten[3]:
1. Papageno ist Bediensteter im einfachen Dienst bei einem Regiebetrieb zur Versorgung der Verwaltung mit Vögeln verschiedener Art. Die Bestrafung durch Organe der Policeybehörde stellt sich beim Ersatz des Weins durch Wasser und des Zuckerbrots durch Steine als Rückstufung nach einem Disziplinarverfahren dar. Das Versperren des Mundes mit einem Schloß aufgrund einer Lüge verstößt dabei offensichtlich gegen das Übermaßverbot.
2. Papageno ist Geschäftsführer einer formal privatisierten Kapitalgesellschaft mit dem Zweck der Jagd auf Vögel verschiedener Art. Die Bestrafung Papagenos stellt sich wie in 1. dar.
3. Papageno ist ein privater (eventuell beliehener) Unternehmer mit einer mehr oder weniger lockeren vertraglichen Verbindung zur Königin, vertreten durch die drei Damen. Die Kürzung des Entgelts ist dann eine marktkonforme Reaktion auf eine ungeschickte „Public Relations"-Maßnahme Papagenos. In diesem Fall ist das Versperren des Mundes eindeutig ein Verstoß gegen Art. 5 Abs. 1 des Grundgesetzes.[4]

Die Verwendung der angelieferten Vögel bleibt – wie so häufig bei Ressourcen, die der öffentlichen Hand aus hoheitlicher oder vertraglicher Bindung zufließen – völlig im dunkeln. Man sollte annehmen, daß die Verwaltung inzwischen wirklich genug Vögel hat.

---

3 Vgl. Hans J. Wolff, Rechtsformen gemeindlicher Einrichtungen, in: Archiv für Kommunalwissenschaft, 2. Jg., 1963, S. 157 ff.
4 Vgl. Grundgesetz für die Bundesrepublik Deutschland vom 23. Mai 1949 (BGBl. S. 1).

Die Damen zeigen Tamino ein Bild Paminens, das ihn tief beeindruckt. Die mit einem Donnerschlag angekündigte Königin beschwört Tamino, ihre von Sarastro geraubte Tochter Pamina zu befreien. Als Lohn dafür soll er die Hand Paminas (und somit die Herrschaft über beide Reiche) erhalten.
Tamino ist als Prinz Hoheitsträger einer auswärtigen dritten Macht. Seine Staatsbürgerschaft ist ungeklärt. Die Königin bietet ihm die Möglichkeit, eine vorhandene Planstelle (Ehemann der Tochter) im höheren Verwaltungsdienst zu besetzen. Da er nicht die dafür vorgeschriebenen beamtenrechtlichen Voraussetzungen erfüllt, ist die Einweisung in die Stelle nur als Quereinstieg aufgrund besonderer Leistungen (Befreiung Paminas) möglich.

Papageno wird von seinem Mundschloß befreit und soll als Diener mit Tamino reisen. Zu ihrem Schutze erhalten sie eine Zauberflöte, die der verstorbene Herrscher selber geschnitzt hat, und ein Glockenspiel.

Papageno wird ohne nähere Prüfung der Rechtslage (sic!) in den alten Stand zurückversetzt; Tamino und Papageno erhalten je ein Zeichen hoheitlicher Gewalt (Dienstsiegel?), dessen Gebrauch in ihr freies Ermessen gestellt wird. Beide Gegenstände wurden noch vom verstorbenen Herrscher des siebenfachen Sonnenkreises mit hoheitlicher Gewalt versehen; ihre Wirkung und Gültigkeit erstreckt sich deshalb auf das Gebiet der beiden Nachfolgestaaten.

Außerdem werden die Reisenden von drei weisen Knaben begleitet, die sie zum Reiche Sarastros führen sollen und denen sie voll vertrauen können.

Die drei weisen Knaben – offensichtlich eine Sonderverwaltung in der Form einer Anstalt des öffentlichen Rechts – werden von der Königin der Nacht für diese Spezialaufgabe delegiert; später wird sich zeigen, daß sie auch auf dem Territorium Sarastros bedeutenden Einfluß haben. Es ist anzunehmen, daß schon unter dem verstorbenen Herrscher des siebenfachen Sonnenkreises das Errichtungsgesetz für die „Anstalt zur Betreuung potentieller Ehemänner der noch nicht geschäftsfähigen Tochter und für andere Sonderaufgaben" verkündet wurde, und den Knaben ihre Ernen-

nungsurkunden als Beamte auf Lebenszeit ausgehändigt wurden. Da Pamina sich zum fraglichen Zeitpunkt im Palast Sarastros aufhält, der Inhaber des Sorgerechts über die noch nicht mündige Pamina (Königin – Sarastro) aber umstritten ist, erklärt sich die Wahrnehmung hoheitlicher Aufgaben durch die Knaben in beiden Gebietskörperschaften. Für die Bestimmung ihrer rechtlichen Stellung ergeben sich folgende Möglichkeiten:
1. Die besagte Anstalt wird verwaltet als quasi – Kondominat; die Aufgaben werden ihnen durch Einzelaktsetzung beider Hoheitsträger unabhängig voneinander zugewiesen. Die Institution ressortiert bei der Königin, die hier teils in Auftragsverwaltung, teils in eigenem Wirkungskreis tätig wird. Über die Aufteilung der Kosten ist nichts bekannt. Dieser klassische Fall einer Doppelunterstellung könnte supranationale Gerichte auf Jahrzehnte beschäftigen.
2. Die Anstalt ist selbst eine supranationale Hohe Behörde, die in den beiden betroffenen Gebietskörperschaften von sich aus tätig werden kann, für bestimmte Aufgabenbereiche aber der Weisungsgebundenheit durch die einzelnen Hauptverwaltungsbeamten unterliegt.

III. Ausblick

Es können hier bei weitem nicht alle verwaltungswissenschaftliche Probleme betrachtet werden, die Mozart und Schikaneder unbehandelt ließen. So wird es Aufgabe weiterer Abhandlungen sein, die Staatsform der Reichshälfte Sarastros zu klären, die Prüfungen Taminos nach den beamtenrechtlichen Vorschriften zu würdigen und besonders zu untersuchen, ob die Feuer- und Wasserprobe, die der eventuell staatenlose Tamino mit Hilfe der Zauberflöte besteht, der Prüfung durch den Verfassungsschutz vor Ernennung zum Beamten des höheren Dienstes entspricht. Hier findet sich noch ein weites Feld, auf dem für die Verwaltungswissenschaftler und ihre junge Disziplin noch viel zu leisten sein wird. So wäre es z. B. schon ein Fortschritt, wenn im Zuge dieser Forschung der Verbleib der Vögel bei den Beamten[5] festgestellt werden könnte.

Möge dieser Beitrag für weitere Vorhaben Zeichen und Beispiel sein.

Man soll die Ämter mit Leuten,
nicht die Leute mit Ämtern versehen.

Sprichwort oder genauer:
ein eherner Organisationsgrundsatz

Rationalisierung

Ein Professor für Betriebswirtschaftslehre
zählte bei Beginn jedes Semesters
die Anzahl der Damen im Auditorium.
Wenn diese Zahl unter 1 % lag, sagte er kurzerhand:
„Ich bitte um Ihr Einverständnis, meine verehrten Damen,
daß ich jeweils nur ‚meine Herren' sage."

Arno Sölter

---

5 Siehe S. 115.

IV. Forschung

Computersonett

Von
Alexander Mehlmann

Der Schalter: On. Das Keyboard treibt es dreister
Und zwingt der Harddisk ab ein stolzes Fauchen.
Aus Bildschirmtiefen scheinen aufzutauchen
(In Monochrom) des Zauberlehrlings Geister.

Wer ihren Slang versteht, als Weitgereister,
Wird wohl der Klone Fingerzeig nicht brauchen
Und greift, noch eh' die Anschlußbuchsen rauchen,
Nach dem Reset, der Höllenzwänge Meister.

Nur wenige jedoch sind auserkoren,
Geweiht der Kabbala der Sonderzeichen,
Um jedem Menetekel auszuweichen.

Denn nahen sich am Ende Professoren
Dem in Taiwan erzeugten Teufelskasten,
Gibt's kein Return; so sehr sie's auch ertasten.

Motto

Wir Wirtschaftswissenschaftler würden
weitaus wirkungsvoller wirken, wenn wir wüßten,
wie Wirtschaft wissenschaftlich widergespiegelt wird.

Wolfgang Eichhorn

Das Promotionsverdrußmodell

Eine Abstraktion aus empirischem Verdrußmaterial

Von
Christian-Uwe Behrens
unter Mitinspiration von Robert Köhler

1. Einleitung

Wenn man einen beliebigen Doktoranden der Wirtschaftswissenschaften mit Hilfe eines Urnenmodells mit Zurücklegen zieht, so stellt man fest, daß er sich stets, bei durchschnittlich hoher Arbeitsmotivation, entweder in einem Zustande des Verdrusses, der Lethargie oder der Fröhlichkeit befindet.

Diese Beobachtung gab Anlaß zu einer verallgemeinerten Theorie über die Erscheinung des Verdrusses bei wirtschaftswissenschaftlichen Doktoranden. Auf induktivdeduktive Weise gelangt man so zu einem Modell des Verdrußverhaltens, das durch zahlreiche Erhebungen an der Universität Münster nicht falsifiziert werden konnte. Widerlegende Fälle von anderen Universitäten werden von den Autoren, bei genauer Beschreibung von Ursache und Ausprägung des abweichenden Verhaltens, gerne entgegen und zum Anlaß zur Verbesserung der Theorie genommen. Zudem fehlen noch Hinweise auf die langfristigen psychischen Auswirkungen des dramatischen Abbruchs des Promotionsverdrusses im Erlösungszeitpunkt (Verkündigung).

2. Methodologische Einordnung

Beim Promotionsverdrußmodell (PVM) handelt es sich nicht um ein Erklärungsmodell. Es wird lediglich beschrieben, wie der

Verdruß bzw. die Lethargie in bezug auf bestimmte Einflußfaktoren verlaufen. Diese Deskription wird allerdings mit erklärenden Elementen versetzt, wobei die Autoren jedoch keinen umfassenden Erklärungsanspruch erheben.

Auch ist das PVM keineswegs ein normatives Modell in dem Sinne, daß es angibt, in welchem Maße ein ordentlicher Doktorand in einer gewissen Phase verdrossen sein sollte.

Normative Urteile liegen den Autoren fern. Ja, sie werden von ihnen, ebenso wie jede Verantwortung für Verdruß, strikt abgelehnt, weshalb der Leser auch selbst entscheiden muß, um welche Art von Modell es sich hier handelt. (Wir verweisen auf die einschlägige Literatur, insbesondere auf den Grundsatz „anything goes", Paul Feyerabend.)

3. Das Promotionsverdrußmodell

3.1. Die Variablen

3.1.1. Der Verdruß und die Lethargie

Die abhängige Variable im PVM ist der Verdruß bzw., wie gleich zu erläutern ist, seine spezielle Ausprägung, die Lethargie. Die stochastisch auftretenden Spaßphasen betrachten wir hier nicht, da wir in bezug auf diese keine Gesetzmäßigkeit vermuten.

Verdruß ist ein Zustand psychischen Unwohlseins, der als Nettonutzeneinbuße zu verstehen ist. Er ist in unserem Modell abhängig von den Variablen „Anzahl der Literaturstellen" (A) und „Promotionszeit bzw. -dauer" (t).

Man kann den Verdruß auch als Produktionsfaktor verstehen: Es wird eine Nutzeneinbuße in Kauf genommen, um ein unteilbares Produkt, nämlich die Promotion, herzustellen. Da die Arbeitszeit und die Literatur ebenfalls Produktionsfaktoren darstellen und gleichzeitig, linear abhängig voneinander, erklärende Variablen des Verdrusses sind, ergibt sich bei dieser Interpretation eindeutig das Problem der Multikollinearität. Wir wollen auf dieses Problem nicht weiter eingehen.

Der Verdruß unterliegt natürlichen Schwankungen, die als Stimmungsschwankungen zu interpretieren sind. Diese erfüllen die evolutionstheoretisch wichtige Funktion, den Menschen zeitweise optimistisch auf seine vielfältigen Möglichkeiten (im Stimmungshoch) und zeitweise pessimistisch auf die überall lauernden Gefahren (im Stimmungstief) aufmerksam werden zu lassen (vgl. v. Ditfurth, S. 292 ff.).

Unterbrochen werden die Verdrußzeiten einerseits von Zeiten selbstloser Freude, die wir vernachlässigen wollen, und von Zeiten reiner Lethargie. Der Doktorand fällt regelmäßig in Lethargie, wenn ein gewisser maximaler (aber im Zeitablauf variabler) Verdrußgrad erreicht wird.

In jeder Lethargiephase entscheidet sich, ob, was die Regel ist, mit einer neuen Verdrußphase begonnen wird oder, selten Resignation eintritt. Wir werden die seltene Resignation, die häufig zum Abbruch des Produktionsprozesses führt, mit dem nicht zu verheimlichenden, werturteilsfreien Hang, ihre Existenz überhaupt zu bestreiten, vernachlässigen. Der Leser möge, ohne sich gedrängt zu fühlen, ebenso handeln. („Ohne Bürde keine (Doktor-)würde", Unbekannter Autor. Und: „Willst Du dissertieren, mußt Du lukubrieren." Noch unbekannterer Herkunft.)

3.1.2. Die Anzahl der Literaturstellen

Eine wesentliche erklärende Variable des Verdrusses ist die Anzahl der Literaturstellen.

Ohne bereits auf den genauen Zusammenhang einzugehen (s. u.), seien ein paar Bemerkungen erlaubt: Hat man keine Literatur, bekommt man „kalte Füße", hat man zuviel, wird einem der „Boden zu heiß", hat man die falschen, so fühlt man sich „auf dem falschen Dampfer". Alles Gründe für Verdruß.

3.1.3. Die Promotionsdauer

Als weitere erklärende Variable haben wir die Promotionsdauer berücksichtigt. Der Zeitablauf ist während der Promotionsdauer von unterschiedlicher Qualität. Am Anfang steht, wie zu beobachten ist, der Grundsatz „Eile mit Weile" im Vordergrund. Etwas später machen sich die Doktoranden den Satz „Wer rastet, der rostet" zu eigen. Schließlich wird es zunehmend zur Gewißheit, daß es auf alte Sprichwörter gar nicht ankommt, sondern die Zeit in der Tat so knapp wird, daß man auf die Suche nach einem weiteren Wahlspruch verzichtet.

Wir haben der Einfachheit halber und im vollen Bewußtsein der Gewagtheit unseres Tuns einen linearen Zeitablauf angenommen. Man kann theoretisch die Zeit natürlich auch zurücklaufen lassen (vgl. Popper, Kap. 35, Ludwig Boltzmann und die Richtung des Zeitablaufs: Der Pfeil der Zeit). Praktisch hatten damit einige Doktoranden jedoch erhebliche Schwierigkeiten. Die Anstrengungen führten in keinem uns bekannten Fall zu einem positiven Ergebnis. Wir ignorieren daher rückläufige Zeiten völlig.

3.2. Der Verdruß in der Literatursuch- und Literaturauswertungsphase

Wir behandeln zunächst den Verdruß in der Literatursuch- und -auswertungsphase, wobei stillschweigend unterstellt wird, daß der beobachtete Doktorand bereits ein Thema hat. Diese Annahme ist von grundlegender Bedeutung, da sonst der weitere Prozeß chaotisch verläuft.

Es ist den Autoren allerdings zu Ohren gekommen, daß die Wissenschaften inzwischen auch über eine entwickelte Chaostheorie verfügen sollen. Somit ist nicht auszuschließen, daß sich mit Hilfe dieser Chaostheorie auch ein Verdrußmodell für Doktoranden ohne Thema formulieren ließe.

3.2.1. Die Phase des Verdrußsturzes und das Verdrußtal

In der Ausgangslage ist der Doktorand mit einem Thema ausgestattet, mit dem er im Idealfall mehr oder weniger Konkretes assoziiert. Schon diese erste Assoziation ruft ein gewisses mittleres Verdrußniveau hervor, das, in dieser Phase des ungebremsten Tatendrangs, in der Hauptsache durch fehlende Literatur und den auf den Doktoranden zukommenden und von ihm antizipierten mühseligen Suchprozeß bedingt ist.

Wird der Doktorand fündig, so sinkt der Verdruß dramatisch ab, bis er einen, später nie mehr erreichbaren, Minimalwert annimmt (Phase des Verdrußsturzes (VS)). Nach dem Verdrußsturz befindet sich der Promovent im Verdrußtal (VT) (vgl. Abb.). In der Endphase des VS und im ersten Teil des VT wächst der Literaturbestand durch Anwendung zunächst des „Schneeballsystems", später fortgeschrittenerer Methoden der Literatursuche überproportional in der Zeit an. Im Verdrußtal liest sich der Doktorand gründlich in die Literatur ein, der Suchprozeß verlangsamt sich.

3.2.2. Die Phase der Verdrußakkumulation

Mit zunehmender Literaturkenntnis steigt der sich schließlich zur Gewißheit verfestigende Verdacht, daß alle vom Doktoranden bisher vorgenommenen Probleme des Themas bereits behandelt sind. Der Verdruß steigt an, die Literatursuche wird wieder verstärkt.

Nach einer Weile stößt der Doktorand auf einen Nebenaspekt. Er faßt neue Hoffnung und verharrt, durch die erste Ernüchterung vorgewarnt, auf dem Verdrußniveau (Verdrußebene (VE)). Die „Nebenaspekt"-Literatur nimmt zu. Auch dieser Nebenaspekt erweist sich schließlich als fruchtlos, der Verdruß steigt abermals an, bis ein weiterer Aspekt entdeckt wird. Dieser Prozeß wiederholt sich einige Male. Auf diese Weise akkumuliert sich der Verdruß stufenweise.

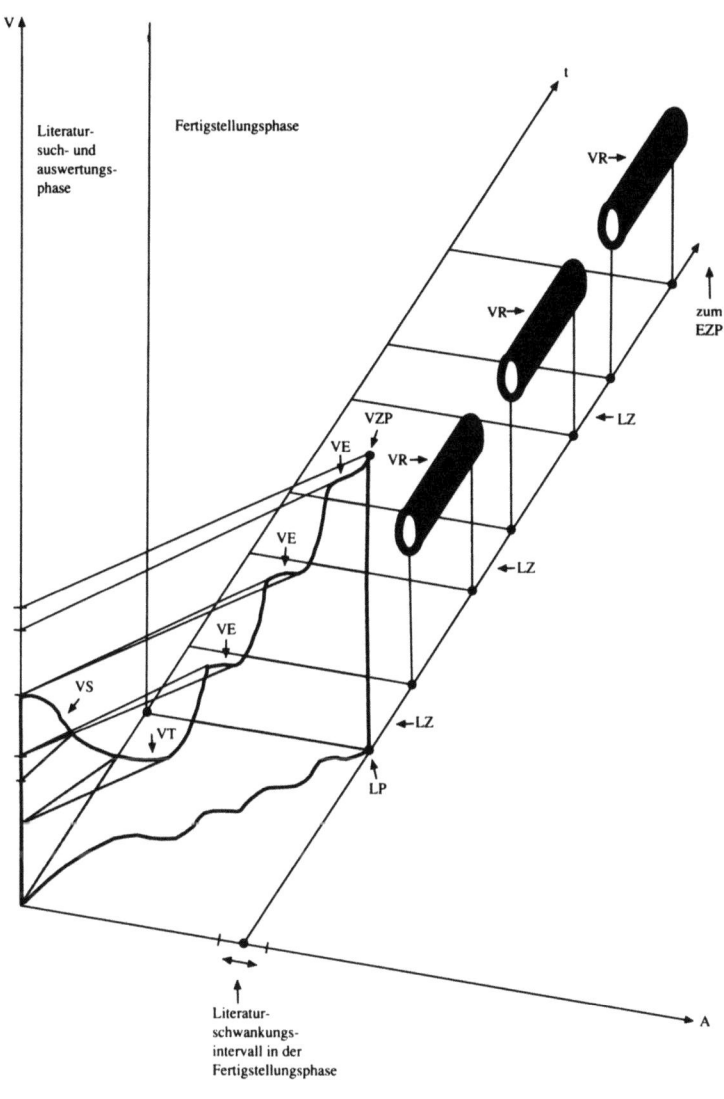

Abbildung: Promotionsverdrußmodell

3.2.3. Der Verdrußzusammenbruchspunkt und der Lethargiepunkt

Mit sich akkumulierendem Verdruß lernt nun der Doktorand langsam alle schon mehr oder weniger bearbeiteten Aspekte seines Themas kennen und ist von der Vielfalt der Probleme, der Lösungen und Ansichten gleichzeitig fasziniert, verwirrt und tief betroffen. Der Verdruß erreicht jetzt ein Niveau, das die psychische Belastbarkeit des Doktoranden bis zum nahen Zusammenbruch erprobt.

Auf einem bestimmten Verdrußniveau, das von Individuum zu Individuum verschieden ist, schlägt nun plötzlich die Qualität der Situation um (Phasenübergang). Der Doktorand fällt in eine (zeitweise) Lethargie. Die Phase des Literatursuchens und -auswertens ist abgeschlossen.

3.3. Der Verdruß in der Fertigstellungsphase

3.3.1. Die Lethargiezeit

Mit Eintritt des Beginns der ersten Lethargiezeit (LZ) im Lethargiepunkt (LP) ist der Literaturbestand im wesentlichen vorhanden und einigermaßen bekannt. In der Lethargiezeit ist der Doktorand wenig produktiv, schwankt zwischen der von uns energisch bestrittenen Resignation und dem nächsten Anlauf.

Da in jedem Neubeginn auch ein neuer Verdruß lauert (vgl. Abschn. 3.3.2.), lösen sich von nun an im Zeitablauf Verdrußphasen und Lethargiephasen (immer unterbrochen von Phasen des Frohsinns (z. B. zwischen dem 11.11. 11.11 Uhr und Aschermittwoch), die wir aber vernachlässigen) ab. Die Längen der Lethargiezeiten hängen dabei von der Promotionsdauer ab. Sie werden, von stochastischen Schwankungen abgesehen, aufgrund der subjektiven Zeitempfindung wahrscheinlich kürzer (vgl. Abschnitt 3.1.3.).

torand) oder stetig fallend (der immer ruhiger werdende Doktorand) verlaufen. Ja, es sind uns sogar Fälle bekannt geworden, bei denen die Verdrußröhren auf der (A,t)-Ebene auflagen. Es handelt sich dabei durchweg um sehr gleichmütige Doktoranden.

3.3.3. Der Erlösungszeitpunkt

Es folgen nun einige Jahre des steten Wechsels von Lethargie- und Verdrußzeiten. Schließlich nähert sich der Doktorand immer mehr dem dem Erlösungszeitpunkt sehr nahen Dissertationsabgabezeitpunkt. In dieser Zeit versagt sich in der Regel der Doktorand jede erholsame Lethargie (nur wer „in die Röhre guckt", wird promoviert). Da der Verdrußverlauf nun extrem unbestimmt wird und große Unrast herrscht, hält man sich von Doktoranden in dieser „Endphase" vorsichtig fern, denn der Endphasen-Doktorand ist ungeduldig, fern der Welt, grimmig und zeitweise ein gefährlich aufgebrachter Zeitgenosse. Deshalb können die Autoren über den genauen Verdrußverlauf in dieser Phase (noch) keine exakten Aussagen machen.

Es ist lediglich bekannt, daß die Doktoranden nach Abgabe ihrer Dissertationen von Unrast und Endzeitstimmung getrieben durch die Institute derjenigen Professoren streifen, von denen sie im Rigorosum geprüft werden, um deren Veröffentlichungen zu studieren. Dann kann man erst wieder den Erlösungszeitpunkt (EZP) beobachten. Nahezu alle (nun) ehemaligen Doktoranden verlassen gelösten Blickes und strahlender Laune den Ort der Ergebnisverkündigung. Anschließend lassen sie fast ausnahmslos die noch im Verdrußprozeß stehenden Kollegen Anteil haben an der Freude und kredenzen in der Regel alkoholische Getränke.

4. Zusammenfassung und Schluß

Da sich die Verfasser derzeit in einer hektischen Phase fröhlichen Arbeitseifers befinden, bitten sie den Leser, den Text als seine Zusammenfassung aufzufassen und verzichten kategorisch auf ein Schlußwort.

Literatur

Ditfurth, Hoimar v., Der Geist fiel nicht vom Himmel, 7. Aufl., Hamburg 1985.
Feyerabend, Paul, Wider den Methodenzwang, 3. Aufl., Frankfurt a. M. 1983.
Popper, Karl R., Ausgangspunkte. Meine intellektuelle Entwicklung, Hamburg 1979.

Valet

Ein Nestor der BWL wird beerdigt. Vier Redner würdigen ihn.

Erster Redner: „Unser Kollege war weltweit der führende Kopf unseres Faches. Die BWL verliert in ihm ihren herausragendsten Gelehrten."

Zweiter Redner: „Es ist ihm auf geniale Art und Weise gelungen, neben seinen wissenschaftlichen Höchstleistungen beeindruckende Erfolge als Künstler zu erzielen. Seine Werke finden wir in den weltberühmten Museen."

Dritter Redner: „Er war nicht nur ein wegweisender Wissenschaftler und Künstler, sondern auch ein großzügiger Mäzen. Eine ganze Generation von Künstlern verdankt ihm alles."

Vierter Redner: „Ich kenne niemand, der mehr für die Armen getan hat, als unser verstorbener Freund."

Plötzlich hebt sich der Deckel des Sarges ein wenig. Der vermeintlich Tote meldet sich zu Wort: „Und von meiner Bescheidenheit spricht niemand!"

erzählt von Wolfgang Eichhorn

02. Dezember:	Mit K. A. gesprochen. Er hat zwar nicht – wie besprochen – 19 Seiten Entwurf geschrieben, aber weitere 19 Seiten gelesen.
05. Dezember:	J. H. bietet Samstagstermin an. Mache mir Sorgen, ob etwas nicht stimmt.
09. Dezember:	T. N. erklärt wütend, aus seiner Dissertation könne nichts werden, wenn ein seit längerer Zeit tätiger Diplomand sein Diplomarbeitsthema nicht anmelden darf.
10. Dezember:	Gegrübelt, warum Mitarbeiter und Doktorand M. Sch. im Tagebuch nicht vorkommt.
12. Dezember:	Gutachten für Dissertation H.-J. P. in der Hand gehabt. Dissertation immer noch nicht da. P. brütet darüber, ob er in der Abbildung auf Seite 87 die Achsen vertauschen soll.
18. Dezember:	Erfolgserlebnis. Frau M. S. promoviert drei Monate vor due date. Frau Dr. beabsichtigt, die Zeit, die sie relativ zu ihren Kolleginnen und Kollegen voraus ist, damit zu nutzen, daß sie wieder Student wird.

P.S.: Mit Ausnahme von M.H., der inzwischen aus der Praxis heraus (Assistentenvertrag ausgelaufen) an Dissertationsthema 6 werkelt, haben alle Assistentinnen und Assistenten promoviert und sind erfolgreiche Yuppies.

WIFAKS

Ein betriebswirtschaftlicher Beitrag zur effizienten Nutzung des Zeitbudgets für Wissenschaftler

Von

Klaus Blamberger und Hans-Dieter Marquardt

I. Problemstellung

Es ist heute eine Binsenwahrheit, daß gerade in der hochentwickelten und komplexen Industriegesellschaft unseres Kulturkreises die Zeit zu einem immer knapper werdenden Gut geworden ist. Sicher ist es daher kein Zufall, daß die Forschung im Bereich der Zeitökonomik eine zunehmende Intensität erfahren hat.

Besondere Relevanz hat die oben erläuterte Problemstellung für den Bereich von Wissenschaft und Forschung, wo wöchentliche Arbeitszeiten von 60 bis 80 Stunden und mehr keine Seltenheit mehr sind, sondern im Gegenteil angesichts des auf die Hochschulen zukommenden Studentenberges in den 80er Jahren noch mit steigenden Wachstumsraten bezüglich der Arbeitszeit von Hochschullehrern und wissenschaftlichem Personal gerechnet werden muß.

Ausgangspunkt der vorliegenden Untersuchung ist die empirisch abgesicherte Tatsache, daß Wissenschaftler durchschnittlich 40 % ihrer Zeit für die Abfassung von wissenschaftlichen Abhandlungen, Büchern, Forschungsberichten und Vorträgen verwenden. Dort ansetzend wird der betriebswirtschaftlich-organisatorisch orientierte Vorschlag entwickelt, wie auf der Grundlage von standardisierten wissenschaftlichen Fachvokabeln, die multivariant bei der Abfassung von wissenschaftlichen Abhandlungen jeder Art verwendet werden können, bis zu 20 % an Zeitressourcen einsparbar sind und die damit für andere oder zusätzliche Aktivitäten zur

IV. Auswirkungen des WIFAKS

Mit der Einführung des WIFAKS kommt es zu einem forcierten Anstieg wissenschaftlicher Aktivitäten in allen Disziplinen. Die damit verbundene Erkenntniserweiterung wird zu einem verstärkten Konkurrenzdenken unter den in der Wissenschaft Tätigen führen. Es entsteht ein Konkurrenzdruck, der bewirkt, daß die durch den Einsatz der WIFAKS gewonnene Zeit wieder für die Forschung investiert wird. Dadurch werden Folgereaktionen ausgelöst, die erst in ihren Grundzügen vorhersehbar sind: Das Druckereiwesen wird durch vermehrte Publizität wissenschaftlicher Arbeiten einen enormen Aufschwung erleben. Ferner ist mit einem Aus- und Neubau der Bibliotheken zu rechnen, um all diese neuen Werke aufnehmen zu können. Davon profitieren die Bauwirtschaft und der bibliothekarische Dienst.

Für die Volkswirtschaft bedeutet dies insbesondere die Schaffung neuer Arbeitsplätze. Somit leistet das WIFAKS einen nicht unerheblichen Beitrag zum Abbau der Arbeitslosigkeit.

Lehrstuhl = Leerstuhl

Ein Beweis

Von
Jochen Schwarze

Problemstellung: Ordentliche Professoren der Betriebswirtschaftslehre sitzen bekanntlich auf universitären Lehrstühlen. Wissenschafts-Ignoranten versuchen diese – Lehrstühle und Professoren – häufig durch die Titulierung „Leerstuhl" zu diskriminieren, was zu vielschichtigen Animositäten und pittoresken Pikiertheiten führt, denn schließlich ist doch die Mehrheit der Professoren an Präsenz-Universitäten, und deshalb kann ein auf einem Lehrstuhl präsenter Professor nicht auf einem Leerstuhl sitzen. Daraus folgt
(1) Lehrstuhl $\neq$ Leerstuhl.

Empirischer Befund: Besuche in Wirtschaftswissenschaftlichen Fachbereichen nach einem hyperstochastischen Zeitplan haben als Ergebnis geliefert
(2) Lehrstuhl $\approx$ Leerstuhl.

Es besteht deshalb die Vermutung, daß (1) falsch ist und es anstelle von „$\neq$" heißen muß „$=$". Das soll in den folgenden Ausführungen nachgewiesen werden.

Theorem: Unter der Voraussetzung, daß gilt
(3) $30 \leq$ Alter eines deutschen Professors ≤ 68,
gilt für einen betriebswirtschaftlichen Lehrstuhl an einer deutschen Universität stets
(4) Lehrstuhl = Leerstuhl.

Beweis: Wir beweisen zunächst das folgende allgemeine Lemma aus der Humanpräsenz-Lehre:

Lemma 1: Für jeden berufstätigen Menschen von 30 bis 65 Jahren beträgt die durchschnittliche Umweltpräsenzzeit genau 48,219 % der Lebenszeit.

4,4 Tage: Vorträge an anderen Hochschulen und sonstigen Einrichtungen,
5,1 Tage: Durchführung außeruniversitärer Seminare,
7,2 Tage: Mitarbeit in verschiedenen Gremien wie Herausgeberbeiräte von Zeitschriften, Fachkommissionen etc.,

Für diese Aktivitäten sind nach Bundeshinundherreiseunkostengesetz 17,3 Tage an Dienstreisen anzusetzen, zuzüglich eines vom Bundesverkehrsministerium verordneten Verspätungszuschlages von 12,2 % auf 11 Tage Dienstreisen mit öffentlichen Verkehrsmitteln und 38,7 % Solidaritätszuschlag für Warte- bzw. Stauzeiten für die Benutzung öffentlicher Verkehrswege bei den Dienstreisen mit PKW ergeben sich damit insgesamt 21,1 Tage Reisegemeinzeiten. Aus diesen Überlegungen folgt

Lemma 3: Ein betriebswirtschaftlicher Lehrstuhl ist aus dienstlichen Gründen 52,2 Tage pro Jahr ein Leerstuhl.

Für die Fahrten zu seiner Dienststätte ist ein betriebswirtschaftlicher Lehrstuhlinhaber an 201 Kalendertagen arbeitstäglich durchschnittlich 54 Minuten unterwegs. Auch hier muß wegen der Benutzung öffentlicher Verkehrswege ein Solidaritätszuschlag für Warte- bzw. Stauzeiten von 38,7 % berücksichtigt werden. Es ergibt sich

Lemma 4: Ein betriebswirtschaftlicher Lehrstuhl ist wegen der arbeitstäglichen Fahrten zur Dienststätte 10,5 Tage pro Jahr ein Leerstuhl.

Aus den Lemmata 1 bis 4 folgt, daß ein Lehrstuhl von 365 Tagen eines Jahres nur maximal 51 Tage nicht leer sein kann. Bei den zum Beweis der Lemmata 1 bis 4 durchgeführten Mystifikationsrechnungen muß nun mit einem betriebswirtschaftlichen Kreuz- und Querrechnungsfehler von Wurzel aus acht Pi-hochdreikommavier Prozent gerechnet werden, also 19,802 %. Es verbleiben 40,9 Tage für die Besitzung des Lehrstuhls.

Lemma 5: Ein betriebswirtschaftlicher Lehrstuhl ist wegen Universitätsselbstverwaltungsgemeinzeitaufwand 39 Tage pro Jahr ein Leerstuhl.

Beweis von Lemma 5: Ein Lehrstuhlinhaber benötigt Zeiten für

Sitzungen im Rahmen universitärer Selbstverwaltung, die eine Nichtbesitzung des Lehrstuhls zur Folge haben:
7,6 Tage: Gremiensitzungen auf Universitätsebene,
5,8 Tage: Fachbereichsrats- bzw. Fakultätssitzungen,
9,3 Tage: andere Gremiensitzungen auf Fachbereichsebene (z. B. Prüfungsausschüsse, Berufungskommissionen),
3,6 Tage: Besitzung fremder Lehrstühle mit Kollegen anläßlich von Besprechungen über gemeinsame Forschungsprojekte etc.

Zu diesen 26,3 Tagen Sitzungszeit kommen 48,235 % inneruniversitäre Wegezeiten, einschl. der während der Ausführung der Raumüberbrückung anfallenden Kommunikationszeiten mit anderen temporär Leerstühle hinterlassenden Lehrstuhlinhabern. Damit entsteht ein Universitätsselbstverwaltungsgemeinzeitaufwand von insgesamt 39 Tagen.

q. e. d.

Es verbleiben 1,9 Tage, und wir haben damit gezeigt:
(6) Lehrstuhl = Einskommaneun-Tage-Vollstuhl bzw.
(7) Lehrstuhl = dreihundertdreiundsechzigkommaeins-Tage-Leerstuhl.

Durch betriebsökonometrische Verfahren der futuristischen Prognostik in Verbindung mit hypermodernen Explanationen der Sedimente des coffea robusta konnten wir auf der Basis humorempirischer Datenkorruption nachweisen, daß ein Lehrstuhlinhaber an exakt 113 Arbeitstagen aus spontansituativer Erregung über Kollegen, Studenten und insbesondere die Universitätsverwaltung durchschnittlich 3,6-mal aufspringt und damit zur zeitlichquantitativen Anpassung an eine Normalsituation temporär 6 Minuten 43,54 Sekunden einen Leerstuhl hinterläßt. Das macht 45,6 Stunden oder 1,9 Tage. Daraus und aus (7) folgt:
Die Gesamtbesitzungszeit eines Lehrstuhls während eines Kalenderjahres beträgt 0 Tage, d. h.
(8) Lehrstuhl = Null-Tage-Vollstuhl oder
Gleichung (4), also die Richtigkeit des Theorems.

q. e. d.

Internationale Reputation

Von
Marcell Schweitzer

Es war ein Tag mit einer größeren Zahl von mündlichen Diplomprüfungen. Der nächste Kandidat war Herr N. Trotz meiner beruhigenden Worte wirkte er sehr nervös und unkonzentriert, wodurch sich der Gesprächsverlauf außerordentlich zäh gestaltete und ein unbefriedigendes Ende zu nehmen versprach. Mit einem erneuten Themenwechsel versuchte ich, Herrn N. eine weitere Chance zu einer ausreichenden Note zu geben.

S.: Herr N., lassen Sie uns das Thema wechseln. – Nennen Sie mir die Namen von drei international anerkannten Betriebswirten!
N.:(nach längerem Zögern):
  Da wäre zunächst einmal Adam Smith!
S.: (etwas überrascht):
  Bedauere, aber Adam Smith war kein Betriebswirt, sondern ein Nationalökonom und Moralphilosoph.
N.: Dann fällt mir noch Keynes ein!
S.: Es tut mir leid, aber auch John Maynard Keynes war ein Volkswirt. – Ich habe Sie jedoch nach drei international anerkannten Betriebswirten gefragt.
N.: Wenn ich da in erster Linie an Tübingen denke, fällt mir der Name Pohmer ein. – Gefällt Ihnen der?
S.: Nun ja, Herr Pohmer ist zwar habilitierter Betriebswirt, aber er lehrt seit vielen Jahren Finanzwissenschaft, und sein Ansehen, das gewiß weit über Tübingen hinausreicht, dürfte in erster Linie volkswirtschaftlich begründet sein.
N.:(nach kurzer Denkpause):
  Also, Herr Professor, dann fallen mir nur noch Sie selbst ein!
S.: (zweifelnd in sich hineinhorchend):
  Herr, gibst Du mir durch diesen Mann ein Zeichen ...?

V. Absatz

Preistheorie

Von
Horst Albach

Das Tangentenphänomen
von Joan Robinson

Ne Frau legt an Parabeln einst 'ne Grade als Tangente und die Wissenschaft nannt' es Tangentenphänomen.
Ja, Konkurrenz hab sie, sagt manche Frau und weiß sehr wohl
Daß sie bei Männern hat ein sehr vollständ'ges Monopol!

Die geknickte Nachfragekurve

Die Absatzkurve Sweezys, die hat einen kleinen Knick.
Erst dachte ich: Der sie erfand, der hat nen großen Tick.
Doch Gutenberg erfand ne Kurve, doppelt gar geknickt.
Nun such ich eine, n-geknickt. Jetzt hat's bei mir getickt!

Das Ertragsgebirge

Ertragsfunktionen zeichnet man mal grad und mal gekrümmt.
Ich fragte niemals, welche davon eigentlich nun stimmt.
Doch als ich endlich noch von nem Ertragsgebirge las,
Erlitt ich einen Nervenschock, von dem ich nie genas.

Das Zeuthen-Theorem

Bei Werbeanalysen hilft das Zeuthen-Theorem.
Es steht zwar nicht im Brockhaus, und es steht auch nicht im Brehm.

Doch steht es drin im „Absatz", und mir hat der Kopf gebrummt.
Ich fragt 'nen Werbefachmann: Der ist höflich gleich verstummt.

Die Dyopoltheorie

Beim Dyopol kennt man drei Fälle. Einen von Cournot
Den Stackelbergschen nennt man asymmetrisch – oder so.
Der dritte stammt von Bowley, doch zu wissen braucht man's nicht
Weil keiner der drei Fälle ganz der Wirklichkeit entspricht.

Kleines Marketing-Glossar

*In freundlicher Erwiderung auf
Dieter Schneiders These
über den dompteursprachlichen Virus
und die Beschwörungsformeln in der
Marketing-Wissenschaft*

Von
N. N.

Die folgenden Ausführungen sollen den klaren und völlig unprätentiösen Marketing-Wortschatz verdeutlichen. So birgt etwa der Marketing-Grundwortschatz außerordentliche Rationalisierungs- und Standardisierungspotentiale in sich. Dies zeigt das folgende Baukastenprinzip. Man fülle lediglich die offenen Stellen des unten stehenden Textes mit den Begriffen Technologie, Handel, Touristik, Theater, Volkshochschulen oder Umwelt auf:

...-Marketing ist eine Führungskonzeption von ...-Unternehmen. Durch den gezielten Einsatz von ...-Marketing-Strategien und -Instrumenten im Sinne einer ganzheitlichen Konzeption soll die ...-Unternehmung von den ...-Märkten her auf die ...-Märkte hin geführt werden.

Problemlos und äußerst effizient kann damit zu nahezu jedem Thema Stellung genommen werden. Sollten dennoch Argumentationsnöte auftreten, hilft noch folgender Aufbauwortschatz, wobei der tiefere Sinn gleich mitgeliefert wird:

vieles spricht dafür	genau kann ich nicht begründen, was ich eigentlich sagen will
aufs Ganze gesehen	bei genauer Betrachtung läßt sich diese Aussage nicht halten
dies verdeutlicht etwa ...	hierzu gibt es nur ein Beispiel, aber vielleicht fällt dem Leser auch noch was dazu ein
dies ist situativ zu relativieren	ich habe meine Ausführungen so allgemein gehalten, daß hoffentlich jeder zustimmen kann
es ist schon seit langem bekannt	die Originalquelle kenne ich nicht und ich hatte auch keine Lust, nach ihr zu suchen
das sollten Sie gelesen haben	das habe ich gelesen
last but not least	mehr weiß ich nicht dazu, aber denken Sie bloß nicht, mir würde nicht doch noch was dazu einfallen

Idealerweise werden theoretische Erkenntnisse empirisch fundiert. Auch hierbei sollte man seinen hermeneutischen Qualitäten nicht vorschnell Grenzen setzen:

empirische Bestandsaufnahme	eine vernünftige Stichprobe hat keiner in die Reihe gekriegt
Expertenbefragung	ich war so fleißig, jemanden zu finden, der mich in meiner Meinung bestätigt
es werden typische Ergebnisse aufgezeigt	es werden die mir am besten passenden Ergebnisse aufgezeigt
läßt man ein paar Ausreißer außer acht, so zeigt sich ...	die ganze Stichprobe klemmt hinten und vorne

Zunehmend beweisen sich Marketing-Wissenschaftler in der Unternehmensberatungspraxis. Um eventuelle Einwände konziliant zu erwidern und eine effiziente Fortführung der Beratung ohne weitere Fragen zu gewährleisten, hat sich auch hierfür eine spezielle Terminologie entwickelt:

man kann nicht immer eine sechs würfeln	ich habe mich wieder nicht vorbereitet
dies ist ein Schritt in die richtige Richtung	was sie da bisher gemacht haben, ist völliger Blödsinn
das ist nicht das Gelbe vom Ei	was wir da bisher gemacht haben, ist völliger Blödsinn
auch die Sonne hat Flecken	machen Sie sich nichts draus, auch ich weiß nicht alles
das sind Basics	das weiß ich dazu
das sind Essentials	Steigerung: die Basics, an die ich mich noch erinnere

Zum Abschluß sei noch auf eine relativ geläufige Redewendung in Vorworten hingewiesen. So heißt „Ich danke Herrn Dipl.-Kfm. Hinglotzer für die Unterstützung bei der Erstellung des Manuskripts und Herrn Dipl.-Kfm. Smarty für die zahlreichen wertvollen Anregungen" nichts anders, als: Hinglotzer hat die Arbeit gemacht und Smarty hat gesagt, wozu sie eigentlich gut ist.

Studierzimmer

Von
Horst Albach

Dr. Faust bei der Abfassung seines Marketing-Plans:

Hier steht: Am Anfang war die PRODUKTION
Wer hilft mir fort? Denn ach: Ich stocke schon.
So wichtig kann die Produktion nicht sein!
Fürwahr, fällt mir denn nicht was Bess'res ein?

Ich hab's und schreib': Am Anfang war der MARKT
Ob mir der Leser dieses Wort verargt?
Bedenke wohl die erste Zeile,
Daß deine Feder sich nicht übereile!

Der Markt ist zu komplex. Daß man zuerst ihn nennt,
das stimmt doch nicht! Am Anfang war der KONSUMENT.
Doch, auch indem ich dieses niederschreibe,
schon warnt mich was, daß ich dabei nicht bleibe.

Am Anfang kann der Kunde wohl nicht stehn,
Den wir als Endprodukt der Werbung sehn,
Den wir durch Marketing zum Menschen machen.
Am Anfang er? Man würde drüber lachen!

Oh weh, wenn ich das richt'ge Wort nicht fänd!
Ich hab's: Am Anfang war der KONKURRENT!
Competitive Advantages erringen,
Das muß dem Marketing zuerst gelingen!

Die Angst vor dem „I bin all do"
des Igels ist das A und O
des Marketing. Doch halt – warum „das O"?
Ich werd' auch dieses Satzes nicht recht froh!

Der Krieg kann Anfang aller Ding nicht sein!
Fällt mir denn wirklich nicht das Richt'ge ein?
Mir hilft der Geist! Auf einmal wird es hell:
Ich schreib' getrost: am Anfang war's KARTELL!
Ich stocke wieder. Kann am Anfang sein,
was nicht sein darf? Die Antwort lautet: Nein.
Mich faßt Verzweiflung, foltert grausam Spott.
Hilft mir in meiner Not und Pein kein Gott?
Jetzt wird's mir klar, Präzise und passabel
Ist dieser Satz: Am Anfang war der SABEL!

Der betriebswirtschaftliche Faust

Von
Karl-Heinrich Heine und Heinz Näbe

Personen:
Diplom-Kaufmann Faust,
Postbote Wagner,
Fee der Reklame.

Szene:
Diplom-Kaufmann Faust am Schreibtisch, der bedeckt ist mit großen Folianten, Telefon usw. Das Ganze ist malerisch ornamentiert mit Kuckucken. Der Pleite-Geier schwebt unsichtbar über dem Ganzen.

Faust:
„Habe nun Wirtschaftsgeographie, Juristerei und Wechselziehn
und leider auch Bilanztheorie durchaus studiert mit heißem Bemühn.
Hier stehe ich, ich armer Tor und bin nicht klüger als zuvor.
Heiße Bücherrevisor, Diplomkaufmann gar, doch ziehn mich schon so manches Jahr
herauf, herab und quer und krumm meine Gläubiger an der Nase herum.
Zwar bin ich gescheiter als alle die Laffen, die Kollegs versäumen und Bulgaria paffen,
Ich kann resolvieren und kann reduzieren, ich kann auch eine Aktiengesellschaft sanieren,
ich kenn' die Bedeutung vom Nachrichtenwesen, kann spielend frisierte Bilanzen lesen,

der Handelsteil einer Zeitung sogar ist mir theoretisch vollkommen klar.
Ich kenne die Lehren der Malthusianer, der Merkantilisten und Sioux-Indianer.
Kurzum, mein Wissen ist wohlbestellt, nur eins fehlt mir, das bare Geld.
Es möchte kein Hund so länger leben, drum hab' ich mich der Magie ergeben,
ob mir durch Geisteskraft und Mund nicht manch' Geheimnis werde kund,
da sonst bei meines Wissens Macht die Firma bald zusammenkracht.
Ich bat den Geist, komm her, sei lieb, nenn' mir die Seele vom Betrieb.
Da sprach der Geist: „Hör zu, mein Sohn, primär ist stets Kalkulation,
frisch kalkuliert" – und nun begann's, und zwar auf Grundlag' der Bilanz.
Ich bilanzierte eudynamisch, dynamisch, rhythmisch und organisch,
ich bilanzierte schließlich statisch, am Ende stöhnt' ich ganz apathisch:
„Was nützt die ganze Bucherei, wenn keine Spur Verdienst dabei."

(Es klopft)
„O Tod – ich kenn's – hol mich die Pest, jetzt geht der Wechsel zu Protest. Weh, daß mich im Bilanzgenuß der trockne Wechsel stören muß."

Briefträger (tritt auf):
„Verzeiht, stör' ich beim Bilanzieren, entschuldigt die Vertraulichkeit,
ich möcht' den Wechsel einkassieren, seid ihr zur Zahlung heut' bereit?"

Faust:
„Wenn ihr's nicht fühlt, ihr werdet's nicht erjagen, bedaure sehr, mein Freund, ich muß euch sagen,
  bezahlt wird nicht, es tut mir leid, hier übe ich Enthaltsamkeit."

Briefträger (den Wechsel schwenkend):
„Enthaltsamkeit ist das Vergnügen an Dingen, welche wir nicht kriegen.
  Ja, ja, Herr Faust, Sie sind lackiert, der Wechsel wird jetzt protestiert.
  Nun will ich meiner Wege gehn, bis morgen dann auf Wiedersehn."
(Briefträger ab. Faust vernichtet zusammensinkend)

Faust:
„Da geht er hin, nichts hält ihn auf, das Schicksal nehme seinen Lauf.
  Das beste ist ein Pfund Strichnin, ich fress' es rein, dann bin ich hin.
(Es ertönt leise Musik. Faust schüttet Pulver in ein Glas und setzt es an den Mund)
  Welch' tiefes Summen, welch' ein heller Ton zieht mit Gewalt das Glas von meinem Munde."
(Fee der Reklame tritt auf)

Fee:
„Nimm Dimethylaminophenyldon, sonst gehn deine Nerven vor die Hunde.
  Sanatogen könnt' dir vielleicht nicht schaden, du könntest auch in Fichtennadeln baden,
  empfehlenswert sind noch die Präparate: Okasa, Johimbim und – Lukutate.
  Doch brauchst du keineswegs das Leben lassen, weil du den Markt nicht richtig konnt'st erfassen."

Faust (höchst verwundert):
„Wer sind Sie, schöne Dame?"

Fee: „Der Engel der Reklame."

Faust: „Sie wollen mich wohl uzen?"

Fee: „Du kannst mich ruhig duzen."

Faust:
„Was nützt mir denn dies alles, heilst du nicht meinen Dalles?"

Fee:
„Hör zu: Die beste Medizin ist ganz bestimmt nicht dein Strichnin.
Was hilft dein ganzes Kalkulieren, du mußt den Markt analysieren!
Sodann die Konkurrenten töten! (Faust erschrickt) Auch hier ist kein Strichnin vonnöten.
Durch Tötungsreklame erreichst du's im Nu, dann kommt noch die Weckungsreklame dazu.
Du mußt die verschlafene Kundschaft wecken, sie müssen begierig die Hände ausstrecken
nach dem Markenartikel, dem Faustelin, Herr Diplomkaufmann Faust, die Sache wird ziehn.
Drum frisch jetzt ans Werk! Noch in dieser Woche
ein prima Werbefilm von der „Epoche",
dann Lichtreklame und Inserate, Broschüren, Kataloge und große Plakate,
alsdann drei Dutzend Zettelvertreiber, vor allem vergiß nicht den Himmelsschreiber.
Du mußt eine Riesenreklame entfalten, dann wird sich dein Schicksal ganz anders gestalten.
Nur mit Reklame-Energie kommst du zum Ziel! Jetzt oder nie!"

Faust: „Ja, du hast recht, ich bin gewillt."

Fee: „Dann zeig ich dir ein Zukunftsbild!"
(Trommelwirbel, der mit einem Paukenschlag endet)
(Es sind scheinbar sechs Wochen vergangen)

Briefträger (tritt auf):
„Die Zeit der Wechselreiterei ist ja nun Gott sei Dank vorbei. Hier ist ein neuer Auftragsstoß, jetzt sind Sie Ihre Sorgen los. Heut ist bekannt Ihr Name, das kommt von der Reklame."

Faust:
„O tönet fort, ihr süßen Himmelslieder, die Träne quillt, die Erde hat mich wieder."

Alle Früchte

Anwendung der Theorie vom Aufforderungsgradienten

Von
Wolfgang Lücke

1. Die Beschreibung des Phänomens

Ein gewisser Fernsehsender strahlt in regelmäßigen Zeitabständen abends die Strip-Tease-Sendung „Menü aus allen Früchten" unter einer wohlklingenden italienischen Wortkombination aus. Männliche und weibliche Fernsehzuschauer erfreuen sich dieser Sendung; hübsche Proportionen werden „locker" dargeboten. Da sich der Sender marktwirtschaftlich verhält, wird er mit Werbeaufträgen aus der Wirtschaft gesegnet.

Nachfolgend soll diese Sendung (oder ist es schon ein Phänomen?) in einer Modellbetrachtung wissenschaftlich aufgearbeitet werden. Der Inhalt der Sendung wird unter dem wissenschaftlichen Begriff Meinungsgegenstand (M) geführt. Das Fernsehen lebt vom Zuschauer, der hier Umweltsubjekt (S) heißen soll; damit sind Männer und Frauen, Junge und Alte, Westdeutsche und Ostdeutsche, Inländer und Ausländer, Studierende, Menschen in seriösen Berufen u. a. gemeint.

2. Das wissenschaftliche Gerüst

Das oben angesprochene wissenschaftliche Modell hat den Meinungsgegenstand (M) und das Umweltsubjekt (S) in Beziehung zu setzen. Beide werden in ein soziales Feld eingeordnet, das hier zwei Feldpole aufweisen möge. Beispielsweise lassen sich diese Pole wie folgt charakterisieren:

Pol 1: Qualitätsware,
zeitloses Produkt,
stilbezogenes Produkt,
prüde Weltauffassung,
ernsthafte Denkweise,
Gegner von Zeitströmungen,
Konservative Lebensauffassung
usw.

Pol 2: Billigware,
hoch modisches Produkt,
stilloses Produkt,
freie Weltauffassung,
Akzeptieren der jeweiligen Zeitströmung,
leichtfertige Denkweise,
liberale Lebensauffassung
usw.

Existenz und Erfolg in der Marktwirtschaft hängen nicht nur von den Maßnahmen und Möglichkeiten im unternehmerischen Handeln ab. Es ist auch zu fragen, in welchem Ausmaß es gelingt, die Umweltsubjekte wie Vertragspartner, Zuschauer, Käufer und dergleichen in eine für das Unternehmen vorteilhafte Richtung zu beeinflussen. Die Entscheidung der Umweltsubjekte ist nicht allein auf unbeschränkte Rationalität zurückzuführen.

Für den Fall der Sendung „Menü aus allen Früchten" geht es um die Erhöhung der Einschaltquoten und damit um den Gewinn von mehr Werbeaufträgen, was zur Existenzsicherung des Senders beiträgt.

Der Meinungsgegenstand M und das Umweltsubjekt werden zwischen den Polen 1 und 2 positioniert (Abb. 1).

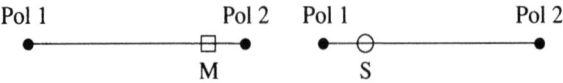

Abbildung 1

In der Abbildung 1 wird zum Ausdruck gebracht, daß zum Beispiel das „Menü aus allen Früchten" mehr zur liberalen, freieren Lebensauffassung zuzuordnen ist, während sich das Umweltsubjekt eher konservativ mit einem gewissen „Schuß an Prüderie" darstellt.

Es gibt in einem sozialen Feld oft mehrere Meinungsgegenstände (M_1, M_2), zwischen denen das Umweltsubjekt wählen kann. Die Entferung e_1 bzw. e_2 von S zu M_1 oder zu M_2 markiert allein noch nicht die genügend starke Bindung des Umweltsubjektes zum Meinungsgegenstand (Abb. 2).

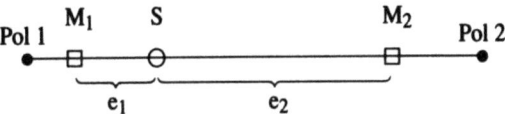

Abbildung 2

Die Höhe des Bedürfnisses von S, die M befriedigen kann, hängt auch vom „Grad der Präsens" des Meinungsgegenstandes ab, das ist die mehr oder weniger verlockende oder abstoßende Wirkung (Aufforderungswirkung) von M auf S.

3. Die Bedeutung des Aufforderungsgradienten

In der Abbildung 3 sind S und M zwischen den Polen 1 und 2 eingeordnet worden. Der Grad der Präsens ist durch die Aufforderungswirkung A als Strecke abgebildet worden.

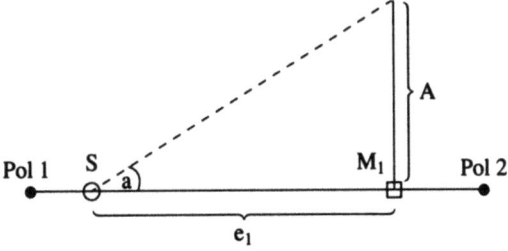

Abbildung 3

Damit bei S eine Handlung ausgelöst wird, muß tga hinreichend groß sein. In dem hier angesprochenen Fall der Fernsehsendung ist mit Handlung das Einschalten eines bestimmten Fernsehkanals gemeint. Bei mehreren unterschiedlichen Meinungsgegenständen, z. B. M_1, M_2 und M_3, muß das zugehörende tga_1, tga_2 und tga_3 ermittelt werden. Es ergibt sich dann die Präferenzordnung der Handlungen des S, also bei $tga_2 > tga_1 > tga_3$ die Präferenzordnung $M_2 \succ M_1 \succ M_3$ (das geschweifte größer-kleiner Zeichen heißt: 1 wird 3 und 2 wird 1, also auch 3 vorgezogen).[1]

Der Gradient kann erhöht werden, indem die Aufforderungsgröße erhöht wird, z. B. um ΔA, beziehungsweise das Umweltsubjekt verringert seine Entfernung zum Meinungsgegenstand (Abb. 4).

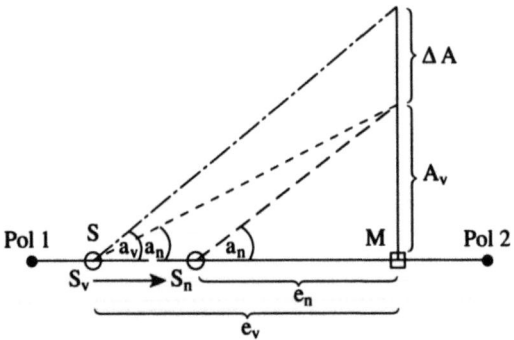

Abbildung 4

In der Abbildung 4 ist die Ausgangslage mit dem Index v (vorher) markiert worden; der Index n steht für nachher, also
S_v mit e_v und A_v, woraus a_v folgt und
S_n mit e_n und $A_v + \Delta A$, woraus a_n folgt bzw.
S_n mit e_n und A_v, woraus a_n folgt.

---

[1] M_1, M_2 und M_3 könnten Unternehmer (oder Freunde) des Stellenbewerbers S (oder eine Dame S) sein; es gilt die Unternehmen (die Freunde) in eine Präferenzordnung zu bringen.

Es ist leicht einzusehen, daß sich der Meinungsgegenstand auf die Position von S hin bewegen kann; daraus folgt eine Erhöhung des Aufforderungsgradienten.

4. Die Anwendung des Aufforderungsgradienten auf das „Menü aus allen Früchten"

Für die zur Diskussion stehende Fernsehsendung markiert Pol 1 Aspekte der Prüderie. Der Pol 2 muß als erotisch liberal, locker oder leicht interpretiert werden. Der Meinungsgegenstand M liegt nahe am Pol 2. Das Umweltsubjekt S wird, wenn es eine leichtlebige Person ist, einen relativ hohen Gradienten tga zu M aufweisen, während eine die konservative Moral sehr ernst nehmende Person S' nahe am Pol 1 liegen wird (Abb. 5); der Gradient tga' dieser Person zu M ist entsprechend geringer.

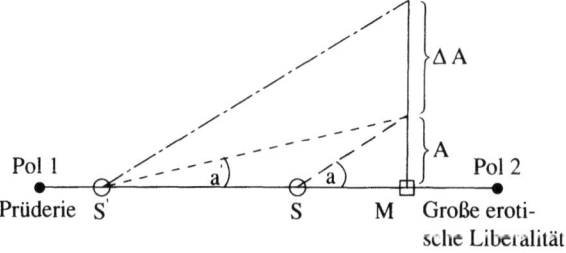

Abbildung 5

Um für S' den gleichen Gradienten tga, den S vorweist, zu erreichen, müßte der Grad der Präsens um Δ A erhöht werden, was sicherlich nur gelingt, wenn S' moralisch letzten Endes doch nicht so gefestigt wäre. Es bleibt auch zu fragen, ob es für den Sender bei einer Erhöhung des Grades der Präsens Grenzen gibt: Es wäre zu einfach zu sagen, je nackter die Darsteller, desto größer A.

Weiterhin ist zu bedenken, daß mit vielen Neuauflagen des „Menüs aus allen Früchten" eine Abstumpfungswirkung eintritt, die einen abnehmenden Erlebniszuwachs des Zuschauers bewirkt bei größeren Häufigkeiten der Neuauflagen der Sendung (Abb. 6). Der Erlebniszuwachs kann auch schnell negativ werden (auch Nacktheit nutzt sich ab). Um A wieder aufzubauen, muß dem Sender einiges einfallen, beispielsweise die Betrachtung der Sendung mit einer 3D-Brille, die beim Betrachter Raumwirkung erzeugt.

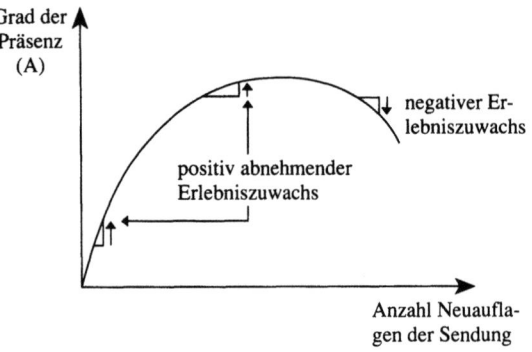

Abbildung 6

Ein bescheidener Vorschlag

wie man Kinder der Armen hindern kann, ihren Eltern oder dem Lande zur Last zu fallen, und wie sie vielmehr eine Wohltat für die Öffentlichkeit werden können.

Von
Jonathan Swift[1]

Es ist ein melancholischer Anblick für alle, die in dieser großen Stadt umhergehen oder im Lande reisen, wenn sie die Gassen, Straßen und Türen der Hütten voller Bettlerinnen sehen, hinter denen sich drei, vier oder sechs Kinder drängen, die, alle in Lumpen, jeden Vorübergehenden um ein Almosen belästigen.

Ich denke, alle Parteien sind sich darüber einig, daß diese übertriebene Kinderzahl in den Armen oder auf dem Rücken oder an den Fersen ihrer Mütter und oft genug ihrer Väter bei dem gegenwärtigen beklagenswerten Zustand des Königsreichs nur eine Plage mehr ist, und wer daher eine gute, billige und leichte Methode fände, diese Kinder zu nützlichen Gliedern des Staates zu machen, würde sich ein solches Verdienst um die Öffentlichkeit erwerben, daß man ihm als einem Retter der Nation eine Statue errichten müßte ...

---

[1] Marketing ist als absatzmarktbezogene Denkhaltung bekannt, die letztlich auf alle zweckgerichteten Werttransaktionen zwischen sozialen Einheiten hinzielt. Die Fruchtbarkeit des Marketing für die Lösung sozialer Konfliktsituationen, ja von schwerwiegenden persönlichen Gewissenskonflikten, wird heute noch keineswegs allgemein anerkannt. Ausgehend von der Einsicht, daß im Zielsystem von Betriebswirtschaften auch karitative, kulturelle und ähnliche humanorientierte Sachziele eine erhebliche, mitunter sogar dominante Rolle spielen können und sollten, ließe sich die ökologische Umorientierung der menschlichen Gesellschaft und das dabei immer drängender werdende Problem der Übervölkerung entschärfen, wenn eine absatzmarktbezogene Denkhaltung Anhänger fände, die schon Jonathan Swift (1667–1745) vorschlug. – Gefunden von Dieter Schneider; gekürzt.

Die Frage ist also, wie diese Kinder aufgezogen und versorgt werden sollen, denn nach all den bisher vorgeschlagenen Methoden ist dies völlig unmöglich; wir können sie weder im Handwerk noch im Ackerbau verwenden; wir bauen weder Häuser (ich meine auf dem Lande) noch bebauen wir Felder; höchst selten können sie sich vor dem sechsten Jahr durch Stehlen ihren Lebensunterhalt suchen, es sei denn, wo die Veranlagungen besonders günstig sind; ich gebe freilich zu, daß sie die Anfangsgründe weit früher lernen, doch können sie während dieser Zeit eigentlich nur erst als Novizen gelten ...

Ich werde also jetzt demütigst meine eigenen Gedanken darlegen, die, wie ich hoffe, nicht dem geringsten Einwand begegnen werden. Mir ist von einem sehr unterrichteten Amerikaner meiner Bekanntschaft in London versichert worden, daß ein junges, gesundes, gutgenährtes einjähriges Kind eine sehr wohlschmeckende, nahrhafte und bekömmliche Speise ist, einerlei, ob man es dämpft, brät, bäckt oder kocht, und ich zweifle nicht, daß es auch in einem Frikassee oder einem Ragout in gleicher Weise seinen Dienst tun wird.

Ich unterbreite also der öffentlichen Erwägung den Vorschlag, daß von den hundertzwanzigtausend Kindern zwanzigtausend für die Zucht zurückbehalten werden; von ihnen soll nur ein Viertel aus Knaben bestehen, was immerhin schon mehr ist, als wir bei Schafen, Hornvieh oder Schweinen erlauben; mein Grund ist der, daß diese Kinder selten die Frucht der Ehe sind, auf die unsere Wilden nicht viel Gewicht legen; und deshalb wird ein Knabe für vier Mädchen genügen. Die übrigen hunderttausend mögen nach ihrem ersten Lebensjahr im ganzen Königreich vornehmen und reichen Leuten zum Kauf angeboten werden: dabei mag man der Mutter raten, die Kinder im letzten Jahr reichlich zu säugen, damit sie für eine gute Tafel prall und fett werden. Ein Kind wird bei einer Freundesgesellschaft zwei Schüsseln ergeben, und wenn die Familie allein speist, so wird das Vorder- und Hinterviertel ganz ausreichen; mit ein wenig Pfeffer und Salz gewürzt, wird es gekocht noch am vierten Tage ganz ausgezeichnet schmecken, besonders im Winter ...

Ich gebe zu, daß diese Kinder als Nahrungsmittel etwas teuer kommen werden; aber eben deshalb werden sie sich sehr für den Großgrundbesitzer eignen; da die Gutsherrn bereits die meisten Eltern aufgefressen haben, so haben sie offenbar auch den nächsten Anspruch auf die Kinder ...

Wer wirtschaftlicher ist (und ich muß gestehen, die Zeiten drängen dazu), kann den Leichnam häuten; die Haut wird, kunstvoll gegerbt, wunderbare Damenhandschuhe und Sommerstiefel für elegante Herren ergeben ...

Ich möchte, daß die Politiker, denen mein Vorschlag mißfällt und die vielleicht verwegen genug sind, eine Erwiderung zu versuchen, zunächst einmal die Eltern dieser Sterblichen fragen: ob sie nicht heute für ein großes Glück halten würden, wenn sie auf die beschriebene Weise im Alter von einem Jahr als Nahrungsmittel verkauft worden wären? So wäre ihnen die ewige Straße des Elends erspart geblieben, die sie seither durch die Unterdrückung der Gutsherren, durch die Unmöglichkeit, ohne Geld und Gewerbe Pacht zu zahlen, durch den Mangel an der alltäglichen Notdurft beschreiten müssen, in der unvermeidlichen Aussicht, auf ewig ihrer Nachkommenschaft das gleiche oder auch noch größere elend zu vermachen.

Ich versichere in der Aufrichtigkeit meines Herzens, daß ich nicht das geringste persönliche Interesse verfolge, wenn ich versuche, dieses notwendige Werk zu fördern, denn ich habe nichts weiter im Auge als das öffentliche Wohl meines Landes; ich will unsere Kinder versorgen, unseren Armen Erleichterung verschaffen und auch den Reichen ein wenig Vergnügen gönnen. Ich selbst habe keine Kinder, durch die ich auch nur einen Heller verdienen könnte. Mein Jüngster ist neun Jahre alt und meine Frau über die Zeit des Gebärens hinaus.

Ökoloreley

Von
Aanund Hylland

Ich weiß ja,
was soll es bedeuten,
Daß ich so traurig bin.
A tale of the short-term future
Is creeping under my skin.

The air is cool, it gets darker.
Polluted flows the Rhine.
The vision of Doom gets starker
Im Abendsonnenschein.

Die schönste Jungfrau sitzet
Dort oben wunderbar
Her message is that of consumption
She pushes it near and far.

She offers the latest products
And sings for you and me
Her song with its wundersamer,
gewaltiger Melodie.

Die Menschen auf kleiner Erde
Are taken in by her lure.
They see just immediate pleasure
And not that it's making them poor.

I fear that our solving the problem
Is taking far too long.
The spirit of modern consumption
Is causing that with her song.

VI. Finanzierung

Geld[1]

Von
Horst Albach

In Marxens Utopien
wird kein Geld mehr verliehen!
Man schaffe, man schaff' ab das Geld!
Doch bis der Staat vergangen,
muß „mehr Geld" man erlangen:
Man raffe nur Geld, man raffe nur Geld!

Mit Keynes gar viele sprachen
der Staat soll Schulden machen!
Man drucke, man drucke nur Geld!
Viel Geld, ihr wißt es alle,
braucht auch die Kassenfalle:
Drum drucket mehr Geld! Und immer mehr Geld!

Milt Friedman ist gar listig,
verlangt nur mittelfristig:
Man schaffe, man schaffe nur Geld!
Seis outside oder innen!
Gurley and Shaw, die spinnen!
Man schaffe nur Geld, man schaffe nur Geld!

Betriebswirte, studieret,
wie's Geld ihr maximieret!
Berechnet, berechnet nur Geld!
Doch braucht es mehr zum Glücke:
Daß nicht den Geist verrücke
Verlangen nach Geld, Verlangen nach Geld!

---

[1] Zu Singen nach der Melodie „Quodlibeticum: Von der Begierd zum Geld" aus der Augsburger Liedertafel.

Die Zahl π
als sozialwissenschaftliche Konstante

Von

Heiner Müller-Merbach

Manche meinen, die Zahl π sei ausschließlich eine naturwissenschaftlich-mathematische Konstante und diene vor allem dem Zweck, an Kreisen, Ellipsen, Kugeln und weiteren Rundungen herumzurechnen, Schwingungen zu analysieren oder gar die Formeln für die Gaußsche Normalverteilung herzuleiten. Neuere Forschungen haben gezeigt, wie falsch diese Meinung ist. Die Zahl π scheint eine viel größere Bedeutung im sozialwissenschaftlichen Bereich zu haben, insbesondere bei der Budgetierung und Finanzierung von öffentlichen Investitionen. Was sollten die Olympischen Spiele 1972 in München kosten? Knapp über 600 Millionen DM. Was haben sie gekostet? Über 1,9 Milliarden DM, also ziemlich genau π-mal so viel.

Die Olympischen Spiele sind kein Einzelfall. Bei zahlreichen öffentlichen Investitionsvorhaben stellt sich zwischen der investierten Summe und der veranschlagten Summe der Faktor π ein.

Sollte einmal der Faktor π wesentlich unterschritten werden, was höchst selten ist, dann liegt das im allgemeinen daran, daß überhaupt keine Planung stattgefunden hat, sondern von vornherein mit freien Schätzungen gearbeitet wurde.

Erreicht ein Projekt den Faktor π regt sich kaum noch ein Mensch auf. Man hat sich nicht nur an den Faktor gewöhnt, sondern es scheint auch eine Art psychologische Gesetzmäßigkeit hinter dieser Zahl zu liegen. Der Volksmund sagt ja auch, man (z. B. der öffentliche Planer) „drehe sich im Kreise", ein deutlicher Hinweis auf die Zahl π.

Gelegentlich wird allerdings der Faktor π erheblich überschritten. Dieses soll beispielsweise beim Klinikum in Aachen der Fall sein. So etwas deutet auf wiederholtes Kreiseln hin, wie es Tänzer zu tun pflegen, Planer aber tunlichst vermeiden sollten. Überschreitungen von π führen im allgemeinen auch zu Beanstandungen der Rechnungshöfe.

Es soll bereits zahlreiche Bundesbürger geben, die von Politikern genannte Projektkosten stets von vornherein mit π multiplizieren. Hat man keinen Taschenrechner zur Hand, so hilft man sich dabei gern mit dem Näherungswert von 22/7 = 3,142857 anstelle von π = 3,141593. Aus 7 Milliarden DM werden also sofort 22 Milliarden DM.

Wegen der Bedeutung von π als sozialwissenschaftlicher Konstante verwundert es auch nicht mehr, daß sie auf vielen Taschenrechnern verfügbar ist, die ansonsten überwiegend für nichtnaturwissenschaftliche Rechnungen konzipiert sind.

Wünschenswert wäre es jetzt nur noch, daß die Bedeutung des Faktors π auch offiziell von der Finanzwissenschaft anerkannt wird und mit der gebührlichen zeitlichen Verzögerung schließlich auch Eingang in die öffentliche Finanzplanung findet.

Die Lust am Geldverdienen ist für die
wirtschaftliche Entwicklung der Welt
ebenso notwendig wie die Lust am Beischlaf
für die Volksvermehrung.

Eugen Schmalenbach

Für Vermögensanlageberater

Von
N. N.

An die Direktionen unserer Niederlassungen

Bitte geben Sie allen Ihren Mitarbeiterinnen und Mitarbeitern von nachstehendem Schreiben Kenntnis.

Im Zuge der sich zuspitzenden Krise der Weltbörsen, von der auch unser Institut nicht verschont geblieben ist, geben wir folgende Weisungen/Ratschläge für Vermögensanlageberater:
1. Wechseln Sie häufig die Fahrtroute zur Arbeitsstelle und zurück. Wenn möglich auch das Fahrzeug bzw. die Straßenbahn.
2. Bleiben Sie nie alleine am Schalter; gehen Sie in der Mittagspause nur in Gruppen aus dem Haus.
3. Achten Sie auf Kunden, die heimlich unter Ihrem Schreibtisch in mitgebrachten Taschen wühlen oder besonders ausgebeulte Manteltaschen haben, insbesondere wenn Seilendstücke oder Schlaufen aus den Taschen hängen. Bei den Kunden könnte es sich um Effektenkreditnehmer handeln, die oft unberechenbar reagieren.
4. Besonders gefährdete Mitarbeiter(innen) sollten ihren Jahresurlaub nehmen oder zumindest durch Bartwuchs/neue Frisuren etc. ihr Äußeres verändern.
5. Bei der Vorbörse „sehr schwach" haben die unter Ziffer 4 genannten Personen eine Schußweste anzulegen (Verteilung erfolgt über Zentral-Orga).

6. Verwenden Sie im Kundengespräch möglichst psychologisch durchdachte Formulierungen wie:
   - ... das habe ich nie gesagt!
   - Sie sind ja selbst schuld!
   - ... ja, wer den Hals nicht voll genug kriegen kann!
   - Irgendwann mußte es ja schief gehen!
   - ... das hat bestimmt mein Kollege gesagt (evtl. mit dem Zusatz: Er arbeitet jetzt bei der Sparkasse).
   Versuchen Sie beim Kunden Hoffnung zu wecken mit Formulierungen wie
   - Hauptsache, Sie sind gesund.
   - Geld ist doch nicht alles im Leben.
   - Es wird auch mal wieder anders. Sie können ja noch Ihr Haus belasten.
7. Werden Sie an freundlichen Tagen nicht unvorsichtig!

Alle übrigen Angestellten sollten auf Feuerlöscher achten, die an den gesehenen Stellen erst kürzlich hängen.

Weiterhin sollten sich alle Angestellten, die *nicht* in der Vermögensanlage beschäftigt sind, deutlich von ihren Kollegen(innen) distanzieren. Entsprechende Aufkleber/Buttons „Aktien – Nein Danke" können über die Orga der jeweiligen Hauptfiliale bezogen werden.

Die Lösung aller Finanzierungsprobleme

Nullkuponanleihen mit unendlicher Laufzeit

Von

Horst Bienert

1. Die Finanzinnovation als Waffe im Wettbewerb

Bekanntlich sind Innovationen ein Weg, sich in einem zunehmend umkämpften Markt wenigstens kurzfristig Pioniergewinne zu sichern. Auf den Finanzmärkten kann es sich heute kein seriöses Kreditinstitut mehr leisten, sein Geschäft ausschließlich auf die Umwandlung von schnöden Einlagen in einfache Kredite zu stützen. Produktentwicklung mit Markenanmutung ist das Gebot der Stunde, Schaffung von Zusatznutzen lautet das Zauberword (buzz word) der neuen Bankiers.[1]

Der Zwang zur Finanzinnovation ergibt sich aus dem magischen Dreieck der Finanzierungspraxis: Der Kreditnehmer möchte seinen Investitionsbetrag I mit möglichst geringen Kosten K finanzieren. Der Anleger möchte auf seinen Sparbetrag S möglichst hohe Erträge E erhalten. Und der Finanzintermediär maximiert seine Gewinne G, mit $G = S - I + K - E$ unter der Nebenbedingung $S >= I$. Die Finanzinnovation dient dem Ziel, diese offensichtlich und transparent von Interessengegensätzen geprägte Situation der Wahrnehmung zu entziehen.[2]

---

1 Vgl. Emil Hörig, Yuppi, Yubbi, Yeti, Baden-Baden 1990.
2 Vgl. Farah Tschador, Marketing by Camouflage, 4. Aufl., Chicago 1983.

2. Erfolgsfaktoren für Finanzinnovationen

Der Wettbewerb um neue und modernere Formen der Finanzierung und des Zahlungsverkehrs findet nicht nur zwischen Kreditinstituten und anderen Finanzdienstleistern statt, sondern stellt sich als dynamischer Prozeß der Ko-Evolution von Instrumenten der Finanzierer[3] und Analysen der Anleger dar, wie sich am Beispiel von Optionsanleihen zeigen läßt:
Genügte die Verknüpfung von festverzinslichen Schuldtiteln mit dem Recht zum Erwerb von Eigenkapitaltiteln zunächst, ihrer Bewertung die wissenschaftliche Basis zu entziehen, wurden bald Modelle entwickelt, die auch solche Instrumente einer rationalen Analyse zugänglich machten und damit zur Entwicklung weiterer, komplexerer Finanzinnovationen zwingen.

Das Geheimnis einer Finanzinnovation ist keineswegs ausschließlich der Verwirrungseffekt. Dieser darf auch von den Adressaten nicht als Verwirrung, sondern muß als Zusatznutzen wahrgenommen werden. Die Pioniergewinne des Innovators basieren auf dem Glauben des Kunden, einen besonderen Vorteil zu erhalten.

Eine Meisterleistung der Finanzwirtschaft ist in diesem Zusammenhang die Kreditkarte, bei der nicht nur die Beteiligten von ihrem Vorteil überzeugt sind, sondern dies möglicherweise sogar zu Recht, da ein Teil der Kosten über die Preise der Produkte auf die Barzahler abgewälzt werden kann.

3. Zielkriterien einer idealen Finanzinnovation

Geht man vereinfachend von den drei Interessentengruppen Kapitalnachfrager, Kapitalanleger und Finanzamt aus, so erfüllt

---

3 Heute auch oft unter Umgehung der Kreditinstitute, vgl. Michael Bank, Holzbank, Sandbank, Spielbank – was bleibt sonst?, in: Konstantin Wendel (Hrsg.), Die Bank im Wandel, Kandel 1987.

eine für Kapitalnachfrager und Kapitalanleger optimale Finanzierung folgende Merkmale:
- Die Finanzierungskosten (K/I) betragen Null.
- Der steuerliche Ertrag (E/S) beträgt ebenfalls Null.
- Der Marktwert des Titels übersteigt Null.

Ein Finanztitel, der diesen Ansprüchen genügte, könnte zu Recht als finanzierungstechnische Antwort auf die jahrhundertealte Frage nach dem Perpetuum Mobile bezeichnet werden.[4] Im folgenden soll ein solcher Finanztitel vorgestellt und analysiert werden.

4. Die ewige Rente als Vorläufer der Geldpumpe

Die ewige Rente ist eine Schuldverschreibung, bei der formell keine Rückzahlung des gezahlten Betrages erfolgt. Allerdings wird über die gesamte (unendliche) Laufzeit ein fester Zinssatz auf den Nennwert ausgezahlt. Der scheinbare Nachteil für den Gläubiger wird allerdings durch einen entsprechenden Kursabschlag bei der Emission kompensiert, so daß der Wert der ewigen Rente sich an die abgezinsten zukünftigen Auszahlungen anpaßt. Damit wird aber auch der scheinbare Vorteil für den Schuldner, der Verzicht auf die Tilgung, aufgehoben. Es sei angemerkt, daß Anleihen mit unendlicher Laufzeit auf den Kapitalmärkten selten geworden sind.[5]

Hauptproblem der ewigen Rente ist die Pflicht zur Auszahlung von Zinsbeträgen. Für eine Heilung dieses Mangels bietet sich die Kombination mit einem anderen Finanzierungsinstrument an, nämlich der Nullkuponanleihe, auch Zero-Bond genannt. Bei der

---

4 Im Zusammenhang mit Finanzmärkten spricht man auch von „Dutch Books" oder Geldpumpen (nicht zu verwechseln mit dem populären Ausdruck „Geld pumpen", obwohl die Ähnlichkeit nicht nur phonetischer Natur ist).
5 Matthias Ende, Das Ende der Unendlichen – Ewige Renten und Staatsbankrott, unveröffentlichte Habilitationsschrift, München 1966.

Nullkuponanleihe wird ein fester Rückzahlungsbetrag garantiert, aber Zinszahlungen finden vor dem Fälligkeitsdatum nicht statt. Die Verzinsung erfolgt über den Verkauf zu einem unter dem Rückzahlungsbetrag liegenden Preis.

5. *Nullkuponanleihen mit unendlicher Laufzeit*

> Die Bundesrepublik Deutschland,
> vertreten durch die Deutsche Bundesbank,
> Frankfurt/Main
> bietet an:
> Bundesschuldverschreibungen Typ Z/U („Zero/Unendlich")
> Nullkuponanleihen mit unendlicher
> durchschnittlicher Laufzeit
> im Gesamtwert von DM 50 000 000 000
> in einer Stückelung von DM 10.
> Effektive Stücke sind nicht lieferbar.
> Die Zuteilung erfolgt zum eingereichten Gebot
> (amerikanischer Tender).
> Die Laufzeit beginnt am 1. 4. 1992. Die Rückzahlung erfolgt nach Auslosung für 50 % der jeweils umlaufenden Stücke nach jeder Verdoppelung der Laufzeit zum 31.3., erstmals zum 31. 3. 1994, danach 1996, 2000, 2008 usw. ...

Die Nullkuponanleihe mit unendlicher Laufzeit erweist sich als der ideale Kompromiß zwischen den verfolgten Zielen. Teile der NEPP[6]-Emission werden während der Laufzeit zurückgezahlt, da anderenfalls das Interesse der Anleger an einer angemessenen Rendite verletzt wäre.

Trotzdem ergibt sich eine unendliche Durchschnittslaufzeit: 50 % des Betrages werden nach 2 Jahren ausgezahlt, 25 % des Be-

---

[6] Auf den internationalen Kapitalmärkten hat sich die Bezeichnung als Never-Ending Payback Papers (NEPP) durchgesetzt.

trages nach 4 Jahren, 12,5 % nach 8 Jahren usw. ad infinitum. Daraus ergibt sich die Berechnung $0{,}5 \cdot 2 + 0{,}25 \cdot 4 + 0{,}125 \cdot 8 + \ldots$, oder $1 + 1 + 1 + \ldots$, also Unendlich.

Da das Kapital niemals vollständig zurückgezahlt wird, bleibt immer ein kleiner Finanzierungseffekt erhalten. Bezieht man die endlichen Rückzahlungsbeträge über die gesamte Laufzeit als Kapitalkosten auf das Produkt aus durchschnittlich gebundenem Kapital und durchschnittlicher Kapitalbindungsdauer, so ergeben sich Kapitalkosten für den Emittenten von Null.

$$\text{Kapitalkosten} = \frac{\text{Auszahlungen (endlich)}}{\text{Gebundenes Kapital (positiv)} \cdot \text{Laufzeit (unendlich)}} = 0$$

Dem Anleger andererseits gibt die Konstruktion der NEPP-Anleihe gute Argumente für die Steuererklärung. Im Gegensatz zu normalen Nullkuponanleihen, bei denen die Kurssteigerung als fest eingeplanter Ertrag mit Zinscharakter steuerpflichtig ist, ist die Wertentwicklung der NEPP-Bonds mindestens ebenso dem Zufall unterworfen wie die von Aktien und daher steuerfrei. Aus diesem Grunde läßt sich auch der gesamte gezahlte Betrag als drohender Verlust aus schwebenden Geschäften passivieren. Es wird leicht sein, den Standpunkt zu vertreten, daß ein Titel, der endliche Zahlungen über einen unendlich langen Zeitraum verteilt, durchschnittlich keinen Wert haben kann.

Neben der Steuerersparnis hat die Anleihe aber auch noch einen positiven Kurswert, der sich (in Abwesenheit von Finanzbeamten) durch die 50 %-Chance, innerhalb von zwei Jahren den vollen Nennwert des Titels zu erhalten, ergibt. Immerhin addieren sich die insgesamt zu erwartenden Zahlungen zu einem Betrag auf, der bei entsprechend langem Planungshorizont beliebig nahe am Nennwert liegt. Solange der persönliche Steuersatz höher liegt als der aufgrund der Abzinsung dieser erwarteten Zahlungen erforderliche Abschlag, lohnt sich für den Anleger der Erwerb der NEPP-Anleihe sogar zu pari.

6. *Patentschutz*

Finanzinnovationen sind nicht patentierbar. Angesichts der engen Verwandtschaft der unendlichen Nullkuponanleihe zum lange gesuchten Perpetuum Mobile hat das Deutsche Patentamt einer unbefristeten Patentierung dieser Innovation jedoch zugestimmt. Bei der Emission einer NEPP-Anleihe sind daher Lizenzgebühren in Höhe von einem Zehntel des Durchschnitts aus Diskontsatz und FIBOR-Satz auf den Nennbetrag der Emission an den Autor abzuführen.

Gestörter Geldverkehr

Student der Wirtschaftswissenschaft telegraphiert
an seinen Vater: „Wo bleibt Geld?"
Vater telegraphiert an Sohn: „Hier."

Arno Sölter

In GB und USA:
Sohn telegraphiert Vater:
„No mon', no fun, your son."
Vater telegraphiert zurück:
„That's bad, too sad, your Dad."

gefunden von Erwin Dichtl

Ethik bei Insidern

Von
Hans Lenk

Glücklicherweise hat die Wirtschaft ein paar Möglichkeiten entdeckt, das gegenwärtig grassierende Ethikfieber („Unternehmensethik" usw.) zu nutzen. Nicht nur schrieb „The Economist", Ethik sei eine Wachstumsindustrie geworden, sondern in einer amerikanischen Fernsehsendung antwortete ein führender Investment-Banker auf die Frage, ob es für Ethik im heutigen Geschäftsklima Raum gebe, überzeugt mit „ja" und zeigte einen mit versteckter Kamera aufgenommenen Film über ein Wallstreet-Geschäftstreffen zweier Insider beim sogenannten Insider-Trading:

„Jim, ich brauche einige Insider-Informationen über den Reamco-Ankauf. Könnten 250.000 $ drin sein, Freundchen." „Nein, Stan, kann nicht. Diese Information ist vertraulich." „Wie ist es mit 400.000 $?" „Du verstehst mich nicht, Stan, es ist illegal. Wichtiger noch: es ist falsch, ich könnte nicht damit leben." „Ok, 500.000 $" „Zuschlag (deal)."

Kommentar des Moderators: „Ethics – a powerful negotiating tool!"

VII. Rechnung

Could Decision Analysis Have Saved Hamlet?

By
Desmond Graves and David Lethbridge

1. Introduction

Some of the recent literature on the subject has been extremely modest concerning the use of decision analysis. Possibly too modest, because if we apply this tool to famous historical or literary situations we can gain valuable insights into the methods by which these decisions might have been improved. We have chosen to analyse the speech ‚To be or not to be' from Act III, Scene i, of Shakespeare's play Hamlet because in so doing we may gain insights into what it is that *stops* people from deciding. In this speech Hamlet contrasts thought with action, and argues that

> the native hue of resolution
> Is sicklied o'er with the pale cast of thought,
> And enterprises of great pith and moment
> With this regard their currents turn awry,
> And lose the name of action.

For those unfamiliar with the plot of Hamlet, we give now a brief résumé in so far as it affects our analysis. The object of the analysis is to demonstrate from the facts of the text that Hamlet could have known what to do. The tragedy is then clarified for we can say: analysis clearly indicated that Hamlet should have acted in a certain way, although we can still sympathize with him in his failure to act. Briefly then, Hamlet has been told by his father's ghost that he died by the hand of Hamlet's uncle, the King's brother Claudius, and not of natural causes as had been popularly supposed. The ghost swears Hamlet to avenge him. Hamlet however lacks evidence so he prepares a reconstruction of the crime, hoping to get Claudius to give himself away. This he does but still Hamlet hesitates to strike without tangible evidence. In the end the leadership of the state of Denmark is wiped out by his inaction, for Claudius is killed as well as the Queen, the Lord Chancellor and, of course, Hamlet himself. The question is, could Hamlet have avoided such disaster (which he certainly did not intend) by the judicious use of decision analysis combined with probability theory?

2. Hamlet and Decision Analysis

We think he could, and we cite his speech in Act III, Scene i, beginning, ,To be or not to be' as our main piece of evidence (Appendix). The alternative courses of action listed in that speech are

1. Continuing to exist, and
2. Committing suicide.

Hamlet sees various possible outcomes associated with each alternative. For instance, continued existence will probably be unpleasant, whereas suicide may entail everlasting torment.

After further study of the text we may attempt to assign subjective utilities to the outcomes. If we adopt a five-point scale ranging from +2 through zero to –2 when each unit of utility is worth an identical amount, we may say that absolute death, being ,devoutly to be wished' would rate +2, while the horror of purgatory must be equally unpleasant and so valued at –2. Staying alive is slightly preferred to going to purgatory, and thus merits –1. Lines 78 – 82 read, in part:

... the dread of something after death,
... puzzles the will,
And makes us rather bear those ills we have,
Than fly to others that we know not of.

As to probabilities, Hamlet assumes that to live is to suffer and therefore we may assign a probability of 1 to this. The key question then arises: what does he mean by ‚Perchance to dream'? (1.65).[1] The chance of dreaming, i. e. dying and going to purgatory and eternal torment, is the only other possible outcome to compare with the chance of dying and resting in peace.

To die, to sleep:
To sleep: *perchance to dream*:[2] ay, ther's the rub.

(64, 65)

Therefore to each of these possible outcomes must be assigned probabilities that add up to 1.

It is here that decision analysis should help us understand the working of Hamlet's mind, and his subsequent action. First, we know that, in fact, Hamlet did not commit suicide and, therefore, the upper branch of the tree in figure 1 should be preferable.

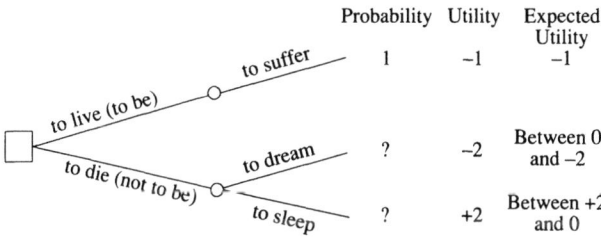

Figure 1: Expected utility of problem, as Hamlet sees it

We may examine values of the word ‚perchance' which help us to understand Hamlet's subsequent behaviour. If ‚perchance' me-

---

[1] Line references are to the Complete Oxford Shakespeare, Oxford: Oxford University Press, 1943.
[2] Authors' italics.

ans ‚randomly', then with a 50/50 chance of dreaming and sleeping the value of the lower branch is zero and ‚not to be' (i. e. the alternative ‚to die') is preferred. This would not justify Hamlet's staying alive and this interpretation must therefore be rejected. If there is a 75/25 chance of ‚dreaming' then the value of the lower branch – the decision ‚not to be' – is equal to the value of the decision ‚to be' $((0 \cdot 75 \text{ x } -2) + (0 \cdot 25 \text{ x } +2))$ and indecision must result. If we assume that Hamlet wishes to maximize his expected utility, we may conclude that in Hamlet's eyes the chances of ‚dreaming' were very great, perhaps eight chances out of ten.

It is interesting that nowhere in this speech does Hamlet mention a third alternative course of action: ‚kill Claudius'. This is perhaps due to the psychological fact that killing is not a primary issue with him: here, decision analysis could have come to Hamlet's aid, since he would have been obliged to systematically list all the alternative causes of action. Killing Claudius will be followed by two possible consequences; either Hamlet will succeed to the throne, or be assassinated in the attempt by those officials whose job it is to protect the King. This gives us a richer decision tree and two more problems – what probability to assign to the new ‚branch' with its possible outcomes of ‚kill and then reign' and ‚kill and be killed'? We have shown that Hamlet's estimation of the chances of purgatory were at least 3 in 4, so we can fill in the lower part of the tree accordingly. This is done in figure 2.

Now we must assign numbers to the outcome following the ‚kill Claudius'alternative, in keeping with the text. A difficult problem is the likelihood of Hamlet's surviving the murder of Claudius. We must search the text more widely to find the answer to that question. Two pieces of evidence seem to help. The first is Claudius' own assessment of Hamlet:

> How dangerous is it that this man goes loose.
> Yet must not we put the strong law on him:
> He's loved of the distracted multitude,
>
> (Act IV, Scene iii, 11, 2–4)

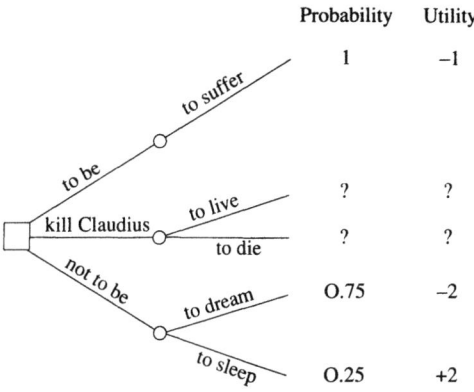

Figure 2: Decision tree amended to include a third alternative

The second is circumstantial, the fact that when Hamlet actually did kill the King, no one lifted a hand to arrest him – they just cried ‚Treason! Treason!' (V, ii, 337) and the King's appeal (in line 338) elicited no response. Let us hence assume that Hamlet's chances of curvival are better than evens; that there is a probability of 60 per cent that he will not be assassinated when he kills the King.

So far as the first outcome (‚to live') is concerned the speech gives us some help in quantifying the payoffs (i. e. the utilities) for it lists seven reasons why the ‚to be' strategy is unpalatable. These are:

1. the whips and scorns of time
2. the oppressor's wrong
3. the proud man's contumely
4. the pangs of dispriz'd love
5. the law's delay
6. the insolence of office
7. the spurns that patient merit of the unworthy takes.

191

If we assume that the list is exhaustive and adds up to his definition of ‚to suffer' then we must conclude that the disutility of living, for Hamlet, once he has succeeded to the throne, is less than the -1 value that we have attributed in the top branch, because some at least of the disadvantages would not attach to the role of the King!

A King would suffer ‚the whips and scorns of time' like any other human being, but he would hardly be likely to suffer ‚the oppressor's wrong', ‚the proud man's contumely', ‚the law's delay', ‚the insolence of office' and least of all ‚the spurns that patient merit of the unworthy takes'. We have omitted ‚the pangs of dispriz'd love' since it is quite possible that Hamlet would be too much of a gentleman to force Ophelia to marry him against her wishes, and with Polonius dead she may conceive it her duty not to marry her father's murderer. Be that as it may: only two of the seven objections to living remain, and assuming that there are no positive utility factors involved in being King and that the seven negative reasons have equal value, we may reduce the disutility by $5/7$ to $-0 \cdot 285$.

Turning now to the second possible outcome, to kill Claudius and then be killed in turn, we can state that regicide (killing a King) is clearly unrighteous if Claudius is not guilty of murder. So if Hamlet is himself assassinated in turn, he will go to purgatory – with its adverse utility of -2. And against those who object that Hamlet, even King Hamlet, is bound to die in the end and thus go to purgatory we would argue that the intervening years will provide Hamlet with time for amendment of life, so that we can no longer rely upon the certainty of full expiation being necessary, if he kills the King and gets away with it. We thus complete our tree as in figure 3, using the probabilities for the ‚not to be' branch which demonstrates Hamlet's actual preference for survival.

The inference from figure 3 must be that, given the likelihood of going to purgatory to atone for the murder of his uncle, he might do better in doing nothing, since the expected utility of the ‚be'

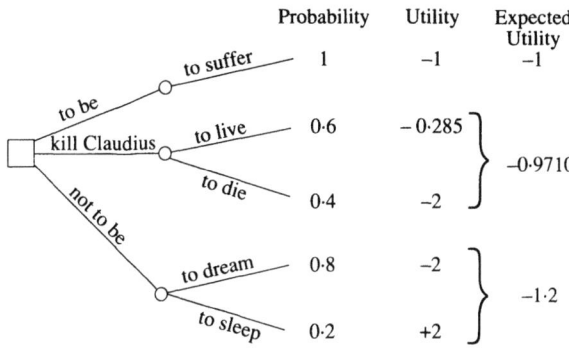

Figure 3: Decision tree assuming killing is unrighteous, i.e. utility of –2

branch is almost the same as that of the ‚kill' branch. However, all things considered, we cannot advise Hamlet to remain inactive since there is a strong likelihood of his being killed by his uncle, who resents his presence together with his continuing hold on his mother. What Hamlet needs is information which will enable him to predict the likelihood of his own survival.

The respectable firm of Rosencrantz and Guildenstern et Frères has already obtained some valuable murder research information. They had commissioned a group of strolling players to perform a play throughout Denmark in which a King is killed by having poison poured into his ear, with the murderer subsequently marrying the Queen and becoming the new King. The murdered King's son (the Prince) later kills this usurper. After the play the spectators were asked to complete a questionnaire: If this event were to take place, would you take steps to kill or to defend the prince? Are you a noble or a peasant?

R. and G. Frères have constructed a table of their results as follows, and have shown this to Hamlet. It demonstrates how the outcomes (kill Prince or support Prince) varied according to the type of audience. For instance, 60 per cent of those who would kill Hamlet turned out to be nobles (see table 1).

Table 1: Outcomes varied according to the type of audience

Action	Audience type	
	Noble	*Peasant*
Kill Prince	0.6	0.4
Support Prince	0.5	0.5

Hamlet has been asked by R. and G. Frères whether he would like some more specific market research carried out. They have offered to find out whether those surrounding the King will be basically nobles or peasants on any particular day. Hamlet is popular

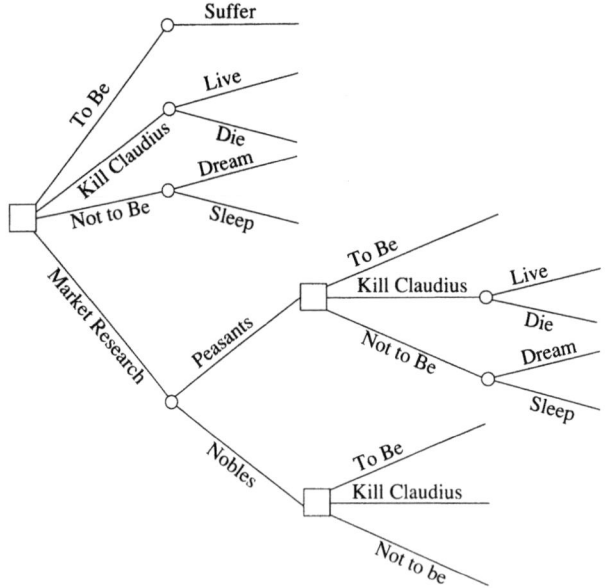

Figure 4: Decision tree with market research alternative

with the lower classes and they would be pleased to have him rule them: the nobles, on the other hand, are subservient to Claudius and would not scruple to kill the Prince.

To answer the question, should Hamlet commission this information, we need to first show this new alternative on our decision tree, shown in figure 4.

What is the probability that Hamlet himself will be killed if he decides to kill Claudius when the peasants are filling the palace? To determine this Hamlet could make some assumptions and use Bayes' theorem, which is a calculation whose theological implications are said to have so astounded the Reverend Thomas Bayes that he felt unable to authorize publication during his own lifetime. What Hamlet has the opportunity to do is to revise his previous assessment of his chances of living through the assassination of his stepfather, if he knows that either nobles or peasants are to be present (and these classes are assumed never to mix!).

Using Bayes,[3] the probability that Hamlet will be killed if he decides to kill Claudius when the peasants are filling the palace is 34.8 per cent, i. e. a probability of 0.348. Conversely, he has a 0.652 probability of surviving in the situation. What is the probability that Hamlet will be killed if he decides to kill Claudius when the nobles are surrounding the King? The answer is 0.445.

Using these results in our diagram, we find Figure 5.

In this case, if research shows that peasants would be present he would go ahead and kill Claudius. If it indicated nobles would be around, Hamlet should carry on with ,being', making no attempt on either Claudius' or his own life. Of course, we have ignored the possible costs of this market research exercise, which may well be incurred because it involves Hamlet (a noble) trading with the peasants (R. and G. Frères). We could use Decision Analysis to estimate exactly how much Hamlet could afford to pay (in disutility terms), and still find such market research worthwhile.

---

3   Aigner, D. J., Principles of Statistical Decisions-making, London: Macmillan, 1968.

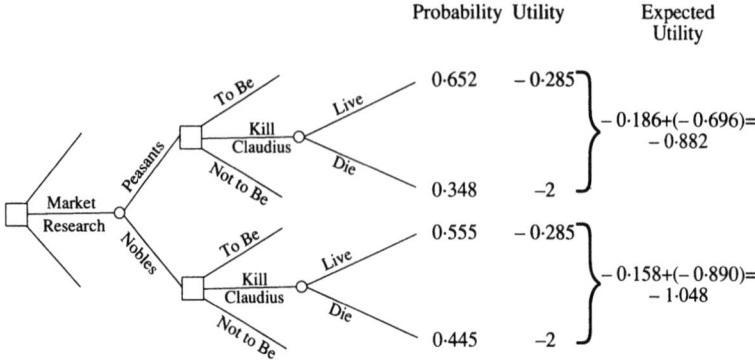

Figure 5: The market research alternative

3. Conclusion

We have chosen in this article to analyse the behaviour of one of the most famous characters of the English drama. It is a tribute to Shakespeare that quasi-mathematical methods serve only to underline the fine balance of probabilities with which Hamlet is faced. It is only when we introduce an element of pragmatism – a skill born not of education but of laziness – that we are able to ‚help' Hamlet. We also reinforce Simon's view that a man satisfices because he has not the wits to maximize[4]. Supposing, however, that the man can maximize – and sees things black and white, instead of grey, like Hamlet? To examine this proposition we can take another dramatic character – Alceste in ‚le Misanthrope' by Molière. In our next article we shall therefore compare the needs of the British-type decision-maker who is a constitutional vacillator, with those of a French-type decision-maker, the temperamental logician.

4 Simon, H. A., Administrative Behavior, New York, Macmillan, 1961 – page xxiv of the second edition.

4. Appendix

Ham. To be, or not to be: that is the question: 56
Whether 'tis nobler in the mind to suffer
The slings and arrows of outrageous fortune,
Or to take arms against a sea of troubles,

And by opposing end them? To die: to sleep; 60
No more; and, by a sleep to say we end
The heart-ache and the thousand natural shocks
That flesh is heir to, 'tis a consummation

Devoutly to be wish'd. To die, to sleep; 64
To sleep: perchance to dream: ay, there's the rub;
For in that sleep of death what dreams may come
When we have shuffled off this mortal coil,

Must give us pause. There's the respect 68
That makes calamity of so long life;
For who would bear the whips and scorns of time,
The oppressor's wrong, the proud man's contumely,

The pangs of dispriz'd love, the law's delay, 72
The insolence of office, and the spurns
That patient merit of the unworthy takes,
When he himself might his quietus make

With a bar bodkin? who would fardels bear, 76
To grunt and sweat under a weary life,
But that the dread of something after death,
The undiscover'd country from whose bourn

No traveller returns, puzzles the will, 80
And makes us rather bear those ills we have
Than fly to others that we know not of ?
Thus conscience does make cowards of us all;

And thus the native hue of resolution 84
Is sicklied o'er with the pale cast of thought,

And enterprises of great pith and moment
With this regard their currents turn awry,

And lose the name of action. Soft you now!
The fair Ophelia! Nymph, in they orisons
Be all my sins remember'd.

Unkosten = Kosten?

Von
Otto H. Jacobs

Die Verwendung des Wortes Unkosten führt dazu, daß man insbesondere von betriebswirtschaftlichen Kollegen recht unfreundlich angegangen wird. Man müsse doch wissen, daß Unkosten auch Kosten seien und daß es den Unkostenbegriff nicht gebe. Eine Expertenkommission, die daraufhin eingesetzt wurde, kam zu anderen Ergebnissen. Zunächst einmal wurde festgestellt, daß der Unkostenbegriff aus dem Mittelalter stamme und dort für bestimmte Steuern verwandt worden sei, die als besonders unfreundlich empfunden wurden (Getränkesteuer). Auch wurde eingewandt, daß die einfache Übertragung, das vorgeschaltete „Un" drücke das Gegenteil des nachfolgenden Bezugswortes aus, zu einfach sei. So möge es zwar richtig sein, daß die Ungerechtigkeit das Gegenteil von der Gerechtigkeit darstelle, daß aber doch Unwetter auch eine Art von Wetter sei. Die Kommission vertagte sich nach diesen Feststellungen und mußte erneut zusammengerufen werden. Freilich kam diese Sitzung nicht zustande, weil sie zur Unzeit angesetzt war, was natürlich zu der Frage führte, ob die „Unzeit" außerhalb der Zeitdimension liegen könne. Auch dies wird in der Expertenkommission geklärt werden müssen.

Vollends verworren wird freilich die Situation dadurch, daß einer der Experten aus Ungarn stammt, so daß die Kommission sich zunächst mit der Frage beschäftigen muß, ob Ungarn eigentlich das Gegenteil von Garn darstellt.

Das Diplom-Examen

Von
Heiner Müller-Merbach

Ein Student kommt nach seiner Diplom-Prüfung nach Hause und wird erwartungsvoll von seiner Familie empfangen. „Wie ist es denn ausgegangen? In welchen Fächern hast Du bestanden?", wollten alle wissen.

Der Student, der sich einerseits nicht traute, die Wahrheit direkt zu sagen, und der andererseits zeigen wollte, wie gewitzt er sei, antwortete wie folgt:„Ich will es Euch so erklären:
- Wenn ich in OR bestanden habe, dann bin ich entweder in Mathematik durchgefallen oder habe in Informatik Erfolg gehabt.
- Wenn ich aber in Informatik bestanden habe, dann habe ich auch in BWL bestanden.
- Sollte ich in Informatik durchgefallen sein oder in OR bestanden haben, dann hat es in Mathematik nicht gereicht.
- Falls ich OR vermasselt habe, dann habe ich auch BWL vermasselt.
- Wenn es in Mathematik nicht geklappt haben sollte, dann waren die Leistungen in OR und in BWL ebenfalls nicht ausreichend.

So, nun wißt Ihr, wie erfolgreich meine Examensleistungen waren."

Die Familie war ob dieser gelehrten Darstellung der Examensleistung sicher, daß er in allen Fächern erfolgreich war. Keiner hätte sich auch an die schwierige Aufgabe herangewagt, die Information aus diesen fünf Sätzen aufzulösen. Wie sollten sie, da sie weder OR noch Mathematik noch Informatik noch BWL studiert hatten. Also wurde kräftig gefeiert, nachdem man dem vermeintlichen Jungakademiker herzlichst und aufrichtig gratuliert hatte.

Am nächsten Tag war unser Student allerdings ein wenig traurig. Warum wohl?

Des Rätsels Lösung

Unser Student von der vorherigen Seite hatte vielleicht gar nicht in allen Fächern eine erfolgreiche Prüfung hinter sich gebracht. Das mag der Grund für seine Traurigkeit gewesen sein. Wie kann man der Lösung des Rätsels auf die Spur kommen? Für unsere OR-Leute bietet sich die lineare Planungsrechnung an, die Wunderdroge des OR. Mit den Variablen MATH, INF, BWL und OR sei ein LP-Ansatz aufgestellt. Diese Variablen seien gleich Null, falls das Fach bestanden ist, anderenfalls gleich Eins.
Die fünf Aussagen des Studenten lassen sich nun wie folgt formulieren:

- Erste Aussage: MATH + (1 − INF) ≥ (1 − OR) oder
  MATH − INF + OR ≥ 0
- Zweite Aussage: INF ≥ BWL
- Dritte Aussage: MATH ≥ INF
  MATH ≥ (1 − OR)
- Vierte Aussage: BWL ≥ OR
- Fünfte Aussage: BWL ≥ MATH
  OR ≥ MATH

Diese Ungleichungen lassen sich in dem folgenden Simplex-Tableau zusammenfassen:

MATH	INF	BWL	OR	
1	-1		1	≥ 0
	1	-1		≥ 0
1	-1			≥ 0
1			1	≥ 1
		1	-1	≥ 0
-1		1		≥ 0
-1			1	≥ 0

Zusätzlich kann man noch die einzelnen Variablen nach oben mit 1 begrenzen. Ferner kann man, wenn man will, eine beliebige Zielfunktion hinzufügen. Zwar gilt für die Variablen die Ganzzahligkeitsbedingung. Sie spielt hier praktisch insofern keine Rolle, als das Simplex-Verfahren automatisch auf eine ganzzahlige Lösung führt. Sie lautet:

MATH = 1
INF = 1
BWL = 1
OR = 1

Das bedeutet, daß unser armer Student tatsächlich in allen vier Fächern durchgefallen ist. Das ist eigentlich schade bei einem so genialen Nachwuchswissenschaftler. Aber vielleicht hat er noch die Chance, in einer Wiederholungsprüfung alles zum Guten zu wenden. Jedenfalls ist der Grund für seine Traurigkeit offenbar.

Ehegleichgewichtskalkulation

Von
Wolfgang Lücke

1. Einleitung

Der Stand der wissenschaftlichen Forschung auf dem Gebiet der Investitionsrechnung ist vielfach literarisch dokumentiert worden. Ein Bereich der Investitionsrechnung ist dabei überhaupt nicht zur Diskussion gekommen: Die Eheschließung als Investitionsvorgang. Welche Bedingungen müssen vorliegen, damit Herr x und Fräulein y heiraten und einen Hausstand gründen? Die von einer solchen Entscheidung betroffenen Eltern und Schwiegereltern tappen dabei oft im Dunkeln. Die Betriebswirtschaftslehre vermag – wie in vielen anderen Fällen – zur Frage „heiraten, ja oder nein" Lebenshilfe auf rein rationaler Basis gewähren. Dabei geht dieser Zweig der Wirtschaftswissenschaften von der Vorstellung eines stabilen Gleichgewichtes zwischen den Ehepartnern aus. Der Leser dieses Beitrages mag selbst den Versuch unternehmen herauszufinden, wie das nachfolgende Modell gestaltet werden muß, wenn in der Ehe ein nur labiles Gleichgewicht vorzuliegen braucht.

2. Geld und Geldströme in der Ehe

Die erste Phase einer sogenannten Ehegleichgewichtskalkulation mit dem Instrumentarium der dynamischen Investitionsrechnung ist quantitativer Natur. Eine Ehe kann ohne Geld weder gegründet noch erhalten werden. Alle gegenteiligen Beteuerungen sind falsch; von „Luft und Liebe" kann niemand existieren. Von „Ehen, die im Himmel geschlossen werden", weiß niemand, ob dort überhaupt eine Währung existiert und wenn ja, welche Ausprägung sie hat. Natürlich ließe sich die Ehegleichgewichtskalkulation nicht nur in gängigen harten oder weichen Währungseinheiten, sondern auch in ausgefalleneren Dimensionen wie Anzahl Ziegen, Kaurimuscheln, Arbeitsstunden des Ehemannes (der Ehefrau) bei seinen (ihren) Schwiegereltern oder dergleichen aufstellen.

Der Gründungsakt einer Ehe benötigt Geld und in Geldbewertete Sachgüter. Mit Gründungsakt wird alles das bezeichnet, was dem Aufbau eines Haushaltes dient, aber auch die notwendigen Formalien zur Eintragung in das Ehestandsregister. Meistens ist eine Ehestandsgründung eine Kombination von Bar- und Sachgründung, allerdings mit den Problemen der beiderseits einvernehmlichen Bewertung von Sacheinlagen; denn es besteht hier – wie auch bei Unternehmensgründung – der unstillbare Drang der Eltern und Schwiegereltern, Sachgüter, welche sie aus verschiedenen Gründen beim jungen Paar „loswerden" wollen, zu überhöhten Werten in die Ehegleichgewichtskalkulation einzubringen.

Weiter ist Geld für den laufenden Betrieb der Ehe, das heißt, für Nahrung, Wohnung, Bekleidung und Kinder-Aufziehen notwendig. Alle die dafür notwendigen Geldmittel müssen beigebracht werden durch Herrn x, durch Fräulein y, die spätere Ehefrau yx, oder durch beide. Es wird davon ausgegangen, daß Fräulein y als emanzipierte Dame ihren Geburtsnamen beibehalten möchte und also dann yx heißt.

3. Die Planungselemente

Die zukünftigen Ehepartner müssen in der Ehegleichgewichtskalkulation die erwartete Dauer der Ehe prognostizieren; beispielsweise können sie eine silberne, goldene oder diamantene Hochzeit anstreben. Im nachfolgenden Beispiel soll die erwartete Dauer der Ehe $t = 30$ Jahre betragen (geplante Ehedauer). Komplizierte Fragen, die sich beispielsweise aus einem Ehedauer-Lebenszyklus ergeben, werden hier ausgeklammert; damit entfällt das Problem, wann auf die erste Eheschließung eine zweite, innovierte Ehe ihren Lebenszyklus beginnt. Sind Folgeehen zu erwarten, dann liegt ein der Investitionskette vergleichbares Modell vor mit zumeist nicht identischen Gliedern. Es wird hier nicht untersucht, wie sich die optimale Ehedauer für jedes Kettenglied bestimmt. Es ist trivial zu sagen, bei großer (geringer) Liebe der Ehepartner und bei wenigen (vielen) externen Versuchungen muß eine lange (kurze) Lebensdauer unterstellt werden.

Herr x besitze ein mäßiges Bar- und Sachvermögen e_0 zum Zeitpunkt der Ehegründung t = 0. Er hat jedoch eine aufgrund von Ausbildung, Weiterbildung und Erfahrung gewisse Leistungskraft, die sich in dem jährlichen Nettoeinkommen e_1 bis e_{30} niederschlägt. Somit läßt sich folgende Diskontierungsreihe aufstellen:

$$E = \frac{e_0}{q^0} + \frac{e_1}{q^1} + \frac{e_2}{q^2} + \ldots + \frac{e_{30}}{q^{30}}. \qquad (1)$$

Die jährlich erwarteten Nettoeinkommen werden diskontiert mit $q^{-t} = 1:(1+i)^t$. Darin ist i der Kalkulationszinssatz. E_x ist somit das gegenwärtige Nettoeinkommen des Herrn x für die geplante Dauer der Ehe von 30 Jahren. Aus der praktischen Erfahrung ist bekannt, daß ein hoher Barwert E_x Damen geneigter macht, sich zur Ehe mit Herrn x zu entschließen.

Für Fräulein y, die kraft Rechtsakt und mit dem Segen der Kirche Frau yx geworden ist, muß in ähnlicher Weise eine Diskontierungsreihe mit dem Barwert F_{yx} aufgestellt werden. Zweckmäßigerweise wird zu bedenken sein, daß beispielsweise im 2. Jahr und im 5. Jahr je ein Kind geplant wird; dann wird zu prüfen sein, wie sich dies auf f_2 und f_5 auswirkt; denn die Ehefrau yx wird in diesen Jahren keine Arbeit gegen Entgelt f verrichten können oder wollen. Wenn Frau yx die Last der Haushaltsarbeit, was sie sicherlich beklagen wird, allein zu tragen hat, weil Herr x, ein „Macho-Typ", dies nicht seiner Würde gemäß ansieht, dann sollte ein Haushaltsverrechnungseinkommen (fiktives Einkommen) h_1 bis h_{30} angesetzt werden. Dabei soll hier nicht unterschieden werden, inwieweit Frau yx dispositive oder ausführende Arbeit verrichtet. Somit ist F_{yx} bei einem Geldanfangsbestand f_0 von Frau yx wie folgt:

$$F_{xy} = \frac{f_0}{q^0} + \frac{f_1}{q^1} + \frac{f_2}{q^2} + \ldots + \frac{f_5}{q^5} + \ldots + \frac{f_{30}}{q^{30}} + \frac{h_1}{q^1} + \ldots + \frac{h_{30}}{q^{30}}. \quad (2)$$

F_{yx} ist der Barwert aller zukünftigen tatsächlichen Einkommenunternehmen f_1 bis f_{30} und aller zukünftigen Verrechnungseinkommen h_1 bis h_{30} für Hausarbeit unter Berücksichtigung des Geldanfangsbestandes f_0.

Schließlich können Herr x und die zukünftige Frau yx gemeinsam initiierte Einzahlungen und Auszahlungen auslösen, die dann beiden je zur Hälfte zugute kommen oder angelastet werden. In diesem Falle wird darauf verzichtet, diese Geldströme in dem Kalkül aufzunehmen, da sie den Vergleich nicht beeinflussen.

4. Die Ehegleichgewichtsbedingung

Das Ehegleichgewicht ist dann erreicht, wenn die Barwerte E_x und F_{yx} gleich sind. Hiervon kann jedoch meistens nicht ausgegangen werden. Auch auf die Gefahr, daß der Autor zu den nicht frauenemanzipatorisch denkenden Männern gerechnet wird, soll im Beispiel angenommen werden, daß $E_x > F_{yx}$ ist. Diese Situation ist aus der Vergangenheit und Geschichte bekannt. Um das Gleichgewicht herzustellen, wurde das Instrument der Mitgift m_0 geschaffen; es handelt sich dabei um eine Schlupfvariable; diese Größe kommt zum Zeitpunkt 0 in den gemeinsamen Haushalt.

$$E_x - v_0 = F_{yx} + m_0. \quad (3)$$

m_0 kann auch dazu dienen, die bei Herrn x im langen Single-Dasein angelaufenen Schulden v_0 zu tilgen. Es ist unnötig zu sagen, daß die Mitgift in Sachgütern, wie Eßbestecke im versilberten Perlmuster, Leinen-Bettwäsche, Barchent-Nachthemden, gebrauchte Staubsauger usw. Probleme bei der Bewertung aufwerfen; denn es muß ein Sachgüterwert sein, dem beide Ehepartner zustimmen.

Wenn anläßlich eines zu erwartenden Ehekraches Frau yx, geborene y, Herrn x vorwirft, daß sie mit m_0 die Ehe finanziert habe und Herr x nicht eigentlich seine Frau sondern nur die Mitgift „geheiratet" habe, dann hat Herr x mit der Gleichung (3) ein treffendes Gegenargument, nämlich zum Zeitpunkt seiner Hochzeit sei $E_x > F_{yx}$ gewesen; m_0 sei nur ein „natürlicher" Ausgleich gewesen, insbesondere, dann, wenn $v_0 = 0$ ist.

Es gibt nun auch nicht mehr die peinliche Situation, daß der zukünftige Schwiegervater von Herrn x wissen möchte, wie hoch er die Mitgift seiner Tochter ansetzen solle und Herr x auf der einen Seite keine zu geringe Summe veranschlagen, andererseits auch nicht als unverschämt getadelt werden möchte. m_0 läßt sich berechnen:

$$m_0 = E_x - v_0 - F_{yx}. \tag{4}$$

Sollte die zukünftige Frau yx weder einen Einkommensstrom f_0 bis f_{30} bewirken können, weil sie keine Ausbildung genossen hat – also nichts kann –, noch willens oder fähig sein, als dispositiver oder elementarer Faktor im Haushalt zu arbeiten und somit kein fiktives Haushaltsverrechnungseinkommen h_1 bis h_{30} hervorruft, dann kann es sich bei Fräulein y nur um eine sehr hübsche Dame handeln, der Herr x ihr Nichts-Können verzeiht. Die Gleichung (4) wird zu $m_0 = E_x$ beziehungsweise sogar zu:

$$m_0 + s_0 = E_x - v_0, \tag{5}$$

mit dem Barwert s_0 aus bewerteter Schönheit und Charme bzw. Aussehen. Hiermit schleicht sich aber ein vorwiegend qualitatives Element mit seinem geldwerten Äquivalent in die Rechnung ein. Es sei $s_0 \geq 0$. Mehr Schönheit und Charme bei Fräulein y kann bei gegebenen E_x durch weniger Mitgift m_0 kompensiert werden, was sicherlich Väter von hübschen Töchtern erfreut.

Welche Kombination von m_0 und s_0 von Herrn x gewünscht wird, hängt vom Verlauf seiner Nutzenfunktion N und vorgegebenem Nutzen $\overline{N}$ ab. Die Schulden aus der Singlezeit von Herrn x seien Null. Die optimale Kombination in Abbildung 1 bei $v_0 = 0$ lautet m_0 und s_0, also ein gewisser Mitgiftumfang bei einigermaßen hübschem Aussehen von Fräulein y. Sollte, was niemand Herrn x und noch weniger Fräulein y wünscht, s_0 negativ sein, so ist aus Gleichung (5) zu ersehen, daß m_0 dann $E_x + s_0$ einnehmen muß. Ihr weniger gutes Aussehen wird bei ihm zum Positivum.

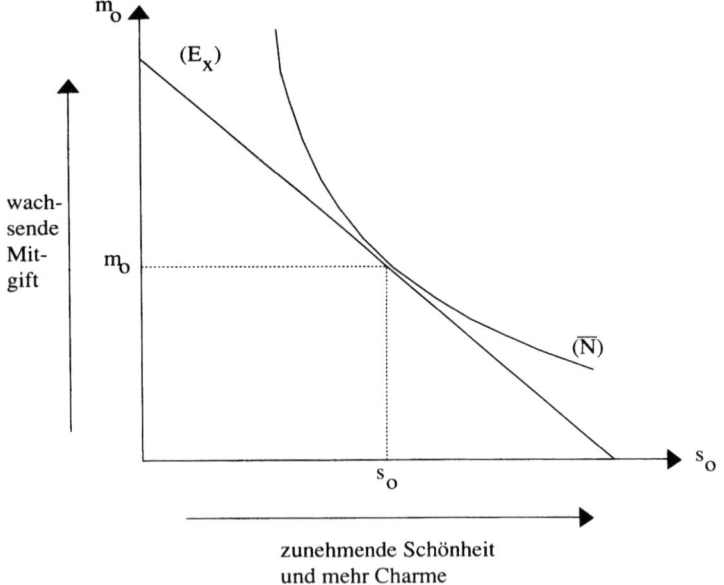

Abbildung 1: Mitgift und Aussehen

5. Weitere Aspekte

Was ist nun im Falle $E_x - v_0 < m_0 + s_0 + F_{yx}$? Hier sieht es im Hinblick auf ein Ehegleichgewicht für Herrn x böse aus. Er könnte sich, um das Gleichgewicht herzustellen, Geldvermögen unredlich beschaffen, was aber hier ausgeklammert werden soll; niemand soll Herrn x nachsagen, er stehle oder unterschlage nur seiner Frau zuliebe. Herr x könnte sich auch im Beruf mehr anstrengen, um höhere Einkommensbeträge e_0 bis e_{30} zu erlangen; dadurch wird E_x gesteigert werden können. Herr x kann weiter argumentieren, jetzt sei er zwar noch der ärmere Partner in der zukünftigen Ehe, aber irgendwann in der geplanten Ehedauer werde er eine Erbschaft a_t zum Zeitpunkt t machen. Die Ehegleichgewichtskalkulation macht die Prognose des Zeitpunktes t des Hinscheidens des Erblassers notwendig, eine Vorgehensweise, die in der Regel als nicht pietätvoll gilt. Je später die Erbschaft angetreten werden kann, desto weniger Wirkung hat sie wegen der Diskontierung in der Ehegleichgewichtskalkulation; daher vielfach der Wunsch früh zu erben. Doch soll niemand daran denken, beispielsweise eine Prognose a_7 mit dem Gegenwartswert $a_7:q^7$ mit verbrecherischen Mitteln auf den Zeitpunkt 1 vorzuholen, damit $a_1:q^1$ wird.

In entsprechender Weise läßt sich auch eine erwartete Erbschaft b_T bei der Frau yx in dem Kalkül einsetzen. Die Aussagen des letzten Absatzes gelten sinngemäß. Nunmehr ergibt sich das Ehegleichgewicht wie folgt:

$$E_x - v_0 + \frac{a_t}{q^t} = F_{yx} + m_0 + s_0 + \frac{b_T}{q^T}. \qquad (6)$$

Es muß an dieser Stelle kurz auf die Zinsproblematik eingegangen werden. Spielen Geldanlagegesichtspunkte eine Rolle? Herr x und Frau yx können zur Bestimmung der Zinshöhe i in $1+i=q$ Anlagegesichtspunkte vortragen. Sicherlich muß auch bedacht werden, daß ein sogenannter „reiner" Zinssatz durch Risikozuschläge erhöht werden müßte. Die Risiken werden primär bei e, f und h als Sicherheitsäquivalente zu einem Abschlag führen. Das sogenannte Restrisiko ist in einem Zuschlag auf i zu berücksichtigen. Noch wissenschaftlich ungeklärt, ist die Frage, ob auf beiden Seiten unterschiedliche Fungibilitätszuschläge außer einem Risikozuschlag in i berücksichtigt werden müssen.

Bei der Behandlung von Risiken ist schließlich zu berücksichtigen, daß ein Ehepartner wider Erwarten zum Verschwender wird oder zu extremer Eifersucht neigt. Krach, den ein Ehepartner inszeniert, führt oft zu Scherbengeklirr und anderen Schäden, die Ersatzbeschaffungen auslösen, im Augenblick der Hochzeit sind Herr x und Frau yx sicherlich noch „ein Herz und eine Seele". Der Kalkulator bedenke auch, daß gerade das 7. Jahr einer Ehe als kritisch bezeichnet wird.

6. Die Berücksichtigung von Imponderablien

Die zweite Phase der Ehegleichgewichtskalkulation hat sich der Momente anzunehmen, die sich einer quantitativen Investitionsrechnung entziehen, also qualitativer Natur sind. In der Gleichung (5) wurde mit s_0 eine qualitative Größe bereits quantifiziert. Die geldmäßige Äquivalenz für ein Imponderabilium wie Ehetreue oder eheliche Liebe läßt sich meistens nicht ermitteln. Das gleiche gilt, wenn vorgebracht wird, sie (er) sei nicht schön, habe aber Herzensgüte, auch ein ausgesprochenes Imponderabilium, mit dem sich der Betriebswirt bei der Heiratsentscheidung schwer tut.

Jeder unerfahrene Kalkulator würde meinen, daß ein Ungleichgewicht vorliegt, wenn Gleichung (6) nicht erfüllt ist und daher eine Heiratsempfehlung nicht gegeben werden kann. Die Entscheidung, zu heiraten oder es bleiben zu lassen, hängt wesentlich von der qualitativen Einflußgröße Liebe ab. Wer lebenserfahren ist weiß, daß dieses Einflußelement die größten Differenzen

$$E_x - v_0 + \frac{a_t}{q^t} - F_{yx} + m_0 + s_0 + \frac{b_T}{q^T} = 0. \tag{7}$$

zu überbrücken vermag, was im Volksmund bekanntlich mit dem Satz beschrieben wird: Liebe macht blind; blind bezieht sich hier auf den Kalkül zur Bestimmung des Ehegleichgewichts. Imponderabilien bewirken, daß das Ergebnis des quantitativen Kalküls für den endgültigen Entschluß von Herrn x und Fräulein y allein nicht entscheidend ist.

7. Schlußbemerkung

Haben Herr x und Fräulein y sowie deren Eltern und Verwandte nebst Freunden alle genannten und andere, aus Platzgründen hier nicht genannten Argumente, berücksichtigt, dann sollten beide heiraten. Allerdings wäre es sinnvoll, das geplante Gleichgewicht durch Ist-Rechnung in Zeitabständen zu überprüfen. Prognosen haben den Nachteil, daß sie die Zukunft betreffen; doch die Zukunft kann Überraschungen – oder wie der Betriebswirt sagt – Abweichungen erbringen. Deren Analyse muß genutzt werden, eine kalkulatorisch aus dem Gleichgewicht geratene Ehe wieder in das Gleichgewicht zu bringen. Erst wenn dieses nicht gelingt, sollten Herr x und Frau yx zum Eheberater, zum Psychologen, zum Geistlichen oder schließlich zum Scheidungsanwalt gehen. Mit Hilfe des Letzteren und des Gerichtes kann dann die Möglichkeit, eine zweite innovierte Ehe – also ein zweites Kettenglied – einzugehen, geschaffen werden.

Kein Platz für Erdnüsse

Von
N. N.[1]

Ede vom Schnellimbiß stellt einen Ständer mit Erdnüssen auf die Theke in der Hoffnung, während des normalen Geschäftsverlaufes ein paar Extra-Groschen mitzunehmen. Folgendes Gespräch entspinnt sich zwischen ihm und seinem Buchhaltungs-Berater (BB):
BB: Ede, wenn ich Dich recht verstehe, hast Du diese Erdnüsse hingestellt, weil einige Leute sie verlangen. Aber bist Du Dir klar darüber, was dieser Ständer mit Erdnüssen *kostet*?
Ede: Na, nischt wird er kosten. Jlatter Reinvadienst. Klar, ick hab 60 Emmchen für det Drahtjestell zahlen müssen, in dem die Beutel stehen. Aba die Erdnüsse kosten 15 Fennje je Beutel, und ick vakoof se for 25 Fennje. Werd so um fuffzich Beutel die Woche vakoofen forn Anfang. In 12 1/2 Wochen hab ick die Piepen for det Drahtjestell wieda rin, und dann flottweg 'n jlatter Reinvadienst von 10 Fennjen je Beutel. Je mehr ick vakoofe, desto mehr vadiene ick.
BB: Damit gehst Du unter einem veralteten und ganz unrealistischen Blickwinkel an die Dinge heran, mein lieber Ede. Gottlob, moderne Methoden des Rechnungswesens gestatten ein klareres Bild als die komplexe Natur des Problems erkennen läßt.
Ede: Wat denn, wat denn?
BB: Ohne Umschweife, diese Erdnüsse müssen in Deinen Geschäftsbetrieb als Gesamteinheit integriert werden und ihren angemessenen Teil der Gemeinkosten tragen. Auf sie ist eine verhält-

---

1 Dieser Artikel ist von Ludwig Pack zur Verfügung gestellt worden. In der 1. Auflage ist leider aufgrund eines von ihm nicht zu vertretenden Übermittlungsfehlers Ludwig Pack als Autor genannt worden. Das in englischer Sprache abgefaßte Original des Artikels stammt aus dem LYBRAND JOURNAL der Firma Lybrand Ross Brothers & Montgomery. Ein Autor ist dort nicht genannt.

nismäßige Quote Deiner Ausgaben für Miete, Heizung, Abschreibung, Ausstattung, Lohn für die Bedienung und den Koch umzulegen.
Ede: Ick höre imma Koch? Wat hat denn der mit die Erdnüsse zu tun? Der weeß ja nich ma, det ick se mir zujelecht habe.
BB: Nun paß mal auf, Ede. Der Koch ist in der Küche, die Küche bereitet das Essen, das Essen bringt die Leute hierher, und die Leute wollen Erdnüsse kaufen. *Das* ist der Grund, warum Du einen Teil des Lohnes für den Koch und auch einen Teil Deines eigenen Gehalts auf die Erdnuß-Verkäufe umlegen mußt. Dieser Arbeitsbogen hier enthält eine sorgfältig berechnete Kostenanalyse, die uns zeigt, daß Dein „Unternehmen Erdnuß" genau 3 195,– DM im Jahr zu den Gemeinkosten beitragen muß.
Ede: Die Erdnüsse? 3 195 Piepen im Jahr zu die Jemeinkosten? Die Erdnüsse?
BB: Sogar noch etwas mehr! Du hast doch auch jede Woche Ausgaben, um die Fenster putzen zu lassen, für die Reinigung des Lokals, für Seife in der Toilette. Das bringt den Betrag auf 3 353,– DM jährlich.
Ede: (nachdenklich): Aba der Erdnuß-Heini hat jesacht, ick würd dran vadienen – stell se uffs Ende von die Theke, hat er jesacht, und steck 10 Fennje Vadienst bei jeden eenzelnen Beutel in.
BB: (rümpft die Nase): Er ist eben kein Spezialist. Hast Du überhaupt eine Vorstellung, welchen Wert die Thekenfläche für Dich besitzt, die der Erdnußständer einnimmt.
Ede: Keenen Schimmer. Is doch bloß'n totes Ende an de Theke.
BB: Das moderne Kostenbild hat keinen Platz für „tote Enden". Deine Theke umfaßt 6 qm, und Dein Thekengeschäft bringt 37 500,– DM im Jahr. Mit anderen Worten: Jeder Quadratmeter Thekenfläche, den der Erdnußständer einnimmt, ist jährlich 6 250,– DM wert. Da Du etwa 1/6 qm dem allgemeinen Thekengebrauch entzogen hast, mußt Du ihren Wert dem besonderen Verwendungszweck belasten.

Ede: Soll det heeßen, ick muß *nochmal* 700 Piepen uff die Erdnüsse druffknalln?
BB: So ist es. Damit steigt ihr Gemeinkostenanteil auf einen Endbetrag von 4 053,– DM im Jahr. Nun denn: Wenn Du wöchentlich 50 Beutel mit Erdnüssen verkaufst, so belaufen sich diese umgelegten Kosten auf 1,50 DM je Beutel.
Ede: Ick vasteh wohl nicht recht?
BB: Aber sicher. Und dazu kommt Dein Einkaufspreis von 15 Pfennigen je Beutel, macht summa summarum 1,65 DM. Du siehst also, wenn Du den Beutel Erdnüsse mit 25 Pfennig verkaufst, dann verlierst Du jedesmal 1,40 DM.
Ede: Ick wer varrickt!
BB: Warum denn? Hier sind die *Zahlen.* Sie *beweisen*, daß Dein Erdnuß-Geschäft sich nicht tragen kann.
Ede: (mit einem Aufleuchten): Aba nu stell Dir mal vor, ick vakoofe 'n Haufen Erdnüsse – tausend Beutel in de Woche statt fuffzich?
BB: (nachsichtig): Mein lieber Ede. Du hast das Problem noch nicht erfaßt. Wenn der Umfang Deiner Erdnuß-Verkäufe zunimmt, so werden auch Deine Gemeinkosten steigen. Du mußt mit mehr Beuteln hantieren, Du brauchst mehr Zeit, mehr Abschreibungen, mehr von allem. Die Kostenrechnung hat da ganz klare Grundsätze: „Je größer das Volumen, desto mehr Gemeinkosten müssen umgelegt werden." Nein, nein, Umsatzerhöhung hilft gar nichts.
Ede: Jut! Du hast soville uff'n Kasten, nu sag mir mal, wat ick tun soll.
BB: (herablassend): Ja. Du könntest z. B. Deine Kosten senken.
Ede: Wie denn?
BB: Zieh in ein Lokal mit niedrigerer Miete. Setz die Löhne herunter. Putz die Fenster nur jede zweite Woche. Laß den Raum nur noch am Donnerstag fegen. Leg keine Seife mehr in die Toilette. Reduziere den Flächenwert Deiner Theke. Wenn Du z. B. Deine Kosten um 50 % senkst, dann geht der Gemeinkostenanteil

für die Erdnüsse von 4 053,– DM auf 2 025,50 DM jährlich zurück, der Beutel kostet also nur noch 90 Pfennige.
Ede: (zögernd): Und det is besser?
BB: Viel, viel besser. Aber trotzdem, Du würdest immer noch 65 Pfennige je Beutel verlieren, wenn Du ihn für 25 Pfennig verkaufst. Kurzum. Du mußt auch Deinen Verkaufspreis erhöhen. Wenn Du einen Reingewinn von 10 Pfennig je Beutel anstrebst, dann mußt Du ihn für 1,– DM verkaufen.
Ede: (verwirrt): Du meenst, selbst wenn mir der janze Saftladen 50 % wenijer kostet, muß ick imma noch eene Mark for'n Jroschen-Beutel Erdnüsse valangen. So varrickt is doch keener nach die Nüsse! Wer soll se denn koofen?
BB: Das ist eine sekundäre Frage. In erster Linie geht es doch darum, daß ein Verkaufspreis von 1,– DM auf einer sachlich richtigen und angemessenen Inrechnungstellung Deiner – gesenkten – Gemeinkosten beruhen würde.
Ede: (mit plötzlichem Eifer): Halt! Ick hab ne bessere Idee! Warum nich jleich rin mit die Nüsse in'n Mülleimer?
BB: Kannst Du Dir das leisten?
Ede: Klar! Ick hab doch nur fuffzich Beutel mit Erdnüsse hier. Valier ick eben noch die 60 Piepen an dem Ständer, aber ick bin aus det lausije Jeschäft und die Sorjen raus.
BB: (kopfschüttelnd): Mein lieber Ede, so einfach ist das nicht, Du *bist* nun mal im Erdnußgeschäft! In dem Moment, in dem Du diese Erdnüsse rauswirfst, belastest Du Deinen übrigen Geschäftsbetrieb mit zusätzlichen Gemeinkosten von 4.053,– DM im Jahr. Ede, behalt doch mal Deinen klaren Kopf – *kannst Du Dir das leisten?*
Ede: (am Boden zerstört): Mann, mir laust der Affe. Verjangenes Jahr hab ick noch Jeld jemacht. Nu sitz ick im Dreck! Bloß weil ick jedacht hab, Erdnüsse uff de Theke bringen mir paar Extra-Jroschen! Nur weil ick jedacht hab, fuffzich Beutel Erdnüsse in de Woche sin'n kleena Fisch!
BB: (streng): Das ist das Anliegen der modernen Kostenanalyse, mein lieber Ede, diese falschen Illusionen zu zerstreuen!

Verfahren zur Herstellung von Thüringer (grünen) Klößen

Von
Wolfgang Domschke

Wir beschäftigen uns heute mit einer Problemstellung, die, betrachten wir die folgende Aussage von Rudolf Hagelstange, leicht als komplexes Optimierungsproblem unter Nebenbedingungen erkennbar ist:

„Thüringer Klöße müssen konsistent sein, aber beileibe nicht fest. Sie dürfen nicht zu geschmeidig sein, und was ihre Farbe betrifft, so steht ihnen ein zartester Hauch Grün – aber der denkbar zarteste Hauch! – vorzüglich. Dieses kaum als Grün zu bezeichnende Grün schlägt gewissermaßen von innen nach außen durch – es verbürgt, daß die Klöße aus rohen Kartoffeln gemacht sind. Und was den Geschmack betrifft, so steht für den Kenner fest, daß es unmöglich ist, sich an Thüringer Klößen nicht zu überessen. Sie müssen zur Unmäßigkeit verführen. Man darf ihrem Reiz, ihrer Lockung nicht widerstehen können. Zur Herstellung von Thüringer Klößen echter Art bedarf es einer gewissen Leidenschaft – es bedarf vor allem der leidenschaftlichen Köchin (oder des leidenschaftlichen Kochs, Anm. des Autors)."

Die Verfahren zur Lösung des geschilderten Problems lassen sich (wie bei den meisten Optimierungsproblemen) unterteilen in exakte und heuristische.

Exakte Verfahren sind dazu geeignet, eine optimale Lösung im obigen Sinne (gute Konsistenz, zartester Hauch von Grün, Verleitung zur Unmäßigkeit) zu erzielen.

Wegen der extremen Zeit-Komplexität des Problems werden exakte Verfahren heute in der Regel nur noch zu großen Festtagen angewendet.

Heuristische Verfahren sind dazu geeignet, zufriedenstellende bis gute Lösungen zu erzielen; i. a. verfehlt man damit jedoch das

Optimum. Unter den Heuristiken, mit denen wir uns nicht näher beschäftigen wollen, sind v. a. die Vorgehensweisen von Knorr und Pfanni zu nennen.

Wir beschreiben nun das exakte Verfahren von A. M., einer Tante des Autors. Der Algorithmus liefert eine optimale Lösung für 6–8 Personen.

Algorithmus von A. M.

Voraussetzung: Ausstattung einer hessischen Küche; zusätzlich ein Hanf- oder Leinensäckchen zum Auspressen geriebener Kartoffeln.

Gegeben ferner: 3 kg rohe, geschälte (siehe Bem. 1), möglichst große Kartoffeln, ein großer Topf Wasser, etwas Salz.

Start: Unterteile die 3 kg Kartoffeln in zwei disjunkte Teilmengen MR (2 kg) und MK (1 kg).

Durchführung:

Schritt 1 (Reiben von Kartoffeln): Nimm eine Schüssel mit etwas kaltem Wasser, eine Reibe und die Menge MR der Kartoffeln und führe folgendes aus:

for (all) i # MR do reibe i fein;

(Das kalte Wasser in der Schüssel dient dazu, daß der Kartoffelteig schön weiß bleibt.)

Schritt 2 (Kochen von Kartoffeln): Nimm die Menge MK der Kartoffeln, schneide sie in kleine Stücke und koche sie gar.

Schritt 3 (Herstellung des Teiges):
a) Presse die geriebenen Kartoffeln in dem Hanf- oder Leinensäckchen so trocken wie möglich aus. (Fange den Kartoffelsaft in einer Schüssel auf; die sich im Wasser absetzende Kartoffelstärke wird bei der Teigzubereitung mitverwendet.)
Gib die ausgepreßten Kartoffeln in eine Schüssel, lockere sie etwas auf und gib die Stärke hinzu.
b) Brühe den Teig mit etwas kochendem Wasser auf; es soll eine geschmeidige Masse entstehen.

Drücke die gekochten Kartoffeln (Menge MK) durch eine Kartoffelpresse, füge sie dem Teig hinzu und verrühre die Masse gut. (Wenn der Kloßteig richtig gelungen ist, sieht er ein bißchen grün aus.)

Schritt 4 (Garen der Klöße): Schon während der Herstellung des Teiges wird ein großer Topf mit gesalzenem Wasser zum Garen der Klöße erhitzt. Forme aus dem Kloßteig Klöße in einer gefälligen Form (Thüringer lieben sie in „Kindskopfgröße") und gare sie ca. 20 Minuten (nicht kochen!).

Schritt 5: Nimm die Klöße mit einer Schaumkelle aus dem Wasser und lege sie in eine Schüssel, in der auf dem Boden eine umgedrehte Untertasse liegt, damit die Klöße noch abtropfen können und dabei nicht zusammenkleben.

Ergebnis: Eine köstliche Beilage für ein Festessen; der Autor liebt sie z. B. zu Gänsebraten und Rotkohl (s. auch Bem. 2).

Bemerkung 1: Falls Sie keine geschälten Kartoffeln verfügbar haben, müssen Sie in einer ersten Lösungsphase einen geeigneten Algorithmus zur Herstellung der Voraussetzungen unseres Verfahrens anwenden.

Bemerkung 2: Thüringer (grüne) Klöße schmecken in Speck in der Pfanne gebraten auch ohne Fleischbeilage vorzüglich.

Bemerkung 3 (Variante des Algorithmus): „Fügt man der Kloßmasse eine sehr fein geschnittene Zwiebel hinzu (möglichst echte hölzerne Kloßpresse verwenden!), so erhalten die Klöße nicht nur zart grünen, sondern auch einen leicht silbrigen Glanz, und die neue geschmackliche Note ist recht delikat." (Neumann (1989))

DM-Eröffnungsbilanz

Von
Rolf Kellers

Der Verein vom Schmalenbach
dachte auch darüber nach,
daß man das, was viele wissen,
will wohl weitergeben müssen.
Angereist mit Bahn und Wagen
dieserhalb wir heute tagen,
suchen der „Eröffnung" Sinn
in der schönen Stadt Berlin.
Wir sind alle voll und ganz
Spez'alisten der Bilanz,
die da soll, ohn' alle Klage,
halten alles in der Waage.
So soll'n da auf den zwei Seiten
‚links' Sachen Arbeit uns bereiten,
weil das, was nützlich und begehrt,
sich nur darstellt durch den Wert.
‚Rechts' aber auf der Waage liegen
die, die die Erträge kriegen,
und – wie man recht gerne hört –
die, denen das, was ‚links', gehört.
Und den Wert – das ist nicht schlecht –
bestimmt dafür spez'elles Recht.
Erstmals gilt es nun zu wiegen,
was da wird auf der Waage liegen.
Doch es hilft oft alles nicht:
Man bekommt kein Gleichgewicht!
Was der liebe „Vater Staat"
wohl vorausgesehen hat.

Und so stellt er ganz brav
ein den Ausgleichsparagraph,
der nach guter alte Sitte
hält das „Zünglein" in der Mitte:
Was hie zuviel und da auch fehlt,
nimmt und gibt, nach Recht gezählt,
der vorgenannte „arme Tropf",
der Vater Staat, aus großem Topf.
Und gezeigt hat Diskuss'on:
Völlig klar ist manches schon,
aber bei besond'ren Fragen
wäre vieles noch zu sagen.
Wohl bilanziert von Anfang an
bleibt er Pflicht der Firmen dann:
Mit allen Mitteln, ohne Frage,
der Ausgleich stets besagter „Waage".

VIII. Prüfung

Zur ertragsteuerrechtlichen Behandlung des sog. Kummerausgleichspostens (KAP)

Von Coelestin Steuergern

In seinem ebenso fundamentalen wie (hoffentlich) bahnbrechenden Beitrag „Die Rechnungslegung von Spitzenleistungen – Ansätze einer topmanagementadäquaten Bilanzpolitik"[1] hat Hakelmacher als gleichermaßen überzeugter wie überzeugender Vertreter der opti-dynamischen Bilanzlehre[2] das Rechtsinstitut des sog. Kummerausgleichspostens (KAP) vorgestellt[3]. In wissenschaftlich fundierter Weise hat Hakelmacher dargelegt, daß der Kummerausgleichsposten ein Ausdruck der vom ALiBi[4] entwickelten GroBPo[5] ist[6].

Leider hat Hakelmacher es unterlassen, die ertragsteuerrechtlichen Auswirkungen der Bildung des Kummerausgleichspostens darzustellen. Er folgt damit der in seinem Berufsstand leider immer noch allzusehr verbreiteten Denkweise, im Jahresabschluß zuvörderst nicht ein Instrument für die umfassende und damit sozialge-

---

1 WPg 1985, S. 104 ff.
2 Risiko jetzt, Aufwand später
3 A. a. O. Fußn. 1, S. 108
4 Arbeitskreis zur Limitierung überzogener Bilanzpolitik
5 Grenzsätze omnipotenter Bilanzpolitik
6 Ich will das an dieser Stelle nicht weiter vertiefen, jedoch um den Hinweis ergänzen, daß ich in meinem Werk „Über die Alibifunktion der Grundsätze ordnungsmäßiger Buchführung (AliGoB)", Zürich/London/Acapulco, 1984, weitgehende Kohärenzen zwischen den GroBPo und den GoB nicht nur fest- sondern auch in leichtverständlicher Form dargestellt habe, so daß die Aussage erlaubt, ja notwendig ist, daß AliGoB zur Pflichtlektüre für alle Optidynamiker gehört.
7 Optimale Gewinnausschüttung. Vgl. dazu grundlegend Hirnriß, Offene und verdeckte Ausschüttungen, Durchschüttungen und Rückschüttungen realisierter und nichtrealisierter Gewinne und Verluste unter besonderer Berücksichtigung der makro- und mikro-ökonomischen Verhältnisse international tätiger Konzerne, Vaduz 1982.

rechte Besteuerung, sondern vielmehr einen durch Zahlenvielfalt untermauerten Beleg für die Dokumentation der OGeAus[7] zu sehen. Somit bleibt wieder einmal dem Steuerrechtler die unangenehme Aufgabe vorbehalten, den professionellen Bilanzmanagern die Augen für die steuerlichen Folgen ihres Tuns zu öffnen. Nach dem Beschluß des Großen Senats des Bundesfinanzhofs vom 3.2.1969[8] ist es dem ordentlichen Kaufmann verboten, sich bei der steuerlichen Gewinnermittlung durch Ansatz eines Passivpostens, der handelsrechtlich nicht geboten ist, ärmer zu machen als er ist[9]. Die zu beantwortende Frage lautet somit: Besteht handelsrechtlich eine Pflicht oder ein Wahlrecht, einen Kummerausgleichsposten zu passivieren? Ich bin zutiefst davon überzeugt, daß diese Frage von allen, die sich einen auch nur bescheidenen Rest intellektueller Redlichkeit bewahrt haben[10], nur so beantwortet werden kann: Handelsrechtlich besteht ein Passivierungswahlrecht; der Kummerausgleichsposten kann, muß aber nicht passiviert werden.

Nach Hakelmacher[11] tritt bei der hier exemplifizierten retardierenden Bilanzpolitik der Kummerausgleichsposten an die Stelle

---

8 GrS 2/68, BStBl. 1969 II. S. 291
9 H. G. B. Grünspecht gebührt das Verdienst, den wissenschaftlich einwandfreien Nachweis dafür erbracht zu haben, daß es sich bei diesem fundamentalen Satz des deutschen Bilanzsteuerrechts um eine retardierte, aber äußerst effektive Reaktion der Finanzrechtsprechung auf die von Fürstenberg'sche Gewinndefinition handelt, wonach Gewinn das sei, was ein ordentlicher Kaufmann auch beim besten Willen (oder Unwillen) nicht in der Bilanz verstecken kann. Vgl. H. G. B. Grünspecht, Die von Fürstenberg'sche Gewinndefinition und ihre heimlichen und unheimlichen Auswirkungen auf die deutsche Steuerrechtspflege. Hagenbüttel 1974.
10 Also auch von mir! Zur Bedeutung des Grundsatzes der Redlichkeit bei der Bilanzierung und seines Verhältnisses zum Grundsatz von true and fair view vgl. Otto A. Wies-Beliebt, Über die Interdependenz von Wollen und Können in bilanzstrategischen und bilanztaktischen Ausnahmesituationen, Zürich/Berlin 1980. Der These von Wies-Beliebt, nur in Ausnahmefällen müsse es als fair angesehen werden, redlich zu bilanzieren (a. a. O. S. 937 ff., insbesondere S. 951) muß allerdings aufs unschärfste widersprochen werden.
11 A. a. O. Fußn. 3

sonst notwendiger Wertberichtigungen und/oder Rückstellungen für drohende Verluste; er beträgt regelmäßig 30 % der erforderlichen Wertberichtigungen und Rückstellungen bei einer Schwankungsbreite zwischen null und fünfzig Prozent. Der Kummerausgleichsposten bewirkt, wie schon seine Bezeichnung belegt, den Ausgleich von Kummer. Nach dem Ausgleich ist der Kummer nicht mehr vorhanden. Er ist insoweit dem steuerlichen Verlustausgleich vergleichbar. Der Verlustausgleich läßt Gewinne verschwinden und mindert damit das zu versteuernde Einkommen. Dieser Verlustausgleich hat schon viele Millionen Mitbürger kummerlos und damit glücklich gemacht[12], weil sie nach erfolgtem Ausgleich keine Steuer mehr zu zahlen brauchten[13].

Andererseits gelten aber nach wie vor unangefochten die naturrechtlichen Rang beanspruchenden Sätze[14]:

1. Niemand kann zu seinem Glück gezwungen werden!
2. Jeder ist seines Glückes Schmied!

Deshalb kann von Rechts wegen niemand gezwungen werden, durch Produktion von Verlusten Gewinne auszugleichen und damit

---

12 Glück ist das Freisein von Schmerz! So auch Schopenhauer, Arthur in: Nichtigkeit des Lebens und Lebensverneinung: „Daher kann die Befriedigung oder Beglückung nie mehr sein als die Befreiung von einem Schmerz, von einer Not ...", Gesammelte Werke, Leipzig. Bd. II. S. 376.
13 Es ist meines Wissens bisher noch nicht wissenschaftlich und insbesondere auch nicht unter verfassungsrechtlichen Gesichtspunkten ausgeleuchtet worden, ob der Staat mit seinen verschiedenen Maßnahmen zur Einschränkung des Verlustausgleichs – man denke insonderheit an die §§ 2 a und 15 a EStG – bei den Betroffenen nicht so viel Kummer ausgelöst hat, daß die Kernbereiche der Artikel 1 Abs. 1 und 2. 2 Abs. 1. 3 Abs. 3 GG berührt sind. Auch das Grundrecht der Vereinigungsfreiheit, nämlich der Vereinigung von Gewinnen und Verlusten, könnte berührt sein.
14 Vgl. hierzu Groß-Mütterlein, Das Sprichwort als Auslegungsgrundsatz und seine Bedeutung in der praktischen Steuerrechtspflege. Recklinghausen/Detroit 1970.

sein Einkommen auf Null Mark zu reduzieren, nur um keine Steuern zahlen zu müssen[15]. Wenn dem so ist, so ergibt der in der Bilanz- und Steuerrechtswissenschaft immer noch nicht verbotene Schluß a maiore ad minus oder a minore ad maiorem, daß für den bilanziellen Kummerausgleich nichts anderes als für den steuerlichen Verlustausgleich gelten kann. Der ordentliche Kaufmann kann allen Kummer einer KAP-freien Bilanz ebenso auf sich nehmen wie ein ordentlicher Steuerpflichtiger allen Kummer mit seinem nicht durch Verluste ausgeglichenen Einkommen. Daraus folgt, daß hinsichtlich des Kummerausgleichspostens ein handelsrechtliches Passivierungswahlrecht besteht. Der in der Handelsbilanz passivierte Kummerausgleichsposten kann somit bei der steuerlichen Gewinnermittlung nicht berücksichtigt werden[16].

---

15 Die in der Blütezeit der sog. Abschreibungsbranche von I. O. S. Zirngiebel vertretene gegenteilige Auffassung (vgl. Zirngiebel, new tax-horizons, UBIINR 1975 S. 1301) hat sich – Gott sei es gedankt – nicht durchsetzen können.
16 Steuerpolitisch wäre allerdings noch zu erwägen, ob die Bildung eines Kummerausgleichspostens in der Handelsbilanz wegen des dadurch erzielten Lustgewinns der beteiligten Bilanzmanager nicht einer Art Vergnügungssteuer unterworfen werden sollte.

Tragische Folgen des Kummerausgleichspostens?

Eine Erwiderung mit Ergänzungen

Von
Sebastian Hakelmacher

1. Steuerliche Auswirkungen

Es verdient hohe Anerkennung, wenn Steuergern mit seherischer Begabung eine gewaltige steuerliche Dimension des Kummerausgleichspostens zu erschließen versucht, indem er dessen steuerliche Aspekte beleuchtet[1]. Während sich Steuergern damit der ihm unangenehmen Aufgabe unterwirft, dem professionellen Bilanzmanager die Augen für die steuerlichen Folgen seines Tuns zu öffnen, sieht sich der Verfasser vor die schwierige Aufgabe gestellt, die handelsrechtlichen Bilanzierungsgrundsätze darzulegen, ohne dabei in den Augen des Steuerrechtlers Steuergern „den Rest intellektueller Redlichkeit"[2] zu verlieren.

Im Gegensatz zu der opti-dynamischen Bilanzlehre, die ein wesentliches Element der topmanagement-adäquaten Bilanzpolitik[3] darstellt, sieht Steuergern im Jahresabschluß „zuvörderst ein Instrument für eine umfassende und sozialgerechte Besteuerung". Seine brillanten Ausführungen lassen keinen Zweifel, daß dabei die umfassende Besteuerung einsam im Vordergrund steht. Die

---

1 Coelestin Steuergern. Zur ertragssteuerlichenn Behandlung des sogenannten Kummerausgleichsposten (KAP), vgl. S. 223 dieses Buches.
2 A. a. O., S. 101
3 Sebastian Hakelmacher, Die Rechnungslegung von Spitzenleistungen – Ansätze einer topmanagement-adäquaten Bilanzpolitik, WPg 1985, S. 104 ff., insbesondere S. 107 f.

scharfsinnigen Offenbarungen Steuergerns sind ohne Zweifel dem Humus der fiscal-exzessiven Bilanzauffassung entsprossen[4.]

Diese Bilanzlehre, die eine breite Anhängerschaft in der Finanzverwaltung und anderen Institutionen mit sozial-fortschrittlicher Anmutung gewinnen konnte, beruht auf folgenden Prinzipien:

1. Jeder Sachverhalt unterliegt im Zweifel der Besteuerung (fiskalisches Fundamental-Prinzip).
2. Höchstrichterliche Entscheidungen zugunsten des Steuerpflichtigen entziehen sich einer generellen Anwendung. In der Regel bedarf es für die vom Steuerpflichtigen zu beantragende Berücksichtigung der Bestätigung durch ein zweites höchstrichterliches Urteil oder durch den Gesetzgeber.
3. Die durch Urteile laut Ziffer 2 oder durch neue gesetzliche Steuererleichterungen entstehenden Steuerausfälle sind durch neue Besteuerungstatbestände schnellstmöglich auszugleichen (Gesetz der Unbeständigkeit des Steuerausfalls)[5]
4. „Erfordert ein außerordentlicher Staats-Aufwand eine stärkere Einnahme ...", so ist es immer besser, „die ordentliche gewöhnliche Steuer um so viel zu erhöhen". Mit diesen noch unzureichenden Worten wurde 1789 das Gesetz von der Labilität von Steuersenkungen umschrieben[6].

Vor diesem Hintergrund wittern sensible Berufsangehörige in den Thesen Steuergerns die Ankündigung neuer Gesetzesvorhaben

---

4 Vgl. u. a. Wilhelm Fiskuß, High Tax statt High Tech – zukunftsträchtige Entwicklungen in Mitteleuropa, Bonn, 5. Aufl. 1985.
5 Max Bullenkop, Die Ausgabenrelevanz als Finanzmaxime der öffentlichen Hand, Hamburg 1984; Joseph Hinterhuber, Die Abgaben als ständige Aufgabe, München 2. Aufl. 1985.
6 Johann-Heinrich Jung, Lehrbuch der Finanzwissenschaft, Leipzig 1789. 4. Hauptstück: Von den Steuern, § 401.
7 Vgl. z. B. Arno Bordewin, Maßgeblichkeit der Handelsbilanz bei Inspruchnahme von Steuervergünstigungen, NWB Fach 17 a, S. 2831 ff., hier S. 2838; § 6 Abs. 3 EStG 1985, BGBl. S. 2425.

in der bewährten Form von Fachaufsätzen[7]. Sie befürchten eine erste Novellierung des gerade verabschiedeten Bilanzrichtlinien-Gesetzes. Die scharfsinnigen Auswürfe Steuergerns, denen man ohne Vorbehalt eine hohe Fiskalität und verbalistische Konglumeranz bescheinigen muß, lassen sich durch folgende gewichtige Argumente ad absurdum führen:
Die topmanagement-adäquate Bilanzpolitik ist imageorientiert und über steuerliche Auswirkungen erhaben. Das gilt auch für den Spezialfall der retardierenden Bilanzpolitik und den von ihr kreierten Kummerausgleichsposten. Der Kummerausgleichsposten, der in der Bezeichnung einen genialen Ureinfall des Verfassers darstellt, ist in der Sache eine topmanagement-adäquate Bilanzierungs-Usance (TABU). Wie andere TABU's ist er durch den ego-intensiven Brauch PR-süchtiger Spitzenmanager unangreifbar und nachteilig abgesichert[8]. Nach dem Maßgeblichkeitsprinzip gelten die TABU's auch für die Steuerbilanz.

Für den Kummerausgleichsposten besteht entgegen dem durchgeistigten Pragmatismus von Steuergern handelsrechtlich eine Passivierungspflicht. Auch das neue Bilanzrecht ändert daran nichts. Der Kummerausgleichsposten tritt nach seiner eindeutigen Zweckbestimmung anstelle sonst notwendiger Wertberichtigungen oder Rückstellungen, deren Passivierungspflicht auch von höchsten Kreisen nicht bestritten wird[9]. Der Kummerausgleichsposten teilt das rechtliche Schicksal der Posten, an deren Stelle er tritt, und muß daher passiviert werden. Sein spezifischer Charakter läßt sich allgemeinverständlich als „Niederstwertprinzip auf der anderen Seite" beschreiben.

Es ist eine unzulässige Vereinfachung, Kummer mit Verlust gleichzusetzen und damit den Kummerausgleichsposten mit dem Verlustausgleichsposten, den das Gesetz seit dem EStG 1975 als

---

8 Dokumentation der Association of Mutual Admiration, New York/Frankfurt 1983.
9 Sh. u. a. D. G. Bund, Der Kummerausgleichsposten – Neue Heimat für Verluste?, Hamburg 1986.
10 Vgl. BTDrs. 7/1470, S. 238

Begriff nicht mehr kennt[10], auf eine Stufe zu stellen. Kummer gibt es auch ohne Verlust, z. B. angesichts zu hoher Steuerbelastung. Umgekehrt können Verluste sogar Beglückung und Lust, also das Gegenteil von Kummer bedeuten. Man denke z. B. an den Erfolg der sogenannten Abschreibungsgesellschaften. Würde man der ausschweifenden Auffassung Steuergerns folgen, so würden bereits seelische Zustände eine Steuerpflicht auslösen. In Wirklichkeit ist es umgekehrt; die Steuerpflicht löst – meist ungesunde – seelische Zustände aus. Steuergern verwechselt also Ursache und Wirkung.

Die Schlußfolgerungen Steuergerns erscheinen bereits im Ansatz verfehlt. Systematischer wäre es, wenn man bei steuerlichen Erwägungen von dem Gesetz der Unbeständigkeit des Steuerausfalls ausgehen würde. Damit ließe sich ein Passivierungswahlrecht für den Kummerausgleichsposten als Ersatz für das nunmehr entfallende Passivierungswahlrecht für Pensionsrückstellungen[11] konstruieren. Profilaktisch wäre ein Konsens mit den professionellen Bilanzmanagern nicht auszuschließen. Nach dem Verlegenheitsprinzip dürfte Steuergern bereits an einer Gesetzesvorlage für eine Kapitalverzehrsteuer arbeiten, um diese gewagte Gedankenführung rechtlich abzusichern[12].

Noch aus einer weiteren Überlegung erscheinen die raffinierten Gedanken von Steuergern korrekturbedürftig. Aus Gründen der von ihm gehuldigten Fiskalität hätte sich Steuergern eigentlich für eine Passivierungspflicht des Kummerausgleichspostens aussprechen müssen, da sie zu höheren steuerpflichtigen Ergebnissen führt. Durch die Passivierung des Kummerausgleichspostens werden nämlich ex definitione höhere, steuermindernde Wertberichtigungen oder Rückstellungen vermieden, auf die sonst nicht verzichtet werden kann.

---

11 Vgl. BTDrs. 10/4268, S. 98 f.
12 Interessante Einblicke in die Praxis gewährt Hugo von Stumpf, Die Arbeitsintensität im Laststättengewerbe, Bonn 1985.

2. Die retardierende Redepflicht des Revisors

Die retardierende Bilanzpolitik hat in der retardierenden Redepflicht des Revisors (ReReRe) ihr würdiges Pendant gefunden. Der ohnedies schwer geprüfte Berufsstand empfindet dankbar eine Linderung seiner ungehemmten Testatsucht[13] darin, daß die in § 321 Abs. 2 HGB (vorm. § 166 Abs. 2 AktG) manifestierte Redepflicht des Abschlußprüfers keine zeitliche Fixierung enthält. Diese Flexibilität gestattet es dem Abschlußprüfer, seine Redepflicht der retardierenden Bilanzpolitik des Topmanagements anzupassen. Dies kann sowohl durch ein abgestimmtes Hinausschieben des Prüfungsbeginns, durch eine adaptive Verzögerung des Prüfungsendes oder durch die verspätete Auslieferung des Prüfungsberichtes bewerkstelligt werden.

Nach den strengen Berufsgrundsätzen der Unabhängigkeit und Eigenverantwortlichkeit kann der Erfolg der retardierenden Redepflicht des Revisors nur dann garantiert werden, wenn die Verzögerung mit vom Abschlußprüfer nicht beeinflußbaren Tatbeständen begründet werden kann. Neben gesundheitlicher Beeinträchtigung wie plötzliche Verschnupfung, auftretende Schwindelgefühle oder unerwartete Kurzsichtigkeit kommen als vorzügliche Gründe z. B. die zeitraubende Nachbesserung des Inventurergebnisses durch das zu prüfende Unternehmen oder die Vorbereitungen zur Einleitung des Vergleichsverfahrens in Betracht.

Die retardierende Redepflicht des Revisors trägt wesentlich zur Humanisierung des Verhältnisses zwischen Abschlußprüfer und geprüften Unternehmen bei. Sie gestattet gleichzeitig die systemerhaltende Mumifizierung der Kummerausgleichsposten. Dazu ein praktisches Beispiel: Bei der MOLOCH AG bildete der Kummerausgleichsposten den gewichtigsten Bilanzposten, was von Kreditgebern und Wirtschaftspresse als Ausdruck konservativer Bi-

---

13 Cornelius Piepenbrink, Pestilentia Testatis – Diagnose und Therapie, Düsseldorf 1983.

lanzierung und Bewertung gewürdigt wurde[14]. Flankiert wurden die bravourösen Maßnahmen der retardierenden Bilanzpolitik durch die nicht unübliche Durchhalteparole „Wir schaffen es doch noch!" (kurz „Doch-noch-Parole" genannt)[15]. Als dieser angesichts vorhersehbarer widrigerer Markteinflüsse der durchschlagende Erfolg versagt blieb, konnte durch das Institut der retardierenden Redepflicht des Revisors vermieden werden, daß Management und Aufsichtsrat zur Unzeit ein Problembewußtsein entwickelten. Kummerausgleichsposten und retardierende Redepflicht des Revisors gestatten vielmehr die gewünschte vom störenden Ertragsverfall unabhängige Dividendenkontinuität. Die anstehenden Sanierungsmaßnahmen konnten damit zu einem pressewirksamen Ausmaß ausgeweitet werden.

Die retardierende, aber letztlich unumgängliche Redepflicht des Revisors gestaltet sich dadurch erträglich, daß sie sich der okkulten Redekunst unter Spezialisten (ORKUS) bedient. Hierbei handelt es sich um die expertiöse Form der Berichterstattung, die in Anwendung der Vexierbildtechnik allein dem Fachmann Hinweise auf bestehende Risiken, Überbewertungen usw. erschließt. Intime Kenner der ORKUS wissen um die verräterische Bedeutung des Konjunktivs oder der Begriffe wie „grundsätzlich, in der Regel, insgesamt und wesentlich"[16]. Dennoch kann mit Fug[17] behauptet werden, daß der Prüfungsbericht eine berufliche Äußerung des Abschlußprüfers darstellt, deren Informationsgehalt bei fürsorglicher Abwägung der Interessenlagen zum Minimum tendiert[18].

---

14 U. a. Börsenzeitung vom 29.2.1985, S. 3
15 Peter Schrott, Das Manager-Motivations-Manifest – Ein Leidfaden zum Bilanzstichtag, Frankfurt 5. Aufl. 1985.
16 Vgl. Friedhelm Habersack. Der Prüfungsbericht als Mittel zur Erkenntnisverhütung, Opladen 1985.
17 U. N. Fug, Die Verbreitung der Null-Information, Bonn 1982, S. 192 ff.
18 Sh. dazu die grundlegenden Ausführungen von S. Hakelmacher, Der Prüfungsbericht als sprachliches Kunstwerk, WPg 1981, S. 143 ff.

3. Die Verbreitung des Kummerausgleichspostens

Der Kummerausgleichsposten ist im gesamten Bundesgebiet verbreitet. Allerdings zeigt sich auch hier ein Nord-Süd-Gefälle. Die Ursachen für die signifikant geringere Verbreitung im Süden, die von Bilanzkosmetikern als Degenerationserscheinung gewertet wird, konnten noch nicht abschließend geklärt werden. So werden z. B. das im Vergleich zum Preußen weniger ausgeprägte Selbstdarstellungsbedürfnis des Bayern und des Schwaben oder klimatische Bedingungen als Ursachen vermutet. Das unterschiedliche Temperament der Volksstämme scheint dagegen eine untergeordnete Rolle zu spielen, das eine Häufung des Kummerausgleichspostens gleichermaßen in Rheinland-Pfalz, in Düsseldorf und in Hamburg verzeichnet werden konnte. Insgesamt dürften etwa 27,2 % der prüfungspflichtigen Unternehmungen Kummerausgleichsposten in nennenswertem Umfang ausweisen. Er wird sowohl in Produktions- wie in Dienstleistungsunternehmen beobachtet.

Im deutschsprachigen und im übrigen Ausland ist der Kummerausgleichsposten ebenfalls in erheblichem Umfang vertreten. Selbst im fernen Osten, z. B. Singapur, konnte der Kummerausgleichsposten gesichtet werden. Die in der anglo-amerikanischen Rechnungslegung als Sorrow Softener (SoSo) bekannte Erscheinung st allerdings noch nicht systematisch erforscht worden, wie dies nunmehr in Ansätzen in der Bundesrepublik der Fall ist[19].

19 Vgl. dazu die Forschungsberichte der S.-Hakelmacher-Stiftung zur Förderung der Prüferelite, insbesondere Band 3 und 18. Ferner Bernd Dietel, Kosmetische Eingriffe in die Bilanzierung, Hamburg 4. erweiterte Aufl. 1985.
Um die wissenschaftliche Diskussion um den Kummerausgleichsposten in geordnete Bahnen zu lenken, ist noch folgende Klarstellung erforderlich. Topmanager, die über ihre Spitzenleistungen laufend Rechnung legen zu müssen glauben, besetzen zur Erhaltung der interessewahrenden Distanz von den Realitäten alle relevanten Posten im Unternehmen mit Kollegen oder Mitarbeitern, die ihnen er- und hingegeben sind. Es wäre irreführend, die solchermaßen besetzten Positionen ebenfalls als Kummerausgleichsposten zu bezeichnen. Der Begriff sollte allein dem bilanzmäßigen Posten vorbehalten werden. Allein für diesen besteht eine Passivierungspflicht; bei den anderen kann nur eine Passionspflicht gegeben sein.

Als nicht haltbar dürfte sich die Auffassung erweisen, daß der Kummerausgleichsposten nur im kapitalistischen Wirtschaftssystem existieren könne. Selbst in den COMECON-Ländern ist das Auftreten des Kummerausgleichspostens vereinzelt bekanntgeworden. Allerdings konnten Art und Umfang des Kummerausgleichspostens in diesen Ländern wegen großer Kontaktarmut noch nicht hinreichend untersucht werden.

Zu den bahnbrechenden Arbeiten des Verfassers haben hervorragende Berufsangehörige, Manager und Institutionen in ungeahnter Weise Unwesentliches beigetragen. Ähnlichkeiten mit lebenden Unternehmen oder Personen waren kaum zu vermeiden.

Sie sind aber rein zufällig und beabsichtigt. Es verwundert selbst den amateuerhaften Fachmann, wie weit das sogenannte Aschenputtel-Syndrom, d. h. jeder zieht sich den Schuh an, in Wirtschaft und Berufsstand verbreitet ist[20].

Dankbar und bewegt sei die Anmerkung gestattet, daß die Aufsätze des Verfassers von der Fach- und Halbwelt einhellig begrüßt worden sind, wenn man von drei Mordversuchen, einer schweren Körperverletzung, zwei mißlungenen und einer erfolgreichen Entführung sowie mehrfachen, z. T. noch andauernden Erpressungen absieht[21]. Es gilt aber, den in zahlreichen Dankschreiben und manchen Drohbriefen geäußerten Spekulationen über konkrete Tat-, Um-, Vor- oder Zustände entgegenzutreten.

So sind z. B. dem Verfasser die Gegebenheiten der Unternehmen A und B oder der Herren Y und Z nicht bekannt. Auch wenn der begnadete Autor nicht leugnen kann, die Verhältnisse der Unternehmen C und D sowie die Umstände von WPN und den Vorstandsmitgliedern X und U zu ahnen, entziehen sich seine univer-

---

20 Vgl. die Gegendarstellung zu Günther Wallraff, Meine Affären als Chefsekretärin bei der FRUST AG in Lügenscheid, Düsseldorf 1986.
21 In einem Fachblatt für Manager wurden jüngst wenige exzellente Passagen aus dem Œvre des Verfassers mit der Enthüllung zitiert, daß dieser unter einem Pseudonym schreibe. Wahr ist vielmehr, daß die Ortsangabe völlig korrekt ist.

sell gültigen Ausführungen solch profaner Beziehungen[22]. Sie lassen sich, wie der kritisch-nüchterne Leser leicht nachvollziehen kann, nur auf göttliche Eingebungen zurückführen. Der Verfasser überläßt es den geneigten Lesern zu entscheiden, ob diese auch von den Halbgöttern unter den Wirtschaftsprüfern und Spitzenmanagern vermittelt werden können.

Die Gebäude wurden linear abgeschrieben, die beweglichen Anlagegegenstände degressiv, soweit diese Methode zu höheren Abschreibungsbeiträgen führte als die lineare. Dabei sind wie in den Vorjahren jeweils die steuerlich anerkannten Nutzungszeiten zugrunde gelegt worden. *Geringwertige Wirtschaftsprüfer wurden wiederum voll abgeschrieben.* Sonderabschreibungen erfolgten nach § 6 b EStG, § 7 EStG, Abschn. 35 EStR und § 14 Berlin FG

Quelle: Gustav und Grete Schickedanz KG, Fürth, Bayern, Anhang zur Konzernbilanz zum 31. Januar 1983 gemäß § 13 Abs. 2 in Verbindung mit § 5 Abs. 2 Ziff. 4 PublG (Hervorhebung durch Hrsg.)

---

[22] Aus Datenschutzgründen wurden die Initialen geändert. Die echten Namen sind bei dem Hamburger Notar Johann Zweckmann hinterlegt, mit der Maßgabe, sie im Mordfall der zuständigen Redaktion mitzuteilen.

Der Aufsichtsrat – ein sensibles Organ

Von Sebastian Hakelmacher

I. Einführung

Die irdische Herkunft der Aufsichtsräte wird durch die Angaben im Anhang des Jahresabschlusses bezeugt. Darüber hinaus ist über ihr geheimnisvolles Wesen und Treiben wenig bekannt. Der Bericht des Abschlußprüfers[1] ist in der Mehrzahl seiner Exemplare für den Aufsichtsrat des geprüften Unternehmens bestimmt. Er stellt praktisch den einzigen Kontakt zwischen Abschlußprüfer und Aufsichtsrat dar.[2] Bei dieser Kontaktarmut darf der Berufsstand der Wirtschaftsprüfer stolz darauf sein, so viele Autoren hervorgebracht zu haben, die ohne direkte Verbindung zu ihren Stammlesern viele Auflagen erreichen.[3]

Dieser Erfolg mag auf glücklichen Mißverständnissen beruhen. Daher sollen mit der durch Takt gebotenen Ungenauigkeit nachfolgend die Ergebnisse mehrjähriger Forschungsarbeit über das unbekannte Wesen der Aufsichtsräte vorgestellt werden.

II. Was ist der Aufsichtsrat?

Der Aufsichtsrat gilt als hochstehendes und sensibles Organ, das vor allem bei Kapitalgesellschaften als sekundäres Gefechts-

---

1 Siehe dazu Sebastian Hakelmacher, Der Prüfungsbericht als sprachliches Kunstwerk, WPg 1981, S. 143.
2 Zur praktischen Irrelevanz des § 171 Abs. 1 Satz 2 AktG siehe u. a. Walther v. d. Vogelsang, Wir bleiben unter uns – elitäre Selbstbesinnung als System, 8. erweiterte Auflage, Düsseldorf 1987.
3 Karl-August von Schlauchwitz, Anregungen zur Verstetigung des steigenden Honorartrends, Düsseldorf 1989.

merkmal entwickelt ist.⁴ In seiner nützlichen Form, nämlich als fakultativer Aufsichtsrat, ist er dem Beirat von Personen- und Familiengesellschaften verwandt und mit unternehmerischen oder betrieblichen Fragestellungen befaßt. Für Forschung und Praxis ergiebiger ist der obligatorische Aufsichtsrat. Erst in dieser weniger harmlosen Ausprägung entfaltet der Aufsichtsrat formale Würde und abnehmende Effizienz, die mit der qualifizierten Mitbestimmung ihre komplizierte Vollendung erreichen.

Namentlich anglo-amerikanische Wirtschaftskreise preisen die Mitbestimmung wie der Teufel das Weihwasser.⁵ Ihre positiven Wirkungen sind in der Tat nicht zu übersehen. Die Mitbestimmung hat das Durchschnittsalter der Aufsichtsratsmitglieder erheblich gesenkt und die Frauenquote in dem sonst patriarchaisch geprägten Gremium außergewöhnlich stark angehoben.⁶

Der Aufsichtsrat setzt sich nicht nur in Sitzungen, sondern auch aus natürlichen Personen zusammen. Der Sprachgebrauch bezeichnet dementsprechend mit „Aufsichtsrat" nicht nur das Organ als Ganzes, sondern auch das einzelne Glied.

Auch sonst ist der durchaus geläufige Begriff „Aufsichtsrat" keineswegs durch einheitliche Interpretation gefestigt. Die gemeinhin verbreitete Ansicht, daß sich seine Bedeutung aus den Wortstämmen „Aufsicht" und „Rat" ableiten läßt, wird von kritischen Geistern als unzulässige Simplifizierung abgelehnt. Dabei wird übersehen, daß „Rat" in seiner ursprünglichen Bedeutung

---

4 Eugen Sauerbrot, Organogenese, 8. Auflage, Berlin 1975; Eberhard von Reitzenstein, Die Intimstruktur prominenter Organe unter besonderer Berücksichtigung der Leberzirrhose, München 1989.
5 James Leviathan, Codetermination – Purgatory for Industry and Commerce, London 1977.
6 Bei der Mehrzahl einer Unzahl von Aufsichtsräten fiel das Durchschnittsalter von 62,56 Jahren auf 50,21 Jahre zurück. Die Frauenquote erhöhte sich von 0,6 % auf 22,8 %.

„Mittel, die zum Lebensunterhalt wichtig sind" bezeichnet[7], so daß „Aufsichtsrat" analog zu Vorrat, Hausrat oder Unrat als „auf Sicht unentbehrlich" zu deuten wäre.

Eine als gekünstelt bemängelte Lehrmeinung besagt, daß der Aufsichtsrat eigentlich „Aufsehensrat" heißen müßte, weil er mit der Bestellung oder Abberufung von Vorstandsmitgliedern Aufsehen erregt; der Verschleiß durch die Umgangssprache habe zu dem unpräzisen Ausdruck „Aufsichtsrat" geführt.[8] Der volksetymologischen Auslegung, daß der Aufsichtsrat „auf Sicht rät", blieb eine wissenschaftliche Anerkennung bisher versagt. Für die sprachwissenschaftlich umstrittene Auslegung, daß „Aufsichtsrat" die Koseform von „Kurzsichtsrat" sei, konnte der schlüssige Beweis bisher ebenfalls nicht erbracht werden.[9]

In der praktischen Nutzanwendung hat sich folgende Definition als universell gültig erwiesen: der Aufsichtsrat ist eine Gruppe von Interessenvertretern, die als Interesse des Unternehmens ihre Interessen vertreten.

III. Auftreten des Aufsichtsrates

Die große Geheimhaltung, die alle Aufsichtsratstätigkeiten umgibt und die nur bei Hintergrundgesprächen mit Journalisten, zur Abstimmung in Gewerkschaftskreisen sowie beim Gedankenaustausch mit Kollegen oder mit vertrauenswürdigen Personen preisgegeben wird, stand einer näheren Beschreibung des Aufsichtsra-

---

7 Gerhard Wahrig, Deutsches Wörterbuch, ohne Ortsangabe 1980, Spalte 2992; Konrad Duden, Etymologie der neuhochdeutschen Sprache, Duden Band 7, Mannheim 1963, S. 551. Zum Grundsätzlichen siehe Norbert Boretzky, Einführung in die historische Linguistik, Hamburg 1977.
8 Werner König, Haplographie als Wortschöpfung, München 1983, S. 318.
9 Georg Fielmann, Die Koseform als Entartung der Sprache, Köln 1987, S. 205.

tes und seines Treibens lange Zeit im Wege.[10] Die starke Vermehrung und Verbreitung der Aufsichtsräte[11], die offenbar keine natürlichen Feinde haben, erlaubten jedoch in den letzten Jahren indiskrete Aufklärungen in größerem Umfang.

Es gilt heute als empirisch abgesichert, daß die Mitglieder des Aufsichtsrates nicht als Einzelgänger, sondern herdenweise aus dem Dickicht der Unternehmensverfassung hervorbrechen. Diese Ansammlung nennt der Fachmann wegen der dominierenden Beanspruchung des Sitzfleisches „Sitzung".[12] Studien von anerkannten Biologen belegen, daß bei mitbestimmten Aufsichtsräten die Meute in zwei Rudel zerfällt, die sich in den Sitzungen häufig angreifen, aber stets zur Nahrungsaufnahme wieder zusammenfinden. Letztere scheint die natürliche Rechtfertigung für jede Sitzung zu sein.

Die Zahl der Aufsichtsratsmitglieder kann zwischen 3 und 21 schwanken, ist aber im Einzelfall ohne Rücksicht auf vernünftige Alternativen gesetzlich festgeschrieben.[13] Durch aufschlußreiche Versuchsanordnungen konnte inzwischen nachgewiesen werden, daß bei steigender Mitgliederzahl die Effizienz des Aufsichtsrates im Quadrat abnimmt. Die Effizienzformel lautet $e = 10/n^2$, wobei

---

10 Zur Problematik einschlägiger Ermittlungen siehe besonders Erhard von Knitterfels, Geheimbündelei und rechtstaatliche Ordnung, Karlsruhe 1982. Zum aktuellen Stand der Erkenntnisse sei u. a. verwiesen auf Eduard Merkpöstle, Ich sage nichts – Beredte Memoiren eines Geheimrates, Stuttgart 1989.
11 Die Meinung, daß die zahlreichen Aufsichtsräte z. B. wegen beengter Raumverhältnisse auf sich treten und daher die Bezeichnung „Aufsichtsrat" als „auf sich trat" zu lesen sei, konnte trotz vieler Indizien bisher nicht hinreichend verifiziert werden.
12 Grundlegend dazu Götz Berlicher, Gesäßorientierte Kontrolle zur sozialverträglichen Evolution in Politik und Wirtschaft, 3 Bände, München, im Erscheinen seit 1984.
13 Vgl. § 95 AktG; § 76 BetrVG 1952; § 7 MitbestG; § 4 und 9 MontanMitbestG; § 5 MitbestErgG.

n die Anzahl der Mitglieder ausdrückt.[14] Als tragfähiger Kompromiß hat sich außerhalb des Gesellschaftsrechts der Elferrat etabliert.[15]. Bei Aufsichtsräten mit höherer Mitgliederzahl kann ein Absinken der Effizienz unter Null – im Gegensatz zu produktiven Tätigkeiten – nur durch Ausschußbildung verhindert werden.[16] Gezielte Lauschangriffe konnten dies eindrucksvoll belegen.

Obwohl verschiedentlich das Ritual des Balzens beobachtet werden konnte, liegen Art und Weise der Fortpflanzung von Aufsichtsräten noch im Dunkeln. Vereinzelte Hinweise auf nepotische oder feudale Formen der Arterhaltung müssen als Spekulation zurückgewiesen werden. Die geringe Frequenz der Aufsichtsratssitzungen – bisher wurden maximal vier Sitzungen pro Jahr registriert – macht weitere Langzeituntersuchungen erforderlich.

IV. Zusammensetzung des Aufsichtsrates

Morphologisch gliedert sich der Aufsichtsrat in den Vorsitzenden, seinen Stellvertreter und die gemeinen Aufsichtsratsmitglieder. Der Vorsitzende stammt in alter Regel aus den Greisen der Aktionärsvertreter. Golfspieler sind ideale Vorsitzende, weil sie gewohnt sind, einfache Spaziergänge durch komplizierte Regeln zum Problem zu machen. Auch der stellvertretende Vorsitzende sollte um sein Handikap wissen. Bei mitbestimmten Aufsichtsräten ist er ein Vertreter der Gewerkschaften, manchmal auch der Arbeitnehmer. Der Vorsitzende und sein Stellvertreter tragen die Hauptverantwortung für Ablauf und Pathos der Sitzung.

---

14 Anton Wurzelzier, Vom indianischen Palaver zu modernen Boardsitzungen, Havard Business Studies, Vol. LXII 1990, S. 101 bis 154.
15 Die mit etwa 8 % berechnete Effizienz dieses Gremiums wird durch laute Fröhlichkeit erheblich gesteigert. So schon Antonio Francesco Grazzini, Trionfi, canti e mascherate carnascialeschi, Florenz 1559.
16 Donatus Dorner, Versuch einer Systematik des Ausschußwesens in ökonomisch-ökologischer Perspektive, St. Gallen 1986.

Die gemeinen Mitglieder unterteilt man nach ihrer Abstammung in Anteilseigner- und Arbeitnehmervertreter. Sie tragen durch Prominenz und Präsenz zum Erfolg des Aufsichtsrats bei.[16a]
Zappen/Duster haben in ihrer glänzend gelungenen Abhandlung[17], die auf einer bahnbrechenden Untersuchung von etwa 3 128 Kapitalgesellschaften beruht, folgende Typo- und Ethologie der Aufsichtsratsmitglieder herausgearbeitet:

Bei abhängigen Unternehmen ist ein Aufseher der Konzernleitung als Vorsitzender des Aufsichtsrates kaum vermeidbar. Wenn die übrigen Anteilseignervertreter von gleicher Provenienz sind, wird ein großer Teil des Aufsichtsrates die allgemein unverständliche Berichterstattung des Managements unter konzerneinheitlichen Wahnvorstellungen begreifen.

Vertreter anderer Aktionäre regieren nach dem Motto „Dividende vel impera". Bei Konzerntöchtern kann das Mißverständnis dezentraler Führung Ursache sein, Vertreter von Minderheitsaktionären im Aufsichtsrat zu belassen. Hier muß damit gerechnet werden, daß sie sich oft ohnmächtig und daher zu haarsträubenden Kommentaren veranlaßt fühlen.

Bankiers schmücken jeden Aufsichtsrat mit ihrem dezenteleganten Äußeren und ihren konjunkturpolitischen Äußerungen. Ihr unwiderstehlicher Charme ist weltumspannend und börsenbestimmt. Außerdem gelten Bankenvertreter als verschwiegen und mitteilsam. Spitzenmodelle dieser Spezies sind bei konzernunabhängigen Gesellschaften zum Aufsichtsratsvorsitzenden prädistiniert.

16a Prominent wird man durch wiederholte Begegnung mit Prominenten und der gegenseitigen Empfehlung für vielseitigen Einsatz. Prominente begegnen ständig ihresgleichen, um sich bei öffentlichen Veranstaltungen gegenseitig Beifall zu zollen. Siehe dazu Barbara Hirschmieder, Promi statt Profi – eine Analyse der Untergrunddynamik in Unternehmen, Stanford/Hamburg 1990.

17 Zappen/Duster, Verhaltensforschung bei prominenten Organen – erste Ansätze für eine umfassende Organtheorie, Frankfurt 1990.

Pensionierten Vorstandsmitgliedern kann als Aufsichtsrat eine distanzierte Kontinuität hinsichtlich kritischer Managemententscheidungen bescheinigt werden. Prominente Topmanager anderer Unternehmen dienen der Imagepflege. Zur Beruhigung des Vorstandes halten sie allfällige Fragen zurück oder stellen sie nach der Sitzung im Zwiegespräch.

Politiker, Freiberufler und Hochschullehrer müssen als Aufsichtsräte zu den exotischen Exemplaren gerechnet werden. Ihre unerschöpfliche Neugier hinsichtlich der Unternehmenspraxis sollte tunlichst außerhalb der Sitzungen befriedigt werden. Im übrigen glauben sie an die Berichte des Vorstandes, neigen aber zu unpassenden Fragen. Zum Chaos kommt es, wenn sie vermeintliche Sachkenntnis oder eigene Lehrmeinungen verbreiten.

Gewerkschaftsfunktionäre sind bei mitbestimmten Aufsichtsräten unausbleiblich. Sie wünschen in regelmäßigen Abständen Korrekturen des letzten Sitzungsprotokolls, weil sie kapitalistische Greuel oder Schritte zur sozialistischen Marktwirtschaft vermerkt sehen wollen. Die Arbeitnehmer des Unternehmens begnügen sich damit, die Schwächen des Vorstandes und keine Scheu zu kennen, irdischen Menschenverstand zu nutzen. Hier bedarf es der starken Hand des Vorsitzers, um die Geschlossenheit des Aufsichtsratsplenums zu wahren. Als stellvertretende Vorsitzende reifen begnadete Arbeitnehmervertreter zu episkopalen Würdeträgern, denen nicht das Wasser, sondern nur Champagner gereicht werden kann.[18]

Unternehmen mit feiner Lebensart leisten sich ihren Chefjuristen als Aufsichtsratssekretär, um mit juristischem Sachverstand die Zitate prominenter Aufsichtsratsmitglieder protokollieren zu lassen.

---

18 Aus Hygienegründen beschränkt sich das Küssen des Rocksaumes auf Klausurbegegnungen von Betriebsratsvorsitzer und Vorstand. Vgl. Heinz Rülpsnagel, Anstandsregeln für Manager, Berlin 1987, Fn. 86.

V. Die Aufsichtsratssitzung

Im Geheimen und in Sitzungen überwacht der Aufsichtsrat seinem Auftrag gemäß die Geschäftsführung.[19] Bei dieser Überforderung sind manche Machtwächter so überwächtigt, daß sie sich während der Sitzung mit geschlossenen Augen konzentrieren. Abgebrühte Aufsichtsräte wissen, daß sie bis auf den Vorstand nichts zu bestellen haben. Der Aufsichtsrat irritiert auf andere Weise, z. B. mittels zustimmungspflichtiger Geschäfte. Schließlich darf der Aufsichtsrat zur Aufsicht eine Durchsicht der Bücher der Gesellschaft vornehmen, wovon aus Einsicht mangels Übersicht meist abgesehen wird.[20]

Eine gediegene Ausstattung des Sitzungsraumes mit schallschluckenden Teppichen, bequemen Sesseln und anheimelnder Beleuchtung sowie sanft belebende Getränke und exquisite Tabakwaren verhelfen zu jener entspannten Atmosphäre, in der Konzentration und etwaige Beschlüsse des Aufsichtsrates reifen können.

Kaum zu überschätzen ist die hohe Wertigkeit der Sitz Ordnung für Aufsichtsräte (SOFA). Während die herausragende Positionierung des Vorsitzenden und seines Stellvertreters verhältnismäßig wenig Kopfzerbrechen bereitet, bleibt die schwerwiegende Abwägung, ob die übrigen Aufsichtsräte nach „Bänken", nach dem Alphabet oder nach ihrem Seh- und Hörvermögen plaziert werden sollen. Jede Sitzordnung weist situationsbedingte Vor- und Nachteile auf. Anderserseits gestattet das ungeschriebene Gesetz der Sitzstetigkeit Manipulationen nur in begründeten Ausnah-

---

19 § 111 AktG. Eine Handreichung zur Entwirrung findet sich bei Wilhelm Strobel, Das Aufsichtssystem haftungsbeschränkter Unternehmen, SzU Band 27, Wiesbaden 1980, S. 33 bis 76. Ein Beispiel für tiefgreifendes Mißverständnis des Aufsichtsrates bietet Thomas A. Martin, Der Aufsichtsrat als Träger des strategischen Controlling?, Controller Magazin 1990, S. 21–25.

20 Martin Orgelweide, Wegweiser durch die Bücherstube der Unternehmung, Frankfurt 1985.

mefällen. Als Patentlösung wird eine variable Platzzuteilung beim Festessen empfohlen.[21]

Das kultische Ritual der Aufsichtsratssitzung verlangt ein strikt geregeltes Vorspiel: in getrennten Vorbesprechungen der Anteilseigner- und der Arbeitnehmervertreter werden alle anstehenden Sachfragen entscheidungsreif zerredet, damit die eigentliche Sitzung bis zum obligatorischen Höhepunkt, dem Abschlußmahl, zügig abgewickelt werden kann. In Krisensituationen ist anzuraten, Vorbesprechung und Aufsichtsratssitzung jeweils nach einem üppigen Essen anzusetzen.[22]

Die Aufsichtsratssitzung, die trotz der Vorbesprechungen formal zwingend ist, ist dramaturgisch so zu gestalten, daß die gemeinen Aufsichtsratsmitglieder dauerhaft und stillschweigend ausharren. Für die dazu notwendige Spannung genügt jene breite Ahnungslosigkeit, die ein wesentlicher Bestandteil jeder dramatischen Situation ist.[23]

Nach dem Prolog mit Begrüßung und Eröffnung gliedert sich die Sitzung wie andere klassische Tragödien in fünf Akte.[24] Im ersten Akt wird das Protokoll der letzten Sitzung genehmigt oder korrigiert. Als Zwischenspiel werden dann die Vorstandsmitglieder des Raumes verwiesen, damit im zweiten Akt die Vorstandspersonalia abgehandelt werden können. Als retardierendes Moment folgt im dritten Akt der Bericht des Präsidialausschusses, knapp, aber unpräzise. Im vierten Akt läßt sich der wieder zur Sitzung zugelassene Vorstand über die Geschäftsentwicklung aus,

---

21 Willi Wehrhahn, Die überragende Bedeutung von Zeit- und Sitzordnungen bei Aufsichts-, Betriebs- und Elferratsitzungen, Köln/Mainz 1988. Praxisnäher Heinrich Orloffky, Bei mir sitzen sie richtig – aus dem Hort meiner Erfahrungen, Weimar 1990.
22 Eine rheinische Managerweisheit lautet: Ein voller Aufsichtsrat moniert nicht gern.
23 Ähnlich Gottfried Müller, Dramaturgie des Theaters, des Hörspiels und des Films, Würzburg 1962, S. 23.
24 Vgl. Gottfried Müller, a. a. O., S. 82.

um die zur Erhöhung der Spannung notwendige Verwirrung zu stiften. Schließlich kommt es im fünften Akt zum dramatischen Kulminationspunkt „Verschiedenes". Da alle Tagesordnungspunkte verschieden sind[25], wird unter „Verschiedenes" „Sonstiges" behandelt. Notwendige Beschlußfassungen sollten im vierten oder fünften Akt stilgerecht über die Bühne gehen. Als schwierigster Gegenstand mit langer Bedenkzeit haben sich die künftigen Sitzungstermine erwiesen.

Kreative Unternehmen machen sich für einen spannenden Sitzungsverlauf den Spieltrieb der Aufsichtsratsmitglieder zunutze, indem sie die Sitzungsvorlagen durch kleine Aufmerksamkeiten wie Füllhalter mit Radio oder Feuerzeug mit Reisewecker bereichern. Das Studium der meist japanischen Gebrauchsanweisungen verlangt volle Aufmerksamkeit. Die Betätigung der unbekannten Bedienungsknöpfe löst unerwartete akustische Signale und eine starke Belebung jeder Aufsichtsratssitzung aus.

VI. Der Umgang mit Aufsichtsräten

Die grundlegenden Ratschläge für den Umgang mit Aufsichtsräten hat Wilhelm Busch bereits 1865 formuliert.[26] Ihnen läßt sich auch heute nichts wesentliches hinzufügen. Wer einem Aufsichtsrat angemessen begegnen will, „der sei höflich und bescheiden, denn das mag der Onkel leiden". Man „bringt ihm, was er haben

---

25 Das Verdienst, auf diese wichtige Tatsache hingewiesen zu haben, gebührt Robert Ehret, Wer oder was ist verschieden? Ratgeber für Beiräte und ähnliche Gremien, Hamburg 1989.
26 Wilhelm Busch, Max und Moritz, München 1865, 5. Streich. Zur internationalen Bedeutung vgl. Anke Dietzler, Max und Moritz – Eine Bilderbuchgeschichte nicht nur für Kinder, Braunschweig 1980.

muß: Tabak, Pfeife, Fidibus". Für den Vorstand heißt es ergänzend: „gleich ist man mit Freudigkeit dienstbeflissen und bereit".[27] Aus diesen schlichten Umgangsformen schöpfen hoffnungsvolle Nachwuchskräfte ihr Managementpotential und der Aufsichtsrat die Genugtuung, im Unternehmen nicht nur zufälliger Besucher zu sein. Darüber hinaus sind Pförtner und Empfangsdamen mit Nachdruck anzuhalten, jedes Aufsichtsratsmitglied persönlich und korrekt anzusprechen und mit der gebotenen Behutsamkeit zum Sitzungssaal zu geleiten.[28]

Ein recht bemerkenswertes Phänomen im Umgang mit Aufsichtsräten wurde erst kürzlich entdeckt.[29] Die um Selbsterhaltung kämpfende Geschäftsführung versucht, die Aufsichtsräte so zu erziehen, daß sie ihren Aufgaben in Milde nachkommen können, ohne anzuecken oder zu verzweifeln. Die pädagogische Herausforderung liegt darin, daß der Aufsichtsrat von den Erziehungsversuchen nichts merken darf und das Management daher auf passive

---

27) Die weithin unbekannte Tatsache, daß Onkel Fritz Aufsichtsrat war, wird durch folgende Indizien zweifelsfrei erhärtet: 1. Er ist – abgesehen von der verständlicherweise berufslosen Witwe Bolte – in der Bilderbuchgeschichte der einzige Erwachsene ohne Berufsangabe (Geheimhaltung der Aufsichtsratstätigkeit!). 2. Ein unübersehbarer Hinweis findet sich in den Versen „Seine Augen macht er zu, hüllt sich ein und schläft in Ruh" (Konzentrationsfähigkeit des Aufsichtsrates). 3. Rechtsgutachtlich muß Onkel Fritz bescheinigt werden, daß er trotz seiner Notlage keine strafbare Handlung begangen hat (Jörg-Michael Günther, Der Fall Max und Moritz, Frankfurt 1988, S. 75 – Integrität des Aufsichtsrates).

28 Christoph Ohne-Deckung, Die grausame Einsamkeit eines Aufsichtsrates – Verzweiflung und Auswege, Halle 1990.

29 Rolf Fesch, Zucht und Ordnung bei Aufsichtsräten im Wandel, Schriften zur Verhaltensforschung, Band 26, Hamburg 1990, vor allem S. 1205 bis 1541. Frühe, aber unvollständige Beobachtungen über das Abrichten von Aufsichtsräten finden sich bereits bei Bernd Nichtzig (Verhalten beim Verwalten und Veralten, Düsseldorf 1980, Kapitel VI Anmerkung 107), der jedoch die Konsequenzen nicht übersehen hat.

Erziehungsmethoden angewiesen ist. Folgende Regeln sind zu beherzigen[30]:
1. Nie widersprechen! Widerspruch würde beim Aufsichtsrat Zweifel an seiner Unfehlbarkeit auslösen und könnte sein Prestigebedürfnis verletzen.
2. Nie etwas besser wissen! Belehrungen jeglicher Art wären mit dem Weltbild des Aufsichtsrates nicht zu vereinbaren. Der feinfühlige Manager überläßt es dem Aufsichtsrat selbst, durch böse Erfahrung zu richtigen oder besseren Erkenntnissen zu kommen.
3. Nie etwas mit Argumenten begründen! Aufsichtsräte haben kraft Amtes die besseren Argumente. Deshalb bleibt der Vorstand in seinen Handlungsmotiven rätselhaft und verhält sich gegenüber Argumenten des Aufsichtsrates erkennbar skeptisch bis ungläubig, um diesen in Unsicherheit und Beweiszwang zu bringen.
4. Immer nur staunen und bewundern! Aufsichtsräte lassen aus Fürsorge den Vorstand an ihren unternehmerischen Erfahrungen teilhaben. Auch wenn sie im Überschwang wiederholt nichts Neues oder Irrelevantes erzählen, wird der karrierebewußte Vorstand dem Aufsichtsrat stets mit anerkennenden Worten helfen, sich auf die Schulter zu klopfen.
5. Schlafende Aufsichtsräte nicht wecken! Geschlossene Augen sind Ausdruck erhöhter Konzentration oder gar meditativer Versenkung. Weckversuche sind daher nicht nur kontraproduktiv, sondern auch karrierefeindlich. Aufsichtsräten bleibt es überlassen, schnarchende Kollegen zu geräuschloser Konzentration zu mahnen.

---

30. Sie werden ähnlich für die Preußenerziehung in Bayern empfohlen. Vgl. Burger/Fischer/Rihel-Heyse, Bayerns Preußen sind die besten, München 1979, S. 71 bis 73.

VII. *Vergütung und Informationen für den Aufsichtsrat*

Vergüten heißt durch Oberflächenbehandlung verbessern.[31] Neben den schon erwähnten oberflächlichen Behandlungen des Aufsichtsrates stellt die Tantieme das wichtigste Vergütungsmittel dar, auch wenn sie in einem angemessenen Verhältnis zu den Aufgaben der Aufsichtsratsmitglieder und zur Lage der Gesellschaft stehen soll.[32] Angesichts der unschätzbaren Verdienste der Aufsichtsräte drängt sich die Frage auf, warum nach maßgeblicher Meinung „die Aufsichtsratsbezüge in aller Regel auffällig niedrig bemessen sind".[33] Eine befriedigende Antwort ist die Wissenschaft bisher schuldig geblieben und die Praxis schweigt betroffen. Hier tut sich ein weites Feld für künftige Forschergenerationen und für militante Aufsichtsräte auf. Da nicht selten Tantiemen an Dritte abzuführen sind[34], sorgen fortschrittliche Unternehmen mit sogenannten Sitzungsgeldern vor, die diskret den sonst spärlichen Sitzungsvorlagen beigefügt werden.[35]

In einer Zeit der Reizüberflutung wird ein verantwortungsbewußter Vorstand Informationen an den Aufsichtsrat nur in homöopathischen Dosen geben. Außerdem wird er vermeiden, daß Aussagekraft oder Aktualität der mitgeteilten Daten beim Aufsichtsrat Streßsituationen auslösen.

---

31 Adolph Lichtmann, Die Vergütung von Objektiven und Subjekten – Synoptische Blätter der Steiss-Stiftung, Jahrgang 12, Cochem 1979. Zum Sprachlichen siehe Gerhard Wahrig, a. a. O, Spalte 3961.
32 Dazu kritisch Beate Duse, Der Gebrauch von Vergütungsmitteln im interkonfessionellen Vergleich, Flensburg 1988, S. 111 bis 154.
33 Michael Hoffmann-Becking, Münchener Handbuch des Gesellschaftsrechts, Band 4 Aktiengesellschaft, München 1988, § 33 Anmerkung 15.
34 Z. B. an die Hans-Boeckler-Stiftung, an das Unternehmen des Aufsichtsratsmitgliedes oder an die Gattin.
35 Vgl. Rolf A. Trappe, Die wichtigsten Unterlagen zur Überwachung der Geschäftsführung, Düsseldorf 1989, S. 114 bis 225.

Relativ unbedenklich ist die Bekanntgabe der Umsatzentwicklung bis zum vorangegangenen Quartalsende, wobei allerdings ein etwaiger Vergleich mit der Vorjahresperiode Fingerspitzengefühl erfordert. Bei Ergebniszahlen ist dagegen große Zurückhaltung geboten; insbesondere sollte ihre Kundgabe nicht zur Gewohnheit ausarten. Ein nicht vermeidbarer Einzelfall läßt sich mit einer zurückgenommenen Zeitnähe und einer eingeschränkten Vergleichbarkeit der Ergebnisse leidlich durchstehen. Planzahlen dürfen wegen ihres prognostischen Charakters dem Aufsichtsrat nicht zugemutet werden. Es wäre fatal, wenn neben dem Vorstand ein weiteres Organ verunsichert würde.[36] Besteht ein uneinsichtiger Aufsichtsrat dennoch auf der Mitteilung von Planungsgrößen, müssen sie verabreichungsgerecht aufbereitet werden. Hier sind vom Vorstand anstelle unprofessioneller Realitätsnähe strategische Visionskraft und operative Sorgfalt gefordert.[37]

Als prominentes Organ hat der Aufsichtsrat Anspruch auf mehrseitige Berichtsbroschüren in eleganter, schrankfertiger Aufmachung. Ohne Aufgabe der obigen Grundsätze bieten Presseausschnitte über das Unternehmen und seine Branche nahezu unbeschränkte Anreicherungsmöglichkeiten.[38] Dennoch sollte eine Geschäftsführung von Format auf eigene Angaben zur Unternehmensentwicklung nicht völlig verzichten.

Bei mündlicher Berichterstattung haben sich bunte erwartungsgerechte Trenddarstellungen in Kombination mit unlesbaren, aber

---

36 Donald Dünnemann, Die Hochrechnung des Jahresergebnisses gegen Ende des Geschäftsjahres als unlösbare Managementaufgabe, ZfEH 1990, S. 1287 bis 1311.
37 Siehe dazu Sebastian Hakelmacher, Die hohe Schule der Unternehmensplanung ..., WPg 1983, S. 114 bis 117.
38 Als vorbildlich gelten bei Insidern die Monatsberichte der Schock-AG, die bei einem Gesamtumfang von 45 Seiten neben den wichtigen Presseausschnitten maximal 2 Seiten Detailangaben zur Umsatzentwicklung des Unternehmens enthalten.

graphisch als angenehm empfundenen Zahlenaufstellungen als Sedativa für den Aufsichtsrat bewährt. Zur Abwechslung werden auch Farbdias von Produkten, Warenauslagen u. a. sowie Werbefilme gern zur Kenntnis genommen.

VIII. Schlußfolgerungen für den Abschlußprüfer

Die vorgestellten Forschungsergebnisse belegen, daß der Abschlußprüfer bei seiner nüchternen Veranlagung und einseitigen Ausbildung für einen näheren Umgang mit den prominenten Aufsichtsräten nicht vorbereitet ist. Intuitiv richtig hat er seine Kontakte zum Aufsichtsrat auf die mittelbare Kommunikation beschränkt. Auf der Grundlage der nunmehr vorliegenden Erkenntnisse sollte aber in den nächsten Jahren gewagt werden können, berufsübliche Leitlinien und Lehrgänge für direkte Beziehungen zu Aufsichtsräten zu entwickeln.

Wieder und wieder bitte ich:
Non multa sed multum.
Weniger Zahlen, aber gescheitere.

Wladimir Iljitsch Lenin, 1921 an A.B. Chalatow

Wirtschaftsprüfers Ungemach

Von
Reiner Quick

Montag morgen, 8.00 Uhr
Der Prüfer unruhig am Schreibtisch im Prüferzimmer:

Habe nun, ach! Betriebswirtschaft!
Durchaus studiert und Examen geschafft.
Juristerei ist mir bekannt,
Werde Wirtschaftsprüfer genannt.
Da sitz ich nun, ich armer Tor,
Und bin so klug als wie zuvor.
Habe Diplom, heiße Doktor gar,
Und prüfe schon an die zehen Jahr
Unternehmen im ganzen Lande,
Ein paar große und auch unbekannte.
Kenne an die zwanzig Wege,
Zur Kontrolle der Belege.
Hab bestätigend erhalten,
Schreiben über Kontensalden.
Beschaff mir heimlich, still und leise
Ordnungsmäßigkeitsbeweise. –
In Stichproben natürlich nur –
Beobacht auch die Inventur!
Nach all dem Prüfen, was passiert?
Immer wieder wird testiert:
„In Ordnung ist das Rechnungswesen" –
Mein Geld das stimmt und auch die Spesen!
Fünfzig Haken sind am Tage,
Beweis für Arbeit, ohne Frage.
Ist gute Arbeit noch so rar,
Stets fürstlich ist mein Honorar!

Fehlt mein Urteil, kein Problem,
Begrenzte Haftung ist bequem.
Eines wirklich Trost mir spendet:
Daß jede Woche einmal endet.
Am Freitag fahr ich wieder heim:
Dort bin ich Mensch, dort darf ich's sein!
Vater Staat hört es nicht gern:
Das also ist des Prüfers Kern!

Es gibt zwei Arten von Wirtschaftsprognostikern. „Those who don't know and those who don't know that they don't know."

John Kenneth Galbraith

Konrad Mellerowicz, der Berliner Ordinarius, vertrat auch in methodischen Fragen pointiert und temperamentvoll seinen Standpunkt. Einmal rief er seinen Zuhörern in einer Diskussion um die richtige Methode der Betriebswirtschaftslehre entgegen: „Der Betriebswirt muß rechnen, rechnen, rechnen!" und fügte selbstkritisch hinzu „... auch wenn's falsch ist!"

Eduard Gaugler

Ein Kaufmann, der nicht Bilanzen machte,
war mit dem Odium der Nachlässigkeit
behaftet wie etwa die Hausfrau, die nicht
regelmäßig ihren Hausputz vornimmt.

Eugen Schmalenbach

Sorgfältige Buchführung ist für jede Organisation
eine conditio sine qua non. Andernfalls gerät sie in schlechten Ruf. Ohne ordentliche Buchführung ist es unmöglich, die Wahrheit in ihrer ursprünglichen Reinheit aufrechtzuerhalten.

Mahatma Gandhi

Buchhaltung poetisch

Ich wüßte nicht, wessen Geist ausgebreiteter wäre, ausgebreiteter sein müßte als der Geist eines echten Handelsmannes. Welchen Überblick verschafft uns nicht die Ordnung, in der wir unsere Geschäfte führen! Sie läßt uns jederzeit das Ganze überschauen, ohne daß wir nötig hätten, uns durch das Einzelne verwirren zu lassen. Welche Vorteile gewährt die doppelte Buchhaltung dem Kaufmanne. Es ist eine der schönsten Erfindungen des menschlichen Geistes, und ein jeder gute Haushalter sollte sie in seiner Wirtschaft einführen.

Johann Wolfgang von Goethe

IX. Beratung

Unternehmensberatung tut not!

Von
Sebastian Hakelmacher

1. Unternehmensberatung warum?

Schon seit langer Zeit fühlt sich der Wirtschaftsprüfer zum Unternehmensberater berufen. Zu einer offenen Formulierung seines inneren Anliegens kam der Berufsstand jedoch erst in den letzten Jahren. Die beginnende Rezession, die zwar ausschließlich astrologisch begründet ist[1], unterstreicht die volkswirtschaftliche Notwendigkeit der teuren Unternehmensberatung, denn steigende Ausgaben bewirken einen Konjunkturaufschwung[2]. Der Mangel an guten Fachkräften darf nicht dazu führen, daß diese wichtige Dienstleistung verkümmert. Daneben sollten auch die gesellschaftspolitischen Möglichkeiten der Unternehmensberatung nicht unterschätzt werden. Die roten Zellen in den Prüferteams fordern mit Nachdruck Mitbestimmung im Management der geprüften Unternehmen[3]. Der Berufsstand sollte diese Bestrebungen untergründig fördern, um seine Unabhängigkeit, die ihm vom Gesetz zugestanden ist[4], weiterhin zu stabilisieren.

Der Wirtschaftsprüfer sollte sich auch deshalb zur Unternehmensberatung in besonderem Maß berufen fühlen, weil er in seiner geschliffenen Fachsprache Selbstverständliches und Unwesentli-

---

[1] Neptun ist widderwärtig im Krebsgang in das Zeichen des Verwassermanns getreten; Nepomuk Käpple, Astrotest – elektronisch-ökonomische Astralyse der Konjunkturdaten, 13. Jahrgang.
[2] Vgl. Bretter-Venner, Hohnpolitische Verkenntnisse der Idee Verfall (Stenogramm nach einem Fernsehvortrag, 12. Wiederholung am 13.11.1970).
[3] Brüh Fung, Revisionäre Mitbestimmung im sozial-liberalen Spätkapitalismus, Peking/Frankfurt 1970.
[4] Vgl. dazu Tilbert Geissel, Die Einschränkung der Grundrechte durch die WPO in Theorie und Praxis, Düsseldorf 1968, S. 175 ff.

ches hervorzuheben versteht – Fähigkeiten, die einen geschäftstüchtigen Berater auszeichnen. Etwa auftretende Schwierigkeiten, die darauf beruhen, daß der Wirtschaftsprüfer betriebswirtschaftlichem Denken zeitweise nicht abgeneigt ist, müssen mit Selbstdisziplin überwunden werden. Last not least berechnet der Wirtschaftsprüfer im Regelfall der Unternehmensberatung adäquate Honorarsätze[5].

2. Grundprinzipien der Unternehmensberatung

Bevor sich der WP der Unternehmensberatung zuwendet, muß er die wichtigsten Grundprinzipien der Unternehmensberatung bedingungslos akzeptieren. Der oberste Grundsatz der Unternehmensberatung lautet: „Fortiter in modo, banaliter in re"[6]. Dieser Grundsatz kann in seiner praktischen Bedeutung kaum überschätzt werden. Wirtschaftswissenschaftliche Gemeinplätze schaffen nämlich jene unkomplizierte Atmosphäre des Verständnisses, in der das leicht verderbliche Pflänzlein der Unternehmensberatung gedeihen kann. Das große Verdienst moderner Unternehmensberater besteht ja gerade darin, daß sie Selbstverständliches mutig aussprechen und durch zweckdienliche Ausdrucksformen aktualisieren. Es ist den Unternehmensberatern sogar gelungen, allein durch die Bezeichnung „Management Consultance" ihre anspruchsvollste und modernste Betätigungsform selbst zu definieren. Nicht wissenschaftlich untermauerte Aussagen, sondern das Fluidum der Praxisnähe[7] wird im Beratungsgeschäft gefordert.

---

5 Merke: Nur Lumpen sind bescheiden! Vgl. dazu Richard McSnob, Highest Fee – Best Man, Edinburgh 1968, insbesondere Kapitel VI.
6 Übersetzung ins Deutsche in Vorbereitung.
7 Vgl. dazu Geoffrey Weatherstone, Das Progmanentum in Indien zur Kolonialzeit, 2. Auflage 1965, insbesondere S. 211 ff.

Sicheres Auftreten ist eine weitere wichtige Voraussetzung für die Unternehmensberatung. Das zeigt sich schon an der äußeren Erscheinung. Der Berater muß sich entscheiden, ob er als solider oder progressiver Beratertyp auftreten will. Während sich im ersten Fall ein dunkler Anzug mit feinen Nadelstreifen empfiehlt, werden für den progressiven Typ Poplätzchen[8] und Vollbart unabdingbare Modeattribute sein. Man hüte sich vor farblosen Zwischentypen; Konsequenz bis zur Frisur zeichnen den erfolgreichen Unternehmensberater aus[9]. Zum sicheren Auftreten gehört insbesondere, daß der seriöse Berater selbst vor solchen Aufgaben nicht zurückschreckt, die ihn eindeutig überfordern. Etwaige Unkenntnisse werden durch Globalhinweise auf einschlägige Erfahrungen kompensiert. Grundfalsch wäre das Eingeständnis, von einer bestimmten Branche nichts zu verstehen, denn das würde nur Unsicherheiten beim Kunden hervorrufen und damit den Erfolg der Unternehmensberatung von vorneherein in Frage stellen. Offenheit in dieser Richtung hemmt die Partnerbeziehung. Der Berater sollte sich in seiner maßgeblichen Meinung nicht durch Tatsachen verwirren lassen und daran denken, daß von ihm vor allem Durchsetzvermögen bei der Auftragseinholung verlangt wird. Im übrigen wird der routinierte Berater unbeschadet des erteilten Auftrages ihm zusagende Aufgaben wählen (sog. Substitutionsaufgaben) und sie mit äußerster Perfektion durchführen. Bei diesem job-replacement[10] u. U. auftretende Störungsgefühle des Mandanten werden in der Regel durch die bald einsetzende Beratungsapathie (resignatio consultationis) beseitigt. Auftragsstornierungen wurden aber bisher nur in abnorm gelagerten Einzelfällen beobachtet.

---

8 Im Fachhandel unter der Bezeichnung „Krawatte" erhältlich.
9 Union d'Élite Consultative (UEC), Modischer Ratgeber für den Berater, Paris-London-Düsseldorf 1970.
10 Vgl. Samuel Perfect, Experiences in Job-replacement, Bahamas 1969.

3. Auftragsbeschaffung

Die Auftragsbeschaffung wird dem vom Berufsrecht gehemmten Wirtschaftsprüfer zunächst einige Schwierigkeiten bereiten. Ein Anfang kann damit gemacht werden, daß im Rahmen der Abschlußprüfung nachhaltig auf die Notwendigkeit einer Managementberatung hingewiesen wird, wobei gleichzeitig auf die enormen Vorteile aufmerksam zu machen ist, wenn der Abschlußprüfer den Auftrag erhält.

Um darüber hinaus ins Beratungsgeschäft zu kommen, empfehlen sich Vortragsveranstaltungen für Manager mit anschließendem kalten Buffet, zu denen die gewünschten Kunden eingeladen werden. Die Vorträge sind so zu gestalten, daß in den Zuhörern ein unwiderstehliches Verlangen nach Unternehmensberatung aufkommt, das sich bis zur Beratungsgier (aviditas consultationis)[11] steigern kann. Wirkungsvoll in dieser Richtung sind dem folgenden Satz kongeniale Formulierungen: „Der Cash-overflow zeigt einen liquiditätswirksamen Trend, der im Feedback nur innerhalb eines intrigierten Managementdeformationssystems ökonomisch-wirtschaftlichen Finalinterpretationen zugänglich war"[12]. Zum reibungslosen Geschäftsablauf sind an der Garderobe vorbereitete Beratungsverträge aufzulegen. Für den Mandanten ist es eine wesentliche Erleichterung, wenn die Stelle angekreuzt wird, an der er durch einfache Unterschrift den Beratungsvertrag zustandebringt[13].

---

11 Dieser Beratungsgier des Managers entspricht auf der Beraterseite der Konsultationstrieb (cupiditas cons.). Vgl. Friedrich Kalkfuss, Symptome der Aviditas und Cupiditas cons., Marburg 1969.
12 Schorsch X. Mayer, Quintessenzen der Management-Consultance, 13. noch nicht erschienene Auflage, Zürich 1970, S.15.
13 Praktische Erfahrungen mit derartigen Veranstaltungen, Acquisition by Management-Training (AMT), sollen bereits vorliegen, können jedoch aus verstimmenden Gründen nicht dargestellt werden. Vgl. dazu Benedikt Sträuber in: Basic Training Review, Jahrgang II Heft 4 S. 121 ff.

4. Auftragsdurchführung

Auftakt jeder Unternehmensberatung ist die Presentation (sprich: Presenteeschen), bei der das grundlegende Beratungskonzept in groben Umrissen glorifiziert wird. Ein wichtiger Ansatzpunkt für den Unternehmensberater ist die sogenannte Rigor cartis, die als Merkmal der Endplacierung in der Hierarchie eines Unternehmens anzusehen ist. Sie ist das abnorme Interesse am Entwurf von Organisations- und Ablaufplänen und das engstirnige Bestreben, jeden kleinsten Geschäftsvorgang ohne Rücksicht auf Verzögerungen in strikter Übereinstimmung mit den Linien und Pfeilen solcher Pläne abzuwickeln[14]. Der gute Unternehmensberater wird daher bei seiner Presentation nicht mit entsprechenden Plänen sparen.

Daran anschließend wird ein großzügiger Zeitplan entwickelt, der die letzten Zweifel an der Bedeutung der Beratung beseitigen soll. Der veranschlagte Zeitraum sollte nicht unter drei Monaten liegen, denn für eine kürzere Zeit ist die Unternehmensberatung zu deutsam. Im allgemeinen geschieht die Durchführung von Beratungsaufträgen in drei zeitlich aufeinanderfolgenden Phasen:

1. *Analyse des Ist-Zustandes*
   Am Ende dieser Phase weiß der Unternehmensberater endlich, zu welchen Bereichen er überhaupt Rat erteilen soll.
2. *Ausarbeitung des Konzepts im Detail*
   Hier sieht der Berater erstmals die anstehenden Probleme und verkauft im Regelfall die Substitutionsaufgabe (job-replacement)
3. *Durchführung des Vorschlages*
   Dazu sollte es aus Kostengründen und zur Wahrung des Rufes des Beraters eigentlich nicht kommen.

---

14 Peter-Hull, Das Peter-Prinzip, Hamburg 1970, S. 149.

Die von vornherein festliegende Lösung wird dem Auftraggeber in Zwischenberichten schrittweise offenbart. Da hierbei einige wirklich brauchbare Organisationsvorschläge nicht schaden können, wenden sich solide Berater an die Betriebsangehörigen des Mandanten, die immer einige Verbesserungsvorschläge auf Lager haben. Im übrigen ist besondere Sorgfalt auf das Layout der Zwischenberichte zu legen. Große Schriftzeichen und weitgehende Beschränkung des Textes je Seite geben dem Bericht des geschulten Beraters sein Gewicht[15]. Reichen diese Maßnahmen zur Problemlösung nicht aus und wird auch die Substitionsaufgabe nicht akzeptiert, so bleibt dem Berater immer noch die Progressive-Escape-Method (PEM). Sie besteht darin, daß als Voraussetzung für die wirksame Einführung der neuen Organisation vom Berater eine Grundforderung gestellt wird, die der Mandant mit Sicherheit ablehnt[16].

5. Praktisches Beispiel: Management by Cash

Als praktisches Beispiel für eine Unternehmensberatung sei die Einführung des Managements by Cash (MBC)[17] bei der Dysenterie Coal Ltd. (DC) angeführt, die erst kürzlich von der Pinetree-Unternehmensberatung (PUB) innerhalb von fünfzehn Monaten durchgeführt wurde.

MBC wurde in nur 175 Mann-Monaten aus dem Prinzip des Management by Objectives durch sinnvolle Reduktion der Objectives entwickelt. Es macht die Maximierung des Einkommens für

---

15 Auf einer DIN-A 4-Seite sollten nicht mehr als 10 Zeilen stehen, bei wichtigen Aussagen sollten 3 Zeilen je Seite nicht überschritten werden. Vgl. Gaylord Lindsay, Optimierung der Zeilenzahl bei gegebenen Honorarsätzen, New York/Paris 1967.
16 Z. B.: Sofortige Entlassung sämtlicher Raumpflegerinnen, s. a. Nightglass and Bridge, PEM and Super-PEM, Toronto 1970.
17 Nicht zu verwechseln mit dem verbreiteten Management by Crash.

das Top-Management zur alleinigen Entscheidungsgrundlage der Unternehmensführung und schafft damit ein wirkungsvolles Profitcenter[18]. Hauptschwierigkeit bei der Modellösung bildet die Eliminierung der Frustration des mittleren und unteren Managements. Sie konnte letztlich dadurch gelöst werden, daß in das Modell sogenannte Schlupfmanager eingeführt wurden. Die aufzustellende Systemmatrix wurde nach der bekannten Komplexmethode gelöst[19]. Für die Einführung des MBC bei DC wurden drei Phasen vorgesehen. In der ersten drei Monate dauernden Phase wurden dreizehn Interviews mit dem Kassierer durchgeführt, die Kassenbelege dreier Geschäftsjahre nachgezählt und zwei Kassenbücher umgeschrieben. Die Anregung des Kassenboten, Kassenüberschüsse nur zweimal in der Woche bei der Bank einzuzahlen, wurde gründlich überarbeitet und in einem vielseitigen Memorandum der Geschäftsleitung unterbreitet. Die Empfehlung des Abschlußprüfers, die Gehaltszahlung bargeldlos vorzunehmen, konnte von PUB nach eingehendem Studium in die eigene Ausarbeitung wörtlich übernommen und mit Ausnahme der Gehaltszahlung für das Top-Management gutgeheißen werden. Nach Zustimmungen der Geschäftsführung zu den vorstehenden Vorschlägen wurde das inzwischen bewährte MBC-Konzept unverändert als den speziellen Anforderungen des Bergbaues entsprechend vorgeschlagen.

Das organisatorische Rückgrat des MBC ist das allgemeine managementorientierte Kassenbuch, kurz AMOK genannt, das in der zweiten, sechs Monate dauernden Phase zur Einführung bei DC empfohlen wurde. Das AMOK ist auf die besonderen Bedürfnisse des Management zugeschnitten, die kurzfristige und verdichtete Informationen verlangen[20]. Aus diesem Grund wird das AMOK

---

18 Merke: Der Profit gilt auch im eigenen Land (Sprüche 135, Vers 13).
19 Dummy-Brain, Slack-Management-Report, Chicago 1968.
20 Gunter Mintze, EDV-Einsatz beim AMOK, in Monatshefte für den Kassierer, 1970 Heft 12.

alle vier Stunden abgeschlossen. Dabei werden die Belege pro Stunde zusammengefaßt und nur als Saldo gebucht (Balance per hour = bph). Der Cash-overflow[21] am Monatsende errechnete sich bei Zugrundelegung der 40-Stundenwoche dann wie folgt!

$C = I - (V + t \times 8 \text{ bph})$
I = Istbestand
V = Kassenbestand
t = Anfall der Arbeitstage im abgelaufenen Monat

Da nur die bph im Kassenbuch eingetragen werden, ist lediglich der Teil der Kassenbelege aufbewahrungspflichtig, dessen Summe die bph, d. h. also den eingetragenen Einnahmen- und Ausgabensaldo, ergibt. Die Auswahl der aufzubewahrenden Kassenbelege kann entsprechend der jeweiligen Kassenstrategie vorgenommen werden. Um hierfür eine möglichst breite Entscheidungsbasis zu haben, empfiehlt es sich, von den Kunden Blankorechnungen anzufordern.

Der außergewöhnliche Rationalisierungseffekt des AMOK konnte selbst von der Finanzverwaltung nicht negiert werden[22]. Die kurzfristig bei DC anwesenden Betriebsprüfer wurden insbesondere dadurch überzeugt, daß die früher sehr zeitraubenden Gänge des Kassenboten zu einem kurzen AMOK-Lauf zusammengefaßt wurden.

Die dritte Phase der Auftragsdurchführung konnte noch nicht vollzogen werden, da sich DC zur Zeit aus noch ungeklärter Ursache in Zahlungsschwierigkeiten befindet. Von der bei optimistischer Einschätzung der Situation nicht auszuschließenden Rückkehr der Vorstandsmitglieder von DC, die angabegemäß günstige Geldanlagen in Südamerika untersuchen, erhofft sich PUB neue Impulse für das Beratungsgeschäft.

---

21 Vgl. Hakelmacher, Meditationen über neue Wege der Wirtschaftsprüfung, WPg 1969, S. 101 ff.
22 Ein AMOK-Erlaß des BdF sowie besondere Ausführungsbestimmungen für den Freistaat Bayern sind in Vorbereitung.

6. Schlußbemerkungen

Vorausschauende Wirtschaftsprüfer vermerken mit berechtigter Bestürzung, daß in der vorliegenden Zeitschrift[23] bisher zu wenig über Unternehmensberatung geschrieben wurde. Soll die Fachtagung 1969 des IdW in Berlin nicht umsonst gewesen sein, so müssen die vorstehenden fundamentalen Aussagen durch weitere Abhandlungen populärwissenschaftlich ausgelotet werden. Ansatzpunkt jeder weiteren Erörterung bildet das Konsultations-Theorem, das WP Ü. Beralles nach langjähriger Forschungsarbeit schlicht und entscheidend wie folgt formulieren konnte: „Unternehmensberatung ist äußerst notwendig, weil sie dringend erforderlich ist!"[24]

Wer redet, erfährt nichts.

Wandspruch in einem Hörsaal

---

23 In dem Untertitel „Der Berater der Wirtschaft" findet sich allerdings bereits eine feinsinnige Andeutung der hier gebrachten Erkenntnisse, WPg 1969, S. 321 ff.
24 Wirtschaftsprüfer am Scheideweg, Bonn 1970, S. 413.

Schubert's Unfinished Symphony

Von
N. N.

To a company chairman were given tickets to the performance of Schubert's Unfinished Symphony. He couldn't go, so he passed the tickets on to his work study consultant. The next morning, the chairman asked him how he had enjoyed the performance, and instead of a few plausible observations, was handed a memorandum which read:

1) For considerable periods, the four oboe players had nothing to do. Their number should be reduced, and their work should be spread over the whole orchestra, thus eliminating peaks of inactivity.

2) All the twelve violins were playing identical notes. this seems unnecessary duplication, and the staff of this section should be cut drastically. If a large sound is really required this could be obtained through an electronic amplifier.

3) Much effort was absorbed in the playing of demi semiquavers. This seems an excessive refinement, and it is recommended that all notes should be rounded up to the nearest semiquaver. If this were done, it would be possible to use trainees and lower grade operators.

4) No useful purpose is served by repeating with horns the passage that had already been played by the strings. If all such redundant passages were eliminated, the concert could be reduced from two hours to twenty minutes. If Schubert had attended to these matters, he would probably have been able to finish his symphony after all.

X. Besteuerung

Brief einer Ehefrau an ihren steuerbeamteten Ehegatten

Von N. N.[1]

Lieber Thomas,

ich habe Dich verlassen. Du denkst jetzt bestimmt, ich sei schön blöd, einen Man mit Deinen Qualitäten und Fähigkeiten einfach sitzen zu lassen. Ich sah aber keinen anderen Weg.

Ich muß gestehen, daß es mir schon imponierte, wie Du vor unserer Eheschließung im Nu ausgerechnet hattest, wieviel Geld ich dadurch verloren habe, daß ich bisher keinen Lohnsteuer-Jahresausgleich beantragt habe. Ich war wirklich beseelt von dem Gedanken, endlich Ordnung in meine chaotischen Lehrer-Finanzen zu bekommen. Und ich stimmte voll mit Dir überein, daß ein Steuerbeamter des gehobenen Dienstes der ideale Ehemann für eine Frau ist.

Als Du mit dann noch während der Flitterwochen die Grundzüge der einfachen Buchführung beibrachtest, war ich ein interessierter und gelehriger Schüler – obwohl ich wahrlich keine Rechenkünstlerin bin und auch sonst für Zahlen nicht gerade viel Verständnis habe.

Wieder zu Hause angelangt, hast Du dann sofort ein Buchführungssystem eingerichtet und entsprechende Richtlinien verfaßt (Richtlinien für die einfache Buchführung eines privaten Haushalts – kurz: EiBupriHaRi). Aufzuzeichnen waren lediglich alle Einnahmen und Ausgaben. Außerdem waren die Belege geordnet aufzubewahren. Eine Offene-Posten-Buchhaltung, wie der Fachausdruck heißt. Ich war entzückt. Das System war einfach und trotzdem genial. Was mir bislang doch alles verborgen blieb. Ich war zuständig für die laufende Verbuchung der Geschäftsvorfälle,

---

1 Der Verfasser ist Preisträger des Preisausschreibens „Steuerglosse 1984".

während Du Dir die Abchlußarbeiten und die Überwachung vorbehieltest. Dafür fehle mir das Fachwissen, war Dein kurzer Kommentar. Mir ist damals schon aufgefallen, mit welchem Ernst Du Deine Zuständigkeiten wahrnahmst. Deine schriftlich zusammengestellten Beanstandungen („Prüfungsfeststellungen") wurden immer umfangreicher. Du zeigtest kein Erbarmen. Ich mußte einen Buchführungslehrgang besuchen. Die Kosten konnten steuerlich berücksichtigt werden.

Überhaupt machtest Du die Bewilligung von Geldausgaben nicht unbedingt von der Notwendigkeit und Zweckmäßigkeit schlechtin abhängig. Für Dich war eher der Gesichtspunkt entscheidend, steuerliche Vorteile zu erreichen.

So kauftest Du Dir eine zweite Aktentasche aus echtem Leder für fast 500 DM. „Die zweite Aktentasche wird so gut wie ausschließlich beruflich genutzt", sagtest Du kurz und bündig. Was das bedeutete, wurde mir erst klar, als ich in diese Aktentasche das Geburtstagsgeschenk für Omi einpacken wollte ... Seither mußte ich auch Dein tägliches Vesper in einer separaten Plastiktüte verstauen. Ein Finanzgericht hätte zwar entschieden, daß die Mitnahme eines Vesperbrotes in der beruflich genutzten Aktentasche steuerlich unschädlich sei (es werde ja bis mittags verzehrt), solange jedoch kein höchstrichterliches Urteil vorliege, sei Vorsicht geboten.

Über diesen Vorfall konnte ich noch schmunzeln. Auch habe ich mich sehr über das steuerlich anerkannte häusliche Arbeitszimmer gefreut, das Du für mich eingerichtet hast. Die Geschichte über Onkel Detlefs Goldgewinn war weniger erfreulich. Als er Dir voller Stolz berichtete, er habe seine erst vor fünf Monaten erstandenen Krügerrand-Goldmünzen mit einem satten Gewinn wieder veräußert, hättest Du ihn nicht darüber belehren brauchen, daß es sich hierbei um einen steuerpflichtigen Spekulationsgewinn handele. Ich weiß, Du kannst Onkel Detlef nicht ausstehen. Seine großkotzigen Sprüche fallen auch mir auf den Wecker. Aber trotzdem. Als ich ihn neulich sah, war er ganz verstört und blaß. Er erzählte mir, nachts konnte er nicht mehr schlafen wegen seines schlechten Gewissens. Erst seit er dem Pfarrer beichtete und der ihm die Absolution erteilt habe mit dem Hinweis, daß die Steuergesetze nicht unbedingt im Gewissen verpflichten, sei sein Seelenfrieden wieder hergestellt.

Auch den Zwischenfall mit Tante Emmi kann ich nicht vergessen. Als sie uns ihre Sparbücher zeigte, um zu demonstrieren, wie sparsam und bescheiden sie ihr jungfräuliches Leben bisher führte, hast Du sie auf die Steuerpflicht der nicht unerheblichen Zinsgutschriften hingewiesen. Wahrscheinlich nur deshalb, weil sie erwog, ihr Vermögen einem indischen Guru zu vermachen. Deine Drohung, ihr Haus nicht mehr zu betreten, bis sie mittels Selbstanzeige die Zinsen nachversteuert habe, ging zu weit. Steuern zu sparen sei zwar legitim, meintest Du, aber nicht auf diese krumme Tour. Zwischenzeitlich erhielt sie die geänderten Steuerbescheide. Die Nachzahlung belief sich auf nahezu 3 000 DM.

Meine Eltern zu überreden, ihr Einfamilienhäuschen im Grünen zu verkaufen, den Erlös mir zu schenken, um dann mit dem Geld ein steuerbegünstigtes Zweifamilienhaus in der Nähe des Flughafens zu errichten, war eine Deiner „Meisterleistungen". Wir bekamen zwar beim Einheitswert den Abschlag für Lärmbelästigung. Außerdem wurde vom Finanzamt der bescheidene Mietwert anerkannt. Aber zu welchem Preis: die Flugzeuge donnern jede halbe Stunde über unser Haus, die Wände zeigen überall Risse, Vater ist fast taub, Mutter depressiv, die Kinder apathisch, von mir ganz zu schweigen. Deine Bemerkung, für das Haus bekämen wir nun endlich eine außerordentliche Abschreibung und die Kosten für unsere Krankheiten könnten als außergewöhnliche Belastung geltend gemacht werden, fand ich deplaziert.

Dich stört unser Elend anscheinend nicht. Du hast ja einen Zweitwohnsitz im Villenviertel Deines Beschäftigungsortes, einen sogenannten doppelten Hausstand. Deine Besuche beschränken sich auf die vom Finanzamt zugelassenen wöchentlichen Familienheimfahrten.

Dies alles war noch zu ertragen, denn ich liebe Dich trotz alledem. Das Faß zum Überlaufen brachte dann aber die für den 11. d.

M. anberaumte förmliche Schlußbesprechung mit folgenden Punkten:

1. Nicht geklärte Ausgaben von 195 DM, vgl. Private Geldverkehrsrechnung in Anlage 1
2. Richtlinien zur Einführung der doppelten Buchführung für einen privaten Haushalt (kurz: DoBupriHaRi), vgl. Anlage 2
3. Anschaffung eines Klein-Computers zur Bewältigung der umfangreichen Buchführungsarbeiten

Den nicht nachgewiesenen Geldbetrag habe ich für die Brieftasche bezahlt, die ich Dir zum Geburtstag schenkte. Zufrieden?
Entschieden wende ich mich gegen die Punkte 2 und 3. Goethe lobte zwar in Wilhelm Meister: „Die doppelte Buchführung ist eine der schönsten Erfindungen des menschlichen Geistes." Ich bezweifle allerdings, daß sich Goethe jemals intensiver mit dieser Materie beschäftigte. Jedenfalls gibt es keinen Buchführungs-Kommentar von ihm.
Die EiBupriHaRi sind ausreichend und erfüllen voll ihren Zweck. DoBupriHaRi sind mithin völlig überflüssig. Wenn Du die doppelte Buchführung bei uns einführst und den Computer anschaffst, ist es endgültig aus zwischen uns. Ich werde dann zur Schlußbesprechung nicht mit einem Steuerberater erscheinen, wie von Dir angeraten, sondern mit dem Scheidungsanwalt.
Das ist mein letztes Wort. Ich erwarte Deine Nachricht.

Christine

Antwort des Ehemannes

Liebe Christine,

ich habe prinzipiell keine Einwendungen gegen die Scheidung. Trotzdem werde ich davon absehen, die DoBupriHaRi einzuführen. Die EiBupriHaRi bleiben demnach in Kraft. Ich kaufe auch keinen Klein-Computer. Die Scheidungskosten wären höher als die Gewinne, die die neuen Maßnahmen brächten. Ich bitte Dich, umgehend zurückzukehren, damit wir nicht infolge dauernden Getrenntlebens die Vergünstigung durch die Zusammenveranlagung zur Einkommensteuer verlieren.
In Liebe

Dein Thomas

___/

Was ist ein Grenzinspektor?

Ein Inspektor im Zolldienst? – Nein.
Ein am Konkursverfahren eines Grenzbetriebes beteiligter Beamter? – Nein.
Der letzte der in der Außenprüfung eingesetzten Betriebsprüfer eines Finanzamtes, der Steuerzahlungen gerade noch in Höhe seiner Besoldung aufdeckt? – Ja.

Peter Eichhorn

Hunde = Anlage- oder Umlaufvermögen?

Von
N. N.[1]

Daß die Bewegungsfreiheit des Menschen heute durch steuerliche Pflichten merklich begrenzt wird, wissen wir leider allzu gut. Kann es uns da trösten, daß wir nicht die einzigen Wesen sind, denen derartiges widerfährt? Denn auch dem Hund, des Menschen treuem Gefährten, gewähren die Steuergesetze nunmehr nur noch begrenzten Auslauf. Wird er nämlich aus betrieblichen oder beruflichen Gründen gehalten – etwa als Wach- oder Jagdhund –, so fordert das Bilanzsteuerrecht gebieterisch „Platz!" zwischen den Wirtschaftsgütern des unbeweglichen Anlagevermögens. Ob dieser Vierbeiner – dessen Urahnen durch endlose Weiten streifen konnten – dort aber sitzen bleibt, erscheint selbst den Experten ungewiß. Aus Furcht, von dem solchermaßen angeketteten Geschöpf gebissen zu werden und der letzten Diensthose verlustig zu gehen, suchten sie einen Ausweg und gewährten dem Hund schließlich Asyl und größere Freiheit im beweglichen Anlagevermögen. In dem ihrer Natur gemäßen Bereich des Umlaufvermögens finden indes nur jene Artgenossen Einlaß, deren Herrchen Züchter oder Tierhändler sind. Dort tummelt Euch, dort seid Ihr Hunde, dort dürft Ihr's sein! Ihr vielen anderen aber, angeschmiedet im Anlagevermögen, müßt es Euch gefallen lassen, als geringwertige Anlagegüter in kürzester Frist abgeschrieben zu werden. Ist das des Menschen Dankbarkeit für seine treuesten Freunde? Arme Hunde!

---

1 Entdeckt von Bernhard Riegler.

rilo als Wertansatz für Vorratsvermögen

Von
N. N.

Dem geneigten Leser sind die handelsrechtlich zugelassenen Verbrauchsfolgefiktionen sicherlich geläufig. § 256 HGB konzediert für den Wertansatz gleichartiger Vermögensgegenstände des Vorratsvermögens die Unterstellung, daß die zuerst oder daß die zuletzt angeschafften oder hergestellten vertretbaren Wirtschaftsgüter zuerst oder in einer sonstigen bestimmten Folge verbraucht oder veräußert worden seien. Für die bekannten Verfahren verständigt man sich mit Kürzeln: fifo (first in – first out), lifo (last in – first out), hifo (highest in – first out/Zulässigkeit umstritten), lofo (lowest in – first out/unzulässig), kifo (Konzern in – first out) usw.

Ein engagierter Hochschullehrer, der sich als Freizeit-Radfahrer mit Problemen seines Faches noch in Gottes freier Natur gedanklich beschäftigt, fügt hiermit den genannten, wegen der fehlenden steuerlichen Anerkennung kaum in Anspruch genommenen Fiktionen eine Verbrauchsfolge an, die bisher literarisch noch nicht dargestellt wurde, die aber den Vorzug hat, für die Handels- und die Steuerbilanz anerkannt zu werden, wohl auch deswegen, weil sie Abschn. 36 Abs. 2 Satz 4 der Einkommensteuerrichtlinien entspricht.

Der Verfasser praktiziert diese Verbrauchsfolge – wie viele andere Leute auch – auf der Eierleiste seines Kühlschranks. Es handelt sich um die rilo-Methode = right in – left out; es muß zugegeben werden, daß sie sich in der Zielrichtung nicht von der fifo-Methode unterscheidet.

Praktisch kann es allerdings – z. B. bei einem in einem Ein-Personen-Haushalt lebenden Hochschullehrer mit typischen Professoren-Qualitäten – durchaus zu Verwechslungen und damit zur Verbrauchsfolge à la lifo kommen. Das aber ist – leicht erkennbar

– nicht der Sinn der rilo- bzw. der liro-Methode (left in – right out).
Möglicherweise würde es verlohnen, eine Enquête über die Erfahrungen der Wirtschaftspraxis mit dem rilo- oder dem liro-Verfahren durchzuführen.
Bezüglich der Systematik ist zu fragen, ob das beschriebene Verfahren bei der fifo-Methode subsummiert werden sollte oder seinen eigenständigen Platz neben den anderen Methoden erhält. Offen ist schließlich auch, ob es gelingt, aus der Praktikermethode eine Verbrauchsfolgefiktion zu entwickeln.
Fragen über Fragen!
Die Wissenschaft ist aufgerufen, sich der Probleme anzunehmen.

Am Ende seines Vortrages über den Erfolg im Geschäftsleben vor Studenten eines betriebswirtschaftlichen Seminars in Köln forderte der Einzelhandelskaufmann *Karl Josef Weingarten* die Zuhörer resümierend auf: „Also, meine Damen und Herren, sehen sie zu, daß Sie mit dem Schreibkram hier fertig werden. Die Praxis ruft."

Betriebswirtschaftlich gewürzte Kostproben aus der steuerrechtlichen Gerichteküche

Aufgelesen von Dietrich Börner

Zur Selbständigkeit von Versicherungsagenten

„..., ist für eine gedeihliche Geschäftsentwicklung alles auf die *Initiative* des Agenten abgestellt, die einen selbständigen geschäftlichen, keiner Leitung unterstehenden Willen voraussetzt, weil Initiative sich nicht befehlen läßt".

RFH Urteil vom 6. Oktober 1920
II A 141/20, RFHE Bd. 3 S. 290

Frühe Erkenntnis zum Rückstellungsproblem

Nach den GoB sollen „nicht für die Zukunft bevorstehende Sorgen, sondern die mit einer tatsächlichen Änderung des Vermögensstandes verbundenen Erfüllungen von Verbindlichkeiten gebucht werden ..."

RFH Urteil vom 15. Juni 1923
I A 152/22 StuW II 1923 Nr. 720

Zur „Verteidigung" von Fehlzitaten

„Wenn jemand einen rechtlichen Gedankengang entwickelt und darauf hinweist, daß ein ähnlicher Gedanke sich schon an anderer Stelle findet, dann ist der Gedankengang nicht schon um deswillen falsch, weil die Belegstelle nicht paßt."

RFH Urteil vom 18. September 1930
I A 641/29 RStBl. 1930 S. 714

Zur Überprüfbarkeit der Rentabilität von Investitionen

„Das Unrentabelwerden einzelner Maschinen
ist jedoch kein Ereignis, das mit der Uhr in der Hand
verfolgt werden kann."

RFH Urteil vom 10. Oktober 1930
I A 165/30 RStBl. 1931 S. 118

Eine exemplarische Erläuterung des Problems
der Teilwertabschreibung

„Wenn z.B. ein Fuhrmann, der zwei alte Pferde hat, eines
verkauft und ein junges anschafft, ist das junge nicht
deshalb weniger wert, als es kostete, weil die Schnelligkeit des
Wagens nicht gesteigert wird, solange das andere, alte
Pferd noch mitziehen muß. Jeder Käufer des Betriebs wird hier
sagen: Das alte Pferd taugt jetzt erst recht nicht mehr viel
und muß baldigst ebenfalls durch ein junges ersetzt werden, damit
das Gespann nun mit zwei jungen Pferden endlich das
doppelte leistet als mit den zwei alten. Anders wäre die Sache
nur, wenn das junge und das alte Pferd sich nicht vertragen
und der Wagen nicht mehr vorwärtskommt, dann war die
Anschaffung des jungen Pferdes eben ein Fehlgriff; das
junge Pferd hat dann nur noch Wiederverkaufswert."

RFH Urteil vom 9. Juli 1931
VI A 323/31 StuW II 1931 Nr. 792

Zu den Folgen von Rechtsformentscheidungen

„Die Finanzbehörden haben daher grundsätzlich die körperschaftsteuerpflichtigen Gebilde so hinzunehmen, wie sie aus der Hand ihres Schöpfers hervorgegangen sind, ..."

RFH Urteil vom 19. September 1933
I A 272/31 RFHE Bd. 34 S. 194

Zur Kritik dialektischen Denkens

„Das dialektische Denken schlage einen Irrweg ein, wenn es sich dazu herbeilasse, künstliche und in sich widerspruchsvolle Denkgebilde zu erzeugen, die weder vor dem gesunden Menschenverstand noch vor der juristisch geschulten Vernunft Geltung haben könnten."

RFH Urteil vom 22. Januar 1935
I A 401/32 RStBl. 1935 S. 517

Zur „Ethik" der Buchführung

„Die Buchführung dient nicht der Trennung sittlich einwandfreier und sittlich zu beanstandender Geschäfte, wobei etwa die zu beanstandenden Geschäftsvorfälle der privaten Sphäre zuzuweisen wären."

OFH Gutachten vom 23. März 1948
IV (VI) D 1/48 RFHE/OFHE Bd. 54 S. 233

Steuerliche Beurteilung der Ehe

„Die Zusammenveranlagung von Eheleuten nach § 26 EStG schafft keine Einheit der Person, sondern nur eine Einheit der Einkünfte, ein gemeinsames Einkommen, eine Art steuerlicher Einkommensgemeinschaft, ... Dies kann zu steuerlichen Nachteilen führen."

BFH Urteil vom 10. Februar 1953
I 101/52 U BStBl. III 1953 S. 93

Im Zusammenhang mit der Bedeutung eines Urheberrechtsgutes

„... die Beschwerdeführerin (könne) als juristische Person nicht geistig schaffen ..."

FG in BFH Urteil vom 25. Februar 1955
III 187/51 U BStBl. III 1955 S. 96

Ein wahrhaft versierter Satz

„Die Bilanz im Rechtssinne ist keine Kostenrechnung."

BFH Urteil vom 17. Juli 1974
I R 195/72 BStBl. II 1974 S. 684

Zur Beachtung bei Eingaben an Finanzämter

„Es müssen mindestens einzelne Buchstaben zu erkennen sein, weil es sonst an dem Merkmal einer Schrift überhaupt fehlt."

BFH Beschluß vom 8. März 1984
I R 50/81 BStBl. II 1984 S. 445

Nachsatz

Für die 3. Auflage erscheint es geboten, den Humor als eigenständigen Produktionsfaktor in das betriebliche Faktorsystem aufzunehmen. Bei den nächsten Auflagen könnte man an den Institutionen- und Funktionenlehren anknüpfen. Über die herkömmliche Bank-, Handels-, Industrie-, Verkehrsbetriebe usw. hinaus wären Humorbetriebe zu thematisieren. Alphabetisch geordnet kämen in Betracht: Billige Jakobs, Festumzüge, Kabaretts, Karnevalvereine, Lach- und Schießgesellschaften, Lustspieltheater, Scherzartikelbetriebe, Showgeschäfte, Wahlveranstaltungen, Witzbuchverlage.

Was die Funktion des Humors anbelangt, bietet sich entweder dessen Integration in die etablierten Funktionen zum Beispiel der Beschaffungs-, Produktions-, Absatzwirtschaft an (analog Beschaffungs-, Fertigungs-, Verwertungshumor) oder man stellt den Humor den Funktionen an die Seite. In diesem Fall ist zu prüfen, ob die Erheiterung eine Haupt- oder Nebenfunktion beinhaltet. Bei Humorbetrieben dürfte in der Regel ersteres zutreffen, wenngleich der situative Ansatz lehrt, daß der Humor etwa bei Konkurs zum Minimumfaktor werden kann.

Peter E. Anders

Nachschub

Die Wissenschaft schreitet voran, so auch dieses Buch. Herausgeber und Verlag arbeiten bereits an der neuen Auflage. Verfasser wichtiger und bahnbrechender Beiträge zur *Betriebswirtschaftslehre humoris causa* sind aufgefordert, ihre Aufsätze zur doppelt blinden Begutachtung einzusenden, damit sie in der Neuauflage berücksichtigt werden können.

Bitte schicken Sie Ihre Beiträge an den Verlag:

Betriebswirtschaftlicher Verlag Dr. Th. Gabler
Abteilung Wissenschaft
Taunusstraße 54
D-6200 Wiesbaden

Der Nachschub wird an den Herausgeber weitergeleitet.

Quellen

Achtenhagen, Frank, Lösungsversuche des Wurstproblems in der Philosophie, in: Conceptus, 2. Jg., 1968, S. 176 f., und 3. Jg., 1969, S. 91 f.

Ableiter, Gert, Festrede zur Eröffnung des Instituts für Zitierbetriebswirtschaft (IZB) an der Universität zu Köln, in: Soziale Welt, 35. Jg.,1984, S. 372–376.

Albach, Horst, Vogel-Strauß-Strategien, in: Zeitschrift für Betriebswirtschaft, 61. Jg. 1991, S. 421-425 (dort geringfügig andere Fassung)

Blamberger, Klaus und Marquardt, Hans-Dieter, WIFAKS – Ein betriebswirtschaftlicher Beitrag zur effizienten Nutzung des Zeitbudgets für Wissenschaftler, in: Kalusche, Peter und Schwarz, Volker (Hrsg.), Beiträge zur modernen humoristischen Ökonomik, Festschrift zum 40 Geburtstag von Peter Eichhorn, Nomos Verlagsgesellschaft, Baden-Baden 1979, S. 7–9.

Behrens, Christian-Uwe unter Mitinspiration von Köhler, Robert, Das Promotionsverdrußmodell, Eine Abstraktion aus empirischem Verdrußmaterial, in: Wirtschaftswissenschaftliches Studium, Heft 10, 1986, S. 536–539.

Graves, Desmond und Lethbridge, David, Could Decision Analysis Have Saved Hamlet?, in: Journal of Management Studies, May 1975, S. 216–224.

Hakelmacher, Sebastian, Tragische Folgen des Kummerausgleichspostens?, Eine Erwiderung mit Ergänzungen, in: Die Wirtschaftsprüfung, Heft 4, 1986, S. 102–105.

Hakelmacher, Sebastian, Unternehmensberatung tut not!, in: Hakelmacher, Sebastian, Der Cash Overflow und andere kritische Größen, 5. Hakelmacher Stiftung, Volksdorf 1989, S. 96–105.

Hakelmacher, Sebastian, Der Aufsichtsrat – ein sensibles Organ, in: Die Wirtschaftsprüfung, Heft 4, 1991, S. 104-109.

Heine, Karl-Heinz und Näbe, Heinz, Der betriebswirtschaftliche Faust, in: Betriebswirtschaftliche Forschung und Praxis, 17. Jg., 1965, S. 535–537.

Jandl, Ernst, fünfter sein, in: Jandl, Ernst, Der künstliche Baum, Sammlung Luchterhand 9, Luchterhand Verlag, Neuwied/Rhein und Berlin 1970, S. 65.

Lehner, Hansjörg, Meran, Georg und Möller, Joachim, Möglichkeit und Notwendigkeit gegenseitiger Befruchtung von Ökonomie und Theologie, in: Lehner, Hansjörg, Meran, Georg und Möller, Joachim, De Statu Corruptionis, Entscheidungslogische Einübungen in die höhere Amoralität, Litzelstetter Libellen Nr. 1, Ekkehard Faude Verlag, 5. Aufl., Konstanz 1989, S. 12–17.

Lynn, Harvey jr., The Interdisciplinary Team, in: Lynn, Harvey jr., How to be a Project Leader – Nine helpful Hints, in: Operations Research, no. 4, 1956, S. 484–488.

N.N., Management by Reorganization, in: Zeitschrift für Organisation, Heft 4, 1972.

N.N., Formen der Aufbauorganisation, in: Fortschrittliche Betriebsführung und Industrial Engineering, Heft 4,1979, S. 279.

N.N., Moderne Führungsstile, in: Süddeutsche Zeitung, 3. März 1981.

N.N., Brief einer Ehefrau an ihren steuerbeamteten Ehegatten, in: Finanzrundschau, Nr. 14 vom 23. Juli 1984, S. 351–352.

N.N., Grundgesetze der Unternehmung, in: Zeitschrift für Organisation, Heft 5/6, 1984, S. 376.

N.N., Gesetze der Wirtschaft, in: Der Volks- und Betriebswirt, 1988, S. 34.

N.N., rilo als Wertansatz für Vorratsvermögen, in: Finanzrundschau, Nr. 7 vom 8. April 1988, S. 181.

N.N., Kleines Marketing-Glossar, in: Institut für Marketing der Universität Mannheim (Hrsg.), Marketing zum Schmunzeln und zum Stirnrunzeln, gewidmet Hans Raffée zum 60. Geburtstag, Mannheim 1989, S. 101–103.

Poschen, Elmar, Verwaltungswissenschaftliche Marginalien zur Zauberflöte, in: Kalusche, Peter und Schwarz, Volker (Hrsg.), Beiträge zur modernen humoristischen Ökonomik, Festschrift zum 40. Geburtstag von Peter Eichhorn, Nomos Verlagsgesellschaft, Baden-Baden 1979, S. 26–29.

Schaeffer, Heinrich, Der Posthilfsbote Säbelbein, in: Das poetische Postbüchlein, 4. Aufl., R.v. Decker's Verlag G. Schenk, Hamburg u.a. 1953, S. 50–51.

Scheffler, Hans-Eberhard, Vom Teen-ager zum Manager, in: Frankfurter Allgemeine Zeitung, 4. November 1989.

Schiff, Michael, Satirisches Betriebs- und Wirtschafts-ABC, in: Phönix-Rundschau, Mai/Juni 1963.

Schmalenbach, Eugen, Über das allgemeine Bilanzrecht, in: Zeitschrift für handelswissenschaftliche Forschung, 11. Jg., 1916/17, S. 1.

Schmalenbach, Eugen, Grundlagen der Selbstkostenrechnung und Preispolitik, 5. Aufl., Leipzig 1930.

Schmalenbach, Eugen, Die Beteiligungsfinanzierung, 7. Aufl., Köln und Opladen 1949.

Schmalenbach, Eugen, Über Dienststellengliederung im Großbetrieb, Köln und Opladen 1959.

Schwarz, Volker, Die Präponderanz metaökonomischer Komponenten in der Verleger-Autoren-Relation, in: Kalusche, Peter und Schwarz, Volker, (Hrsg.), Beiträge zur modernen humoristischen Ökonomik, Festschrift zum 40. Geburtstag von Peter Eichhorn, Nomos Verlagsgesellschaft, Baden-Baden 1979, S. 33–36.

Steuergern, Coelestin, Zur ertragsteuerlichen Behandlung des sog. Kummerausgleichspostens (KAP), in: Die Wirtschaftsprüfung, Heft 4, 1986, S. 101–102.

Sölter, Arno, Ökonokomik, 2. Aufl., Bad Bentheim 1982.

Swift, Jonathan, Ein bescheidener Vorschlag, wie man Kinder der Armen hindern kann, ihren Eltern oder dem Lande zur Last zu fallen, und wie sie vielmehr eine Wohltat für die Öffentlichkeit werden können, gekürzt zitiert nach: Reimers, Ludwig, Stilkunst, C. H. Beck'sche Verlagsbuchhandlung, München 1953, S. 552–554.

Weick, Karl, Substitutes for Strategies, in: Teece, David J. (ed.), The competitive Challenge, Strategies for Industrial and Innovation Renewal, 1987, S. 221–223.

Zöller, Wolfgang, Wirtschaftslehre, in: Zöller, Wolfgang, Steinzeitwirtschaft, 2. Aufl., PEGA Verlag Hariet Paschke, Gilching o.J., S. 139–141.

If you have any concerns about our products,
you can contact us on
ProductSafety@springernature.com

In case Publisher is established outside the EU,
the EU authorized representative is:
**Springer Nature Customer Service Center GmbH
Europaplatz 3, 69115 Heidelberg, Germany**

Printed by Libri Plureos GmbH
in Hamburg, Germany